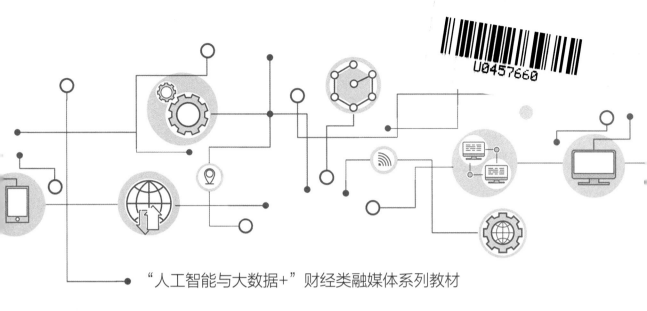

"人工智能与大数据+"财经类融媒体系列教材

INTELLIGENT TAX DECLARATION AND MANAGEMENT

智能化税费申报与管理

谈礼彦　石　娟　王　静　◎主编

韩东宇　张兴隆　梁倩嘉　张　茜　周晶晶　◎副主编

ZHEJIANG UNIVERSITY PRESS
浙江大学出版社
·杭州·

图书在版编目（CIP）数据

智能化税费申报与管理 / 谈礼彦，石娟，王静主编
. -- 杭州 ：浙江大学出版社，2024.6
ISBN 978-7-308-24850-1

Ⅰ. ①智… Ⅱ. ①谈… ②石… ③王… Ⅲ. ①税费－
计算②纳税－税收管理－中国 Ⅳ. ①F810.423
②F812.42

中国国家版本馆CIP数据核字(2024)第078937号

智能化税费申报与管理
ZHINENGHUA SHUIFEI SHENBAO YU GUANLI

谈礼彦　石　娟　王　静　主　编

策划编辑	李　晨
责任编辑	高士吟
责任校对	郑成业
封面设计	春天书装
出版发行	浙江大学出版社
	（杭州市天目山路148号　　邮政编码　310007）
	（网址：http://www.zjupress.com）
排　　版	杭州林智广告有限公司
印　　刷	杭州捷派印务有限公司
开　　本	787mm×1092mm　1/16
印　　张	17
字　　数	378千
版 印 次	2024年6月第1版　2024年6月第1次印刷
书　　号	ISBN 978-7-308-24850-1
定　　价	59.80元

浙江大学出版社市场运营中心联系方式：0571 - 88925591；http://zjdxcbs.tmall.com

前　言

在习近平新时代中国特色社会主义思想指引下，近年来税务行业实现了跨越式发展。"十三五"期间，累计新增减税降费达 7.6 万亿元，为促进中国经济平稳健康发展并提高在世界经济增量中的占比做出了卓越贡献。各级税务机关积极推动税制改革进入快车道并取得重要突破，形成了顺应发展趋势的现代增值税制度，建立了综合与分类相结合的个人所得税制度，构建了"多税共治"的绿色税制体系；推动税收征管体制从国地税"合作"到"合并"，再到以"合成"为基本特征、以税收大数据为驱动力、以智慧税务建设为主要任务的新一轮深层次变革；依托大数据分析和智能监控预警，深化"双随机、一公开"监管，构建"信用＋风险"新型动态监管机制，对经济运行中的新业态、新情况、新问题跟进监管，对群众反映强烈的偷逃税多发行业和领域依法严查，有力维护了国家税收的法治基础和良好秩序。

随着涉税市场主体快速增长，税收在国家治理中的基础性、支柱性、保障性作用更加凸显，税收事业对人才的需求比以往任何时期都更加迫切。特别是在落实中共中央办公厅、国务院办公厅印发的《关于进一步深化税收征管改革的意见》过程中，深度参与国际税收合作、支持共同富裕和实现"双碳"目标等重点工作，都需要一大批高素质、专业化的优秀税务人才。可以说，没有高质量的人才队伍，就没有高质量的税收现代化。因此，在信息化和大数据时代，如何培养学生既具有扎实的税收理论基础，又具有较强的实践能力，成为大数据与会计专业人才培养的一项重要探索。

本书是职业院校税法类课程的配套教材，是以企业报税工作岗位的典型工作任务为依据来设计整体框架的。本书具有以下特点。

1. 落实立德树人，融入思政元素

本书贯彻落实党的二十大精神，实施科教兴国战略，强化现代化建设人才支撑，落实立德树人根本任务，旨在培养德智体美劳全面发展的社会主义建设者和接班人。本书融合数字时代的混合式教学方法，加强会计专业学生诚实守信教育，最大限度发挥课堂主渠道功能，扭转专业课程重教学、轻育人的情况，彰显综合素养专业课程的育人价值；强调"诚信为本、操守为重、坚持原则、不做假账"，将内在个人品质外化为专业工作的职业道德，来提高会计从业人员的素质；注重突出学生的主体性，注重调动学生的学习积极性和创造性思维能力，引导学生树立大局意识和法治观念，形成良好的价值导向。

2. 教学做一体，突出职教特色

纳税申报是企业从事经济活动过程中不可避免的一项重要工作，一般企业均要设置报税岗位来处理涉税事务。本书主要介绍增值税及附加税费、消费税、企业所得税、个人所得税、财产和行为税等税费，涵盖企业日常涉及的税收相关法规、税款计算、申报缴纳和纳税工作流程规定，是根据大数据与会计专业教学标准的要求来选定税费范围的。本书通过以项目为单元的教学活动，使学生掌握税款计算和纳税申报的基本知识及基本技能，能解决税务登记、纳税申报、税款缴纳过程中的实际问题，完成相关岗位的工作任务。

3. 资源丰富，便于开展教学

税法类课程一直以来存在"重理论、轻实践"的问题。受经费预算的限制，大部分院校缺少纳税申报实训软件，这给日常教学带来重大挑战。本书在编写过程中，得到厦门网中网软件有限公司的大力支持，提供了EPC（engineering procurement construction，设计—采购—建造）金税平台软件及相关纳税实务素材。我们以"脱机"的方式整理了纳税资料，并准备了空白申报表，以便减轻教师负担，便于没有采购实训平台软件的院校开展日常教学。此外，本书另配有微课视频、教学课件、教案、习题与实训参考答案等教学资源，供教师教学使用。

本书由湖州职业技术学院谈礼彦、菏泽职业学院石娟、山东海事职业学院王静担任主编，燕京理工学院韩东宇、济南工程职业技术学院张兴隆、佛山市华材职业技术学校梁倩嘉、安徽工业经济职业技术学院张茜、桂林市旅游职业中等专业学校周晶晶担任副主编。具体分工如下：项目一、项目二任务一至任务十由谈礼彦编写，项目二任务十一、项目二任务十二、项目四由石娟编写，项目三由王静编写，项目五由张茜编写，项目六任务一至任务五由张兴隆编写，项目六任务六至任务十由梁倩嘉编写，项目六任务十一由周晶晶编写，项目七由韩东宇编写。

本书的出版，得到了浙江大学出版社领导和编辑的支持。在编写过程中，我们参阅了大量文献资料，在此对这些资料的作者表示诚挚的谢意！

由于编者水平有限，书中难免存在疏漏之处，恳请广大读者批评指正。

编　者
2024 年 3 月

目　录

项目一　税法概述

项目二　增值税及附加税费

项目三　消费税

项目四　企业所得税

项目五　个人所得税

项目六　财产和行为税

项目七　其他税种

学习目标

知识目标：

1. 了解税收与税法的关系；

2. 了解税收法律关系及其构成；

3. 了解税法原则；

4. 熟悉税法要素；

5. 了解税收立法与税收执法。

技能目标：

1. 能识别税收法律关系的主体、客体和内容；

2. 能运用税法适用原则区分不同税法之间的效力；

3. 能分析生活中的涉税场景，并识别其中的税法要素。

素养目标：

1. 引导学生发现税收在中国式现代化进程中所起的重要作用；

2. 培养学生树立"纳税光荣"的意识与责任担当；

3. 深耕责任田，守好主阵地，筑牢防火墙。

学习导图

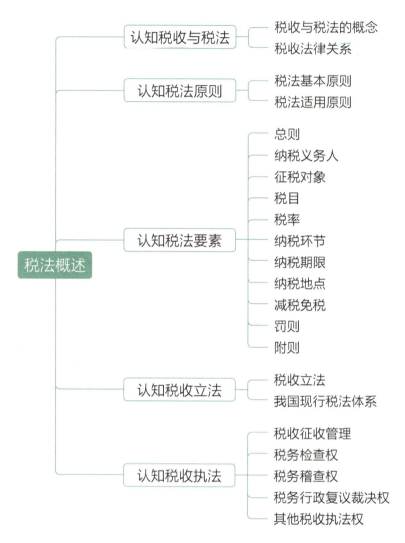

```
                      ┌── 认知税收与税法 ──┬── 税收与税法的概念
                      │                    └── 税收法律关系
                      │
                      ├── 认知税法原则 ─────┬── 税法基本原则
                      │                    └── 税法适用原则
                      │
                      │                    ┌── 总则
                      │                    ├── 纳税义务人
                      │                    ├── 征税对象
                      │                    ├── 税目
                      │                    ├── 税率
            税法概述 ──┼── 认知税法要素 ─────┼── 纳税环节
                      │                    ├── 纳税期限
                      │                    ├── 纳税地点
                      │                    ├── 减税免税
                      │                    ├── 罚则
                      │                    └── 附则
                      │
                      ├── 认知税收立法 ─────┬── 税收立法
                      │                    └── 我国现行税法体系
                      │
                      │                    ┌── 税收征收管理
                      │                    ├── 税务检查权
                      └── 认知税收执法 ─────┼── 税务稽查权
                                           ├── 税务行政复议裁决权
                                           └── 其他税收执法权
```

项目导入

　　税收是组织财政收入、调节经济的重要手段，是实现高质量发展的有效保障。了解税收、学习税法，有助于当代青年更好地投身中国式现代化进程的建设中。

　　2023 年 3 月，广安市税务局、渝北区税务局联合国家税务总局驻重庆特派办开展"税惠万企、川渝同行"税收营商环境体验活动。15 名西南政法大学的师生作为"税收营商环境体验师"，走进川渝高竹新区税费征管服务中心及重庆渝北和四川广安的税务部门办税服务厅，与企业代表共同体验办税缴费服务。

　　在川渝高竹新区税费征管服务中心，广安市税务局总经济师向体验师介绍，川渝高竹新区税费征管服务中心是全国首个也是目前唯一实行实体化运行的跨省域税费征管服务中心。自 2021 年 10 月运营以来，该服务中心已办理税费业务 15.5 万笔。该中心包含咨询导税区、智能办税体验区、自助办税服务区和网上办税区四大功能区，配有自助办税、发票申领、智能填表、一体办税等智能办税终端，所有终端均可办理重庆、四川两地的税费业务。

在重庆市渝北区税务局第一税务所三龙办税服务厅，体验师现场感受了"去柜台化"一窗通办、川渝涉税业务专窗通办、12366 二级热线应答等服务。

目前，税务系统上线的数字办税平台，将大数据技术融入税务系统，打造"智慧税务"综合体系，大大提高了征纳双方的办事效率。一方面，通过联通税务、工商、银行等不同单位的系统，打通"数据孤岛"，做到数据共享、互联互通，减少企业日常经营中重复填报数据等情况的发生；另一方面，发挥"税务+大数据"的作用，对系统中收集的税收信息进行充分挖掘、分析，既可以直观地反映当前的经济情况，也可以对税收政策的实施效果提供数据支持。这样做，既可以最大限度地防范企业偷税、逃税等违法行为的发生，也可以为税务机关审时度势，及时通过税收手段调节经济发挥重要作用。

📈 任务实施

任务一　认知税收与税法

一、税收与税法的概念

（一）税收的概念

税法概述

税收是政府为了满足社会公共需要，凭借政治权力，按照法律的规定，强制、无偿地取得财政收入的一种形式。税收与其他财政收入形式相比，具有强制性、无偿性和固定性的特征。理解税收的内涵需要从税收的分配关系本质、国家税权、税收目的三个方面来把握。

1. 税收是国家取得财政收入的一种重要工具，其本质是一种分配关系

国家要行使职能必须有一定的财政收入作为保障。取得财政收入的手段多种多样，如征税、发行货币、发行国债、收费、罚没等，其中税收是大部分国家取得财政收入的主要形式。在社会再生产过程中，分配是连接生产与消费的必要环节，在市场经济条件下，分配主要是对社会产品价值的分割。税收解决的是分配问题，是国家参与社会产品价值分配的法定形式，处于社会再生产的分配环节，因而从本质上它体现的是一种分配关系。

2. 国家征税的依据是政治权力，它有别于按生产要素进行的分配

国家通过征税，将一部分社会产品由纳税人所有转变为国家所有，因此征税的过程实际上是国家参与社会产品价值的分配过程。国家与纳税人之间形成的这种分配关系与社会再生产中的一般分配关系不同。分配涉及两个基本问题：一是分配的主体；二是分配的依据。税收分配是以国家为主体进行的分配，而一般分配则是以各生产要素的所有

者为主体进行的分配；税收分配是国家凭借政治权力，以法律的形式进行的分配，而一般分配则是基于生产要素进行的分配。

税收是凭政治权力进行的分配，这是马克思主义经典作家的基本观点，也是我国税收理论界长期以来的主流认识。正如马克思指出的："赋税是政府机器的经济基础，而不是其他任何东西。"[①]恩格斯在《家庭、私有制和国家的起源》中也指出："为了维持这种公共权力，就需要公民缴纳费用——捐税。"[②]关于国家征税的依据即国家为什么可以对公民征税这个问题，从税收思想史来看有多种观点，如公需说、保险说、交换说、社会政策说等。随着市场经济的发展，我国税收理论界也有一些学者认为用交换说更能说明政府和纳税人之间的关系，即国家依据符合宪法的税收法律对公民和法人行使一种请求权，体现的关系即为类似公法上的债权债务关系，即政府依据税法拥有公民和法人某些财产或收入的债权，公民或法人则对政府承担了债务，这种债务即是税收。公民或法人缴纳税收即偿还了债务以后便拥有了享受政府提供的公共产品的权利，此时税收相当于一种价格，公民和法人与政府应该具有某种等价交换的关系，国家行使请求权的同时，负有向纳税人提供高质有效的公共产品的义务；从纳税人这方面来讲，在享受政府提供的公共产品的同时，也依法负有纳税的义务。在这种等价交换中，税收体现了一种平等性，即国家和纳税人之间的对等关系。

3. 国家征税的目的是满足社会公共需要

国家在履行其公共职能的过程中必然要有一定的公共支出。公共产品提供的特殊性决定了公共支出一般情况下不可能由公民个人、企业采取自愿出价的方式，而只能采用由国家（政府）强制征税的方式，由经济组织、单位和个人来负担。国家征税的目的是满足提供社会公共产品的需要，以及弥补市场失灵、促进公平分配等的需要。同时，国家征税也要受到所提供公共产品规模和质量的制约。此外，财政是国家治理的基础和重要支柱，优化与国家治理体系相适应的税收制度和税法体系是建设中国特色社会主义财政制度的重要内容，为此既需要循序渐进地落实税收法定原则，使征税有法可依、有法必依；还需要保持合理的宏观税负水平，激发社会活力；更需要构建有利于促进公平竞争、创新驱动和人力资本积累的税收制度，发挥先进税收制度对经济社会高质量发展的促进作用。

（二）税法的概念

税法是指用以调整国家与纳税人之间在征纳税方面的权利与义务关系的法律规范的总称，它构建了国家及纳税人依法征税、依法纳税的行为准则体系，其目的是保障国家利益和纳税人的合法权益，维护正常的税收秩序，保证国家的财政收入。税法体现为法

---

① 马克思，恩格斯. 马克思恩格斯选集（第三卷）[M]. 中共中央马克思恩格斯列宁斯大林著作编译局，译. 北京：人民出版社，1972: 22.

② 恩格斯. 家庭、私有制和国家的起源 [M]. 中共中央马克思恩格斯列宁斯大林著作编译局，译. 北京：人民出版社，2018: 190.

律这一规范形式，是税收制度的核心内容。税收制度是在税收分配活动中税收征纳双方所应遵守的行为规范的总和。其内容主要包括各税种的法律法规以及为了保证这些税法得以实施的税收征管制度和税收管理体制。

税法具有义务性法规和综合性法规的特点。

从法律性质上看，税法属于义务性法规，以规定纳税人的义务为主。税法属于义务性法规，并不是指税法没有规定纳税人的权利，而是指纳税人的权利是建立在其纳税义务的基础之上的，处于从属地位。税法属于义务性法规的这一特点是由税收的无偿性和强制性特点所决定的。税法的义务性、强制性，不仅有国家权力作为后盾，而且有一系列的制度措施作为保障；税法作为强制性规范，即一切满足税收要素的纳税人，均应根据税法缴纳税款。

税法的另一特点是具有综合性，它是由一系列单行税收法律法规及行政规章制度组成的体系，其内容涉及课税的基本内容、征纳双方的权利和义务、税收管理规则、法律责任、解决税务争议的法律规范等。税法的综合性特点是由税收制度所调整的税收分配关系和税收法律关系的复杂性所决定的。

税法的本质是正确处理国家与纳税人之间因税收而产生的税收法律关系和社会关系，既要保证国家税收收入，也要保护纳税人的权利，两者缺一不可。片面强调国家税收收入或纳税人权利都不利于社会的和谐发展。如果国家征收不到充足的税款，就无法履行其公共服务的职能，无法提供公共产品，最终也不利于保障纳税人的利益。从这个意义上讲，税法的核心在于兼顾平衡国家税收收入和纳税人权利，在保障国家税收收入稳步增长的同时，也保证对纳税人权利的有效保护。

二、税收法律关系

税收法律关系是税法所确认和调整的国家与纳税人之间、国家与国家之间以及各级政府之间在税收分配过程中形成的权利与义务关系。国家征税与纳税人纳税形式上表现为利益分配的关系，但经过法律明确其双方的权利与义务后，这种关系实质上已上升为一种特定的法律关系。了解税收法律关系，对于正确理解国家税法的本质，严格依法纳税、依法征税都具有重要的意义。

（一）税收法律关系的构成

税收法律关系在总体上与其他法律关系一样，都是由税收法律关系的主体、客体和内容三方面构成的，但在三方面的内涵上，税收法律关系又具有一定的特殊性。

1. 税收法律关系的主体

法律关系的主体是指法律关系的参加者。税收法律关系的主体即税收法律关系中享有权利和承担义务的当事人。在我国，税收法律关系的主体包括征纳双方：一方是代表国家行使征税职责的国家行政机关，包括国家各级税务机关和海关；另一方是履行纳税义务的人，包括法人、自然人和其他组织，在华的外国企业、组织、外籍人、无国籍人，以及在华虽然没有机构、场所但有来源于中国境内所得的外国企业或组织。这种对税收法律关系中权利主体另一方的确定，在我国采取的是属地兼属人的原则。

2. 税收法律关系的客体

税收法律关系的客体即税收法律关系主体的权利、义务所共同指向的对象，也就是征税对象。例如，所得税法律关系的客体就是生产经营所得和其他所得，财产税法律关系的客体就是财产，流转税法律关系的客体就是货物或劳务收入。税收法律关系客体也是国家利用税收调整和控制的目标，国家在一定时期根据客观经济形势发展的需要，通过扩大或缩小征税范围调整征税对象，以达到限制或鼓励国民经济中某些产业、行业发展的目的。

3. 税收法律关系的内容

税收法律关系的内容就是主体所享有的权利和所应承担的义务，这是税收法律关系中最实质的东西，也是税法的灵魂。它规定权利主体可以有什么行为，不可以有什么行为，若违反了这些规定，须承担相应的法律责任。

税务机关的权利主要表现在依法进行征税、税务检查以及对违章者进行处罚等方面；其义务主要是向纳税人宣传、咨询、辅导、解读税法，及时把征收的税款解缴国库，依法受理纳税人对税收争议的申诉等。

纳税义务人的权利主要有多缴税款申请退还权、延期纳税权、依法申请减免税权、申请复议和提起诉讼权等，其义务主要是按税法规定办理税务登记、进行纳税申报、接受税务检查、依法缴纳税款等。

（二）税收法律关系的产生、变更与消灭

税法是引起税收法律关系的前提条件，但税法本身并不能产生具体的税收法律关系。税收法律关系的产生、变更与消灭必须有能够引起税收法律关系产生、变更或消灭的客观情况，也就是由税收法律事实来决定。税收法律事实可以分为税收法律事件和税收法律行为。税收法律事件是指不以税收法律关系权力主体的意志为转移的客观事件。例如，自然灾害可以导致税收减免，从而改变税收法律关系内容。税收法律行为是指税收法律关系主体在正常意志支配下作出的活动。例如，纳税人开业经营即产生税收法律关系，纳税人转业或停业就会造成税收法律关系的变更或消灭。

（三）税收法律关系的保护

税收法律关系是同国家利益及企业和个人的权益相联系的。保护税收法律关系，实质上就是保护国家正常的经济秩序、保障国家财政收入和维护纳税人的合法权益。税收法律关系的保护形式和方法有很多，例如税法中关于限期纳税、征收滞纳金和罚款的规定，《中华人民共和国刑法》（以下简称《刑法》）对构成逃避缴纳税款、抗税罪给予刑罚的规定，以及税法中对纳税人若不服税务机关征税处理决定，可以申请复议或提出诉讼的规定等都是对税收法律关系的直接保护。税收法律关系的保护对权利主体双方是平等的，不能只对一方保护，而对另一方不予保护。同时对其享有权利的保护，就是对其

承担义务的制约。

任务二　认知税法原则

税法的原则反映税收活动的根本属性，是税收法律制度建立的基础。税法原则包括税法基本原则和税法适用原则。

一、税法基本原则

税法基本原则是统领所有税收规范的根本准则，包括税收立法、执法、司法、守法在内的一切税收活动都必须遵守。

（一）税收法定原则

党的十八届三中全会审议通过的《中共中央关于全面深化改革若干重大问题的决定》提出了"落实税收法定原则"。这是"税收法定原则"第一次写入党的重要纲领性文件中。

税收法定原则是税法基本原则中的核心。税收法定原则又称为税收法定主义，是指税法主体的权利义务必须由法律加以规定，税法的各类构成要素皆必须且只能由法律予以明确。税收法定主义贯穿税收立法和执法的全部领域，其内容包括税收要件法定原则和税务合法性原则。

税收要件法定原则是指有关纳税人、课税对象、课税标准等税收要件必须以法律形式作出规定，且有关课税要素的规定必须尽量明确。具体来说，它要求：一是国家开征的任何税种都必须由法律对其进行专门确定才能实施；二是国家对任何税种征税要素的变动都应当按相关法律的规定进行；三是征税的各个要素不仅应当由法律作出专门的规定，这种规定还应当尽量明确。

税务合法性原则是指税务机关按法定程序依法征税，不得随意减征、停征或免征，无法律依据不征税。立法者在立法的过程中要对各个税种征收的法定程序加以明确规定，既可以使纳税得以程序化，提高工作效率，节约社会成本，又尊重并保护了税收债务人的程序性权利，促使其提高纳税的意识。征税机关及其工作人员在征税过程中，必须按照税收程序法和税收实体法的规定来行使自己的职权，履行自己的职责，充分尊重纳税人的各项权利。

（二）税收公平原则

税收公平原则包括税收横向公平和纵向公平，即税收负担必须根据纳税人的负担能力分配，负担能力相等，税负相同；负担能力不等，税负不同。税收公平原则源于法律上的平等性原则，所以许多国家的税法在贯彻税收公平原则时，都特别强调"禁止不平等对待"的法理，禁止对特定纳税人给予歧视性对待，也禁止在没有正当理由的情况下对特定纳税人给予特别优惠。

（三）税收效率原则

税收效率原则包含两方面：一是经济效率；二是行政效率。前者要求税法的制定要有利于资源的有效配置和经济体制的有效运行；后者要求提高税收行政效率，节约税收征管成本。

（四）实质课税原则

实质课税原则是指应根据客观事实确定是否符合课税要件，并根据纳税人的真实负担能力决定纳税人的税负，而不能仅考虑相关外观和形式。

二、税法适用原则

税法适用原则是指税务行政机关和司法机关运用税收法律规范解决具体问题所必须遵循的准则。税法适用原则并不违背税法基本原则，而且在一定程度上体现着税法基本原则。但是与税法基本原则相比，税法适用原则含有更多的法律技术性准则，更为具体化。

（一）法律优位原则

法律优位原则的基本含义为法律的效力高于行政立法的效力，其作用主要体现在处理不同等级税法的关系上。法律优位原则明确了税收法律的效力高于税收行政法规的效力，对此还可以进一步推论为税收行政法规的效力优于税收行政规章的效力，即效力低的税法与效力高的税法发生冲突时，效力低的税法是无效的。

（二）法律不溯及既往原则

法律不溯及既往原则是绝大多数国家所遵循的法律程序技术原则。其基本含义为：一部新法实施后，对新法实施之前人们的行为不得适用新法，而只能沿用旧法。在税法领域内坚持这一原则，目的在于维护税法的稳定性和可预测性，使纳税人能在知道纳税结果的前提下作出相应的经济决策，税收的调节作用才会较为有效。

（三）新法优于旧法原则

新法优于旧法原则也称后法优于先法原则。其含义为：新法、旧法对同一事项有不同规定时，新法的效力优于旧法。其作用在于避免因法律修订带来新法、旧法对同一事项有不同的规定而引起法律适用的混乱，为法律的更新与完善提供适用上的保障。新法优于旧法原则在税法中普遍适用，但是当新税法与旧税法处于普通法与特别法的关系时，以及某些程序性税法引用"实体从旧、程序从新"原则时，可以例外。

（四）特别法优于普通法原则

特别法优于普通法原则的含义为对同一事项两部法律分别订有一般和特别规定时，特别规定的效力高于一般规定的效力。特别法优于普通法原则打破了税法效力等级的限制，即居于特别法地位的级别较低的税法，其效力可以高于作为普通法的级别较高的税法。

（五）实体从旧、程序从新原则

实体从旧、程序从新原则的含义包括两个方面：一是实体税法不具备溯及力。即在纳税义务的确定上，以纳税义务发生时的税法规定为准，实体性的税法规则不具有向前的溯及力。二是程序性税法在特定条件下具备一定的溯及力。即对于新税法公布实施之前发生，却在新税法公布实施之后进入税款征收程序的纳税义务，原则上新税法具有约束力。

（六）程序优于实体原则

程序优于实体原则是关于税收争讼法的原则，其基本含义为：在诉讼发生时税收程序法优于税收实体法。适用这一原则，是为了确保国家课税权的实现，不因争议的发生而影响税款的及时、足额入库。

任务三　认知税法要素

税法要素是指各种单行税法具有的共同的基本要素的总称。一方面，税法要素既包括实体性的，也包括程序性的；另一方面，税法要素是所有完善的单行税法都共同具备的，仅为某一税法所单独具有而非普遍性的内容，不构成税法要素，如扣缴义务人。税法要素一般包括总则、纳税义务人、征税对象、税目、税率、纳税环节、纳税期限、纳税地点、减税免税、罚则、附则等项目。

一、总则

总则主要包括立法依据、立法目的、适用原则等。例如，《中华人民共和国耕地占用税法》第一条规定："为了合理利用土地资源，加强土地管理，保护耕地，制定本法。"此条突出了该法制定的目的，即立法目的。

二、纳税义务人

纳税义务人或纳税人又称为纳税主体，是税法规定的直接负有纳税义务的单位和个人。任何一个税种首先要解决的就是国家对谁征税的问题。例如，我国个人所得税、增值税、消费税以及印花税等税种的法律条文或暂行条例第一条规定的都是该税种的纳税义务人。

纳税人有两种基本形式：自然人和法人。自然人和法人是两个相对称的法律概念。自然人是基于自然规律而出生的、有民事权利和义务的主体，包括本国公民，也包括外国人和无国籍人。法人是自然人的对称。《中华人民共和国民法典》第五十七条规定："法人是具有民事权利能力和民事行为能力，依法独立享有民事权利和承担民事义务的组织。"我国的法人分为营利法人、非营利法人和特别法人。

税法中规定的纳税人有自然人和法人两种最基本的形式，按照不同的目的和标准，还可以对自然人和法人进行多种详细的分类，这些分类对国家制定区别对待的税收政策，发挥税收的经济调节作用，具有重要的意义。例如：自然人可划分为居民个人和非居民个人，个体经营者和其他个人等；法人可划分为居民企业和非居民企业，还可按企业的不同所有制性质来进行分类等。

与纳税人紧密联系的两个概念是代扣代缴义务人和代收代缴义务人。前者是指虽不承担纳税义务，但依照有关规定，在向纳税人支付收入、结算货款、收取费用时有义务代扣代缴其应纳税款的单位和个人，例如，出版社代扣代缴作者稿酬所得的个人所得税等。如果代扣代缴义务人按规定履行了代扣代缴义务，税务机关将支付一定的手续费。反之，未按规定代扣代缴税款，造成应纳税款流失或将已扣缴的税款私自截留挪用、不按时缴入国库的，经税务机关发现，将要承担相应的法律责任。代收代缴义务人是指虽不承担纳税义务，但依照有关规定，在向纳税人收取商品或劳务收入时，有义务代收代缴其应纳税款的单位和个人。例如，《中华人民共和国消费税暂行条例》（以下简称《消费税暂行条例》）第四条规定，"委托加工的应税消费品，除受托方为个人外，由受托方在向委托方交货时代收代缴消费税税款"。

三、征税对象

征税对象又称为课税对象、征税客体，是指税法规定的对什么征税，也是征纳税双方权利义务共同指向的客体或标的物，是区别一种税与另一种税的重要标志。例如，消费税的征税对象是《消费税暂行条例》所列举的应税消费品，房产税的征税对象是房屋等。征税对象是税法最基本的要素，因为它体现着征税的最基本界限，决定着某一种税的基本征税范围，同时，征税对象也决定了各个不同税种的名称。例如，消费税、土地增值税、个人所得税等，这些税种因征税对象不同、性质不同，税名也就不同。征税对象按其性质的不同，通常可划分为流转额、所得额、财产、资源、特定行为五大类，通常也因此将税收分为相应的五大类，即流转税或称商品和劳务税、所得税、财产税、资源税和特定行为税。

与课税对象相关的两个基本概念是税目和税基。税目本身也是一个重要的税法要素，下文将单独讨论。而税基又称为计税依据，是据以计算征税对象应纳税款的直接数量依据，它解决对征税对象课税的计算问题，是对课税对象的量的规定。例如，企业所得税应纳税额的基本计算方法是应纳税所得额乘以适用税率，其中，应纳税所得额是据以计算所得税应纳税额的数量基础，为所得税的税基。计税依据按照计量单位的性质划分，有两种基本形态：价值形态和物理形态。价值形态包括应纳税所得额、销售收入、营业收入等；物理形态包括面积、体积、容积、重量等。一种是以价值形态作为税基，又称为从价计征，即按征税对象的货币价值计算，例如，生产销售化妆品应纳消费税税额是由化妆品的销售收入乘以适用税率计算产生的，其税基为销售收入，属于从价计征的方法。另一种是从量计征，即直接按征税对象物理形态的自然单位计算，例如，城镇土地使用税应纳税额是由占用土地面积乘以每单位面积应纳税额计算产生的，其税基为占用土地的面积，属于从量计征的方法。

四、税目

税目是在税法中对征税对象分类规定的具体的征税项目，反映具体的征税范围，是对课税对象质的界定。设置税目的目的一方面是明确具体的征税范围，凡列入税目的即为应税项目，未列入税目的，则不属于应税项目。另一方面，划分税目也是贯彻国家税收调节政策的需要，国家可根据不同项目的利润水平以及以国家经济政策等为依据制定高低不同的税率，以体现不同的税收政策。

并非所有税种都需要规定税目，有些税种不区分课税对象的具体项目，一律按照课税对象的应税数额采用同一税率计征税款，因此一般无须设置税目，如企业所得税。有些税种具体课税对象比较复杂，需要规定税目，如消费税，一般都规定有不同的税目。

五、税率

税率是对征税对象的征收比例或征收程度。税率是计算税额的尺度，也是衡量税负轻重的重要标志。我国现行的税率主要有以下四种。

（一）比例税率

比例税率是对同一征税对象，不分数额大小，规定相同的征收比例。例如，我国的增值税、城市维护建设税、企业所得税等采用的是比例税率。比例税率在适用中又可分为三种具体形式。

（1）单一比例税率，是指对同一征税对象的所有纳税人都适用同一比例税率。

（2）差别比例税率，是指对同一征税对象的不同纳税人适用不同的比例征税。我国现行税法又分别按产品、行业和地区的不同将差别比例税率划分为以下三种类型：一是产品差别比例税率，即对不同产品分别适用不同的比例税率，同一产品采用同一比例税率，如消费税、关税等；二是行业差别比例税率，即对不同行业分别适用不同的比例税率，同一行业采用同一比例税率，如增值税等；三是地区差别比例税率，即不同的地区分别适用不同的比例税率，同一地区采用同一比例税率，如城市维护建设税等。

（3）幅度比例税率，是指对同一征税对象，税法只规定最低税率和最高税率，各地区在该幅度内确定具体的适用税率。

比例税率具有计算简单、税负透明度高、有利于保证财政收入、有利于纳税人公平竞争、不妨碍商品流转额或非商品营业额扩大等优点，符合税收效率原则。但比例税率不能针对不同的收入水平的纳税人实施不同的税收负担，在调节纳税人的收入水平方面难以体现税收的公平原则。

（二）超额累进税率

为解释超额累进税率，在此先说明累进税率和全额累进税率。累进税率是指随着征税对象数额增大而随之提高的税率，即按征税对象数额的大小将其划分为若干等级，不同等级的课税数额分别适用不同的税率，课税数额越大，适用税率越高。累进税率一般在所得课税中使用，可以充分体现对纳税人收入多的多征、收入少的少征、无收入的不征的税收原则，从而有效地调节纳税人的收入，正确处理税收负担的纵向公平问题。全额累进税率，是把征税对象的应税数额划分为若干等级，对每个等级分别规定相应税率，当税基超过某个级次时，课税对象的全部数额都按提高后级次的相应税率征税，见表1-1。

表 1-1　某三级全额累进税率

级数	应纳税所得额	税率 /%
1	不超过 20000 元	20
2	超过 20000 元至 50000 元	30
3	超过 50000 元	40

运用全额累进税率的关键是查找每一位纳税人应税收入在税率表中所属的级次，找到收入级次，与其对应的税率便是该纳税人所适用的税率，全部税基乘以适用税率即可计算出应缴税额。例如，某纳税人应纳税所得额为 30000 元，按表 1-1 所列税率，适用第 2 级次，应纳税额 =30000×30%=9000（元）。

全额累进税率计算方法简便，但税收负担不合理，特别是在划分级次的临界点附近，税负呈跳跃式递增，甚至会出现税额增加超过课税对象数额增加的不合理现象，不利于鼓励纳税人增加收入。

超额累进税率是把征税对象按数额的大小分成若干等级，每一等级规定一个税率，税率依次提高，但每一位纳税人的征税对象依所属等级同时适用几个税率分别计算，将计算结果相加后得出应纳税款，见表 1-2。

表 1-2　某三级超额累进税率

级数	应纳税所得额	税率 /%	速算扣除数
1	不超过 20000 元的部分	20	0
2	超过 20000 元至 50000 元的部分	30	2000
3	超过 50000 元的部分	40	7000

假如，某人应纳税所得额为 30000 元，按表 1-2 所列税率，其应纳税额可以分步计算：

第 1 级次的 20000 元适用 20% 的税率，应纳税额 =20000×20%=4000（元）。

第 2 级次的 10000 元（30000 元－20000 元）适用 30% 的税率，应纳税额 =10000×30%=3000（元）。

应纳税额 =4000+3000=7000（元）。

目前我国采用这种税率的税种是个人所得税。

在级数较多的情况下，分级计算然后相加的方法比较烦琐。为了简化计算，也可采用速算法。速算法的原理是：基于全额累进计算的方法比较简单，可将超额累进计算的方法转化为全额累进计算的方法。对于同样的课税对象数量，按全额累进方法计算出的税额比按超额累进方法计算出的税额多，即有重复计算的部分，这个多征的常数叫作速算扣除数。用公式表示为：

速算扣除数 = 按全额累进方法计算的税额 － 按超额累进方法计算的税额

公式移项得：

按超额累进方法计算的税额 = 按全额累进方法计算的税额 － 速算扣除数

接上例，某人应纳税所得额为 30000 元，如果直接用 30000 元乘以所对应级次的税率 30%，则对于第 1 级次的 20000 元应纳税所得额就出现了 20000×（30%－20%）的重复计算的部分。因为这 20000 元仅适用 20% 的税率，而现在全部用 30% 的税率来计算，故多算了 10%，这就是应该扣除的所谓速算扣除数，即第 2 级次的速算扣除数为 2000 元（即 20000 元×10%）。在采用速算扣除数的简化计算中，30000 元对应的应纳税额＝30000×30%－2000＝7000（元），这与上面分级次计算应纳税额的结果一致。

（三）定额税率

定额税率即按征税对象确定的计算单位，直接规定一个固定的税额。目前采用定额税率的有城镇土地使用税和车船税等。

（四）超率累进税率

超率累进税率即将征税对象数额的相对率划分为若干级次，分别规定相应的差别税率，相对率每超过一个级次，对超过的部分就按高一级的税率计算征税。目前我国税收体系中采用这种税率的是土地增值税。

六、纳税环节

纳税环节主要指税法规定的征税对象在从生产到消费的流转过程中应当缴纳税款的环节。例如，流转税在生产和流通环节纳税、所得税在分配环节纳税等。纳税环节有广义和狭义之分。广义的纳税环节指全部课税对象在再生产中的分布情况。例如，资源税分布在资源生产环节，商品和劳务税分布在生产或流通环节，所得税分布在分配环节等。狭义的纳税环节特指应税商品在流转过程中应纳税的环节。商品从生产到消费要经历诸多流转环节，各环节都存在销售额，都可能成为纳税环节。但考虑到税收对经济的影响、财政收入的需要以及税收征管的能力等因素，国家常常对在商品流转过程中所征税种规定不同的纳税环节。按照某税种征税环节的多少，可以将税种划分为一次课征制或多次课征制。

合理选择纳税环节，对加强税收征管、有效控制税源、保证国家财政收入的及时、稳定、可靠，方便纳税人生产经营活动和财务核算，灵活机动地发挥税收调节经济的作用，具有十分重要的理论和实践意义。

七、纳税期限

纳税期限是指税法规定的关于税款缴纳时间即纳税时间方面的限定。税法关于纳税时间的规定，有以下三个相关概念。

一是纳税义务发生时间，是指应税行为发生的时间。例如，《中华人民共和国增值税暂行条例》（以下简称《增值税暂行条例》）规定采取预收货款方式销售货物的，其纳税义务发生时间为货物发出的当天。

二是纳税期限，纳税人每次发生纳税义务后，不可能马上去缴纳税款。税法规定了每种税的纳税期限，即每隔固定时间汇总一次纳税义务的时间。例如，《增值税暂行条例》第二十二条规定，"增值税的具体纳税期限分别为1日、3日、5日、10日、15日、1个月或者1个季度。纳税人的具体纳税期限，由主管税务机关根据纳税人应纳税额的大小分别核定；不能按照固定期限纳税的，可以按次纳税"。

三是缴库期限，即税法规定的纳税期满后，纳税人将应纳税款缴入国库的期限。例如，《增值税暂行条例》第二十三条规定，"纳税人以1个月或者1个季度为1个纳税期的，自期满之日起15日内申报纳税；以1日、3日、5日、10日或者15日为1个纳税期的，自期满之日起5日内预缴税款，于次月1日起15日内申报纳税并结清上月应纳税款"。

八、纳税地点

纳税地点主要是指根据各个税种纳税对象的纳税环节和有利于对税款的源泉控制而规定的纳税人（包括代征、代扣、代缴义务人）的具体申报缴纳税收的地点。

九、减税免税

减税免税主要是对某些纳税人和征税对象采取减少征税或者免予征税的特殊规定。

十、罚则

罚则主要是指对纳税人违反税法的行为采取的处罚措施。

十一、附则

附则一般都规定了与该法紧密相关的内容，如税法的解释权、生效时间等。

任务四　认知税收立法

一、税收立法

根据《中华人民共和国宪法》（以下简称《宪法》）、《中华人民共和国全国人民代表大会组织法》、《中华人民共和国国务院组织法》、《中华人民共和国立法法》、《中华人民共和国地方各级人民代表大会和地方各级人民政府组织法》（以下简称《地方各级人民代表大会和地方各级人民政府组织法》）的规定，我国的立法体制是：全国人大及其常委会行使立法权，制定法律；国务院有权根据宪法和法律制定行政法规；国务院各部委有权制定规章；地方人民代表大会及其常委会，在不与宪法、法律、行政法规抵触的前提下，有权制定地方性法规，但要报全国人大常委会和国务院备案；民族自治地方的人民代表大会有权依照当地民族政治、经济和文化的特点，制定自治条例和单行条例。

各有权机关根据国家立法体制规定所制定的一系列税收法律、法规、规章和规范性文件，构成了我国的税收法律体系。需要说明的是，我们平时所说的税法，有广义和狭义之分。广义概念上的税法包括所有调整税收关系的法律、法规、规章和规范性文件，是税法体系的总称；而狭义概念上的税法，特指由全国人大及其常委会制定和颁布的税收法律。由于制定税收法律、法规和规章的机关不同，其法律级次不同，因此其法律效力也不同。

（一）全国人大和全国人大常委会制定税收法律

《宪法》第五十八条规定："全国人民代表大会和全国人民代表大会常务委员会行使国家立法权。"上述规定确定了我国税收法律的立法权由全国人大及其常委会行使，其他任何机关都没有制定税收法律的权力。在国家税收中，凡是基本的、全局性的问题，例如，国家税收的性质，税收法律关系中征纳双方权利与义务的确定，税种的设置，税目、税率的确定等，都需要由全国人大及其常委会以税收法律的形式制定实施，并且在全国范围内，无论对居民纳税人，还是非居民纳税人都普遍适用。如在现行税法中，《中华人民共和国企业所得税法》（以下简称《企业所得税法》）、《中华人民共和国个人所得税法》（以下简称《个人所得税法》）、《中华人民共和国税收征收管理法》（以下简称《税收征收管理法》）都是税收法律。除《宪法》外，在税法体系中，税收法律具有最高的法律效力，其他各级有权机关制定的税收法规、规章，都不得与《宪法》和税收法律相抵触。

（二）全国人大或全国人大常委会授权立法

授权立法是指全国人大及其常委会根据需要授权国务院制定某些具有法律效力的暂行规定或者条例。授权立法与制定行政法规不同。国务院经授权立法所制定的规定或条例等，具有国家法律的性质和地位，它的法律效力高于行政法规，在立法程序上还需报全国人大常委会备案。1984年9月1日，全国人大常委会授权国务院改革工商税制和发布有关税收条例。1985年，全国人大授权国务院在经济体制改革和对外开放方面可以制定暂行的规定或者条例，都是授权国务院立法的依据。按照这两次授权立法，国务院在1994年1月1日起实施的工商税制改革中，制定实施了增值税、营业税、消费税、资源税、土地增值税、企业所得税六个税种的暂行条例。授权立法，在一定程度上解决了我国经济体制改革和对外开放工作急需法律保障的当务之急。税收暂行条例的制定和公布施行，为全国人大及其常委会的立法工作提供了有益的经验和条件，也为将这些条例在条件成熟时上升为法律做好了准备。

（三）国务院制定税收行政法规

国务院是最高国家权力机关的执行机关，是最高国家行政机关。我国《宪法》规定，国务院可"根据宪法和法律，规定行政措施，制定行政法规，发布决定和命令"。行政法规作为一种法律形式，在中国法律形式中处于低于宪法、法律和高于地方法规、部门规章、地方规章的地位，也是在全国范围内普遍适用的。行政法规的立法目的在于保证宪法和法律的实施，行政法规不得与宪法、法律相抵触，否则无效。国务院发布的《中华人民共和国企业所得税法实施条例》（以下简称《企业所得税法实施条例》）、《中华人民共和国税收征收管理法实施细则》（以下简称《税收征收管理法实施细则》）等，都是税收行政法规。

（四）地方人民代表大会及其常委会制定税收地方性法规

根据《地方各级人民代表大会和地方各级人民政府组织法》的规定，省、自治区、直辖市的人民代表大会和设区市的人民代表大会有制定地方性法规的权力。由于我国在税收立法上坚持"统一税法"的原则，因此地方权力机关制定税收地方法规不是无限制的，而是要严格按照税收法律的授权行事。目前，除了海南省、民族自治地区按照全国人大授权立法规定，在遵循宪法、法律和行政法规的原则基础上，可以制定有关税收的地方性法规外，其他省、市一般都无权制定税收地方性法规。

（五）国务院税务主管部门制定税收部门规章

《宪法》第九十条规定，国务院"各部、各委员会根据法律和国务院的行政法规、决定、命令，在本部门的权限内，发布命令、指示和规章"。有权制定税收部门规章的税务主管机关是财政部、国家税务总局及海关总署。其制定规章的范围包括对有关税收法律、法规的具体解释、税收征收管理的具体规定、办法等，税收部门规章在全国范围内具有普遍适用效力，但不得与税收法律、行政法规相抵触。例如，财政部、国家税务总局颁布的《中华人民共和国增值税暂行条例实施细则》（以下简称《增值税暂行条例实施细则》）、国家税务总局颁布的《税务代理试行办法》等都属于税收部门规章。

（六）地方政府制定税收地方规章

《地方各级人民代表大会和地方各级人民政府组织法》第七十四条规定："省、自治区、直辖市的人民政府可以根据法律、行政法规和本省、自治区、直辖市的地方性法规，制定规章，报国务院和本级人民代表大会常务委员会备案。设区的市、自治州的人民政府可以根据法律、行政法规和本省、自治区的地方性法规，依照法律规定的权限制定规章，报国务院和省、自治区的人民代表大会常务委员会、人民政府以及本级人民代表大会常务委员会备案。"按照"统一税法"的原则，上述地方政府制定税收规章，都必须在税收法律、法规明确授权的前提下进行，并且不得与税收法律、行政法规相抵触。没有税收法律、法规的授权，地方政府是无权制定税收规章的，凡是越权制定的税收规章没有法律效力。例如，国务院发布实施的城市维护建设税、房产税等地方性税种暂行条例，都规定了省、自治区、直辖市人民政府可根据条例制定实施细则。

二、我国现行税法体系

税法内容十分丰富，涉及范围也极为广泛，各单行税收法律法规结合起来，形成了完整配套的税法体系，共同规范和制约税收分配的全过程，是实现依法治税的前提和保证。从法律角度来讲，一个国家在一定时期内、一定体制下以法定形式规定的各种税收法律、法规的总和，被称为税法体系。但从税收工作的角度来讲，所谓税法体系往往被称为税收制度。一个国家的税收制度（以下简称税制）是指在既定的管理体制下设置的税种，以及与这些税种的征收、管理有关的、具有法律效力的各级成文法律、行政法规、部门规章等的总和。

一个国家的税制，可按照构成方法与形式分为简单型税制和复合型税制。简单型税制主要是指税种单一、结构简单的税制；复合型税制主要是指由多个税种构成的税制。在现代社会中，世界各国一般都采用多种税并存的复合型税制。一个国家为了有效取得财政收入或调节社会经济活动，必须设置一定数量的税种，并规定每种税的征收和缴纳办法，包括对什么征税、向谁征税、征多少税以及何时纳税、何地纳税、按什么手续纳税和不纳税如何处理等。

因此，税制的内容主要有三个层次：一是不同的要素构成税种。构成税种的要素主要包括纳税人、征税对象、税目、税率、纳税环节、纳税期限、减税免税等。二是不同的税种构成税制。构成税制的具体税种，国与国之间差异较大，但一般都包括所得税（直接税），如企业（法人）所得税、个人所得税等，也包括商品课税（间接税），如增值税、消费税及其他一些税种等。三是规范税款征收程序的法律法规，如《税收征收管理法》等。

税种的设置及每种税的征税办法，一般是以法律形式确定的，这些法律就是税法。一个国家的税法一般包括税法通则、各税税法（条例）、实施细则、具体规定四个层次。其中，"税法通则"规定一个国家的税种设置和每个税种的立法精神；"各税税法（条例）"分别规定每种税的征税办法；"实施细则"是对各税税法（条例）的详细说明和解释；"具体规定"则是根据不同地区、不同时期的具体情况制定的补充性法规。目前，世界上只有少数国家单独制定税法通则，大多数国家都把税法通则的有关内容包含在宪法和各税税法（条例）之中，我国的税法就属于这种情况。

税法体系中各税法按基本内容和效力、职能作用、权限范围的不同，可分为不同类型。

（一）按照税法的基本内容和效力的不同，可分为税收基本法和税收普通法

税收基本法也称税收通则，是税法体系的主体和核心，在税法体系中起着税收母法的作用。其基本内容一般包括税收制度的性质、税务管理机构、税收立法与管理权限、纳税人的基本权利与义务、征税机关的权利和义务、税种设置等。我国目前还没有制定统一的税收基本法，随着我国税收法治建设的发展和完善，将研究制定税收基本法。税收普通法是根据税收基本法的原则，对税收基本法规定的事项分别立法实施的法律，如《个人所得税法》《税收征收管理法》等。

（二）按照税法的职能作用的不同，可分为税收实体法和税收程序法

税收实体法主要是指确定税种立法，具体规定各税种的征收对象、征收范围、税目、税率、纳税地点等。例如，《企业所得税法》《个人所得税法》就属于税收实体法。税收程序法是指税务管理方面的法律，主要包括税收管理法、纳税程序法、发票管理法、税务机关组织法、税务争议处理法等。《税收征收管理法》就属于税收程序法。

1. 税收实体法体系

我国的现行税制就其实体法而言，是中华人民共和国成立后经过几次较大的改革逐

步演变而来的，主要是经 1994 年税制改革后形成的，按征税对象大致分为以下五类。

（1）商品（货物）和劳务税类，包括增值税、消费税和关税，主要在生产、流通或者服务业中发挥调节作用。

（2）所得税类，包括企业所得税、个人所得税、土地增值税，主要是在国民收入形成后，对生产经营者的利润和个人的纯收入发挥调节作用。

（3）财产和行为税类，包括房产税、车船税、印花税、契税，主要是对某些财产和行为发挥调节作用。

（4）资源税和环境保护税类，包括资源税、环境保护税和城镇土地使用税，主要是对因开发和利用自然资源差异而形成的级差收入发挥调节作用。

（5）特定目的税类，包括城市维护建设税、车辆购置税、耕地占用税、船舶吨税和烟叶税，主要是为了达到特定目的，对特定对象和特定行为发挥调节作用。

现行税种中，以国家法律的形式发布实施的有：企业所得税、个人所得税、车船税、环境保护税、烟叶税、船舶吨税、车辆购置税、耕地占用税、资源税、契税、城市维护建设税和印花税；除此之外其他各税种都是经全国人大授权，由国务院以暂行条例的形式发布实施的。这些法律法规共同组成了我国的税收实体法体系。

2. 税收程序法体系

除税收实体法外，我国对税收征收管理适用的法律制度，是按照税收管理机关的不同而分别规定的。

由税务机关负责征收的税种的征收管理，按照全国人大常委会发布实施的《税收征收管理法》及各实体税法中的征管规定执行。由海关负责征收的税种的征收管理，按照《中华人民共和国海关法》（以下简称《海关法》）、《中华人民共和国进出口关税条例》（以下简称《进出口关税条例》）等有关规定执行。

上述税收实体法和税收程序法共同构成了我国现行税法体系。

（三）按照主权国家行使税收管辖权的不同，可分为国内税法、国际税法和外国税法

国内税法一般是按照属人或属地原则，规定一个国家的内部税收制度。国际税法是指国家间形成的税收制度，主要包括双边或多边国家间的税收协定、条约和国际惯例等，一般而言，其效力高于国内税法。外国税法是指外国各国家制定的税收制度。

以上对于税法或税种的分类不具有法定性，但将各具体税种按一定方法分类，在税收理论研究和税制建设方面用途相当广泛，作用非常之大。例如，商品和劳务税也称间接税，这些税种都是按照商品和劳务收入计算征收的，而这些税种虽然是由纳税人负责缴纳，但最终是由商品和劳务的购买者即消费者负担的，所以称为间接税；而所得税类税种的纳税人本身就是负税人，一般不存在税负转移或转嫁问题，所以称为直接税。

国家税收制度的确立，要依据本国的具体政治经济条件。就一个国家而言，在不同时期，由于政治经济条件和政治经济目标不同，税收制度也有着或大或小的差异。

任务五　认知税收执法

税收执法权是国家赋予税务机关的基本权力，是指税务机关依法征收税款、依法进行税收管理活动的权力，具体包括税收征收管理权、税务检查权、税务稽查权、税务行政复议裁决权及其他税务管理权。

一、税收征收管理

（一）税务机构设置与职能

2018年，根据我国经济和社会发展及推进国家治理体系和治理能力现代化的需要，我国对国税地税征管体制进行了改革。现行税务机构设置是中央政府设立国家税务总局（正部级），原有的省及省以下国税地税机构两个系统通过合并整合，统一设置为省、市、县三级税务局，实行以国家税务总局为主与省（自治区、直辖市）人民政府双重领导的管理体制。此外，另由海关总署及下属机构负责关税征收管理和受托征收进出口增值税、消费税等税收。国家税务总局的主要职能如下。

（1）具体起草税收法律法规草案及实施细则并提出税收政策建议，与财政部共同上报和下发，制定贯彻落实的措施。负责对税收法律法规执行过程中的征管和一般性税政问题进行解释，事后向财政部备案。

（2）承担组织实施税收及社会保险费、有关非税收入的征收管理责任，力争税款应收尽收。

（3）参与研究宏观经济政策、中央与地方的税权划分并提出完善分税制的建议，研究税负总水平并提出运用税收手段进行宏观调控的建议。

（4）负责组织实施税收征收管理体制改革，起草税收征收管理法律法规草案并制定实施细则，制定和监督执行税收业务、征收管理的规章制度，监督检查税收法律法规、政策的贯彻执行。

（5）负责规划和组织实施纳税服务体系建设，制定纳税服务管理制度，规范纳税服务行为，制定和监督执行纳税人权益保障制度，保护纳税人合法权益，履行提供便捷、优质、高效纳税服务的义务，组织实施税收宣传，拟订税务师管理政策并监督实施。

（6）组织实施对纳税人进行分类管理和专业化服务，组织实施对大型企业的纳税服务和税源管理。

（7）负责编报税收收入中长期规划和年度计划，开展税源调查，加强税收收入的分析预测，组织办理税收减免等具体事项。

（8）负责制定税收管理信息化制度，拟订税收管理信息化建设中长期规划，组织实施金税工程建设。

（9）开展税收领域的国际交流与合作，参加国家（地区）间税收关系谈判，草签和执行有关的协议、协定。

（10）办理进出口商品的税收及出口退税业务。

（11）以国家税务总局为主、与省（区、市）党委和政府对全国税务系统实行双重领导。

（12）承办党中央、国务院交办的其他事项。

（二）税收征收管理范围划分

目前，我国的税收分别由税务、海关两个系统负责征收管理。

税务系统即国家税务总局系统负责征收和管理的税种有：增值税、消费税、车辆购置税、企业所得税、个人所得税、资源税、城镇土地使用税、耕地占用税、土地增值税、房产税、车船税、印花税、契税、城市维护建设税、环境保护税和烟叶税，共十六个税种。

海关系统负责征收和管理的税种有：关税、船舶吨税。同时，海关负责代征进出口环节的增值税和消费税。

（三）税收收入划分

根据国务院关于实行分税制财政管理体制的规定，我国的税收收入分为中央政府固定收入、地方政府固定收入和中央政府与地方政府共享收入。

中央政府固定收入包括消费税（含进口环节由海关代征的部分）、车辆购置税、关税、船舶吨税和由海关代征的进口环节增值税等。地方政府固定收入包括城镇土地使用税、耕地占用税、土地增值税、房产税、车船税、契税、环境保护税和烟叶税等。中央政府与地方政府共享收入主要包括下列几项。

（1）增值税：国内增值税中央政府分享 50%，地方政府分享 50%。进口环节由海关代征的增值税和铁路建设基金营业税改征增值税为中央收入。

（2）企业所得税：中国国家铁路集团（原铁道部）、各银行总行及海洋石油企业缴纳的部分归中央政府，其余部分中央与地方政府按 60% 与 40% 的比例分享。

（3）个人所得税：除储蓄存款利息所得的个人所得税外，其余部分的分享比例与企业所得税相同。

（4）资源税：海洋石油企业缴纳的部分归中央政府，其余部分归地方政府。

（5）城市维护建设税：中国国家铁路集团、各银行总行、各保险总公司集中缴纳的部分归中央政府，其余部分归地方政府。

（6）印花税：多年来证券交易印花税收入的 97% 归中央政府，其余 3% 和其他印花税收入归地方政府。为妥善处理中央与地方的财政分配关系，国务院决定，从 2016 年 1 月 1 日起，将证券交易印花税由现行按中央 97%、地方 3% 的比例分享全部调整为中央收入。

2018 年 7 月，中共中央办公厅、国务院办公厅印发了《国税地税征管体制改革方案》（以下简称《改革方案》），强调全面贯彻党的十九大和十九届二中、三中全会精神，以习近平新时代中国特色社会主义思想为指导，以加强党的全面领导为统领，改革国税地税征管体制，合并省级和省级以下国税地税机构，划转社会保险费和非税收入征管职责，构建优化高效统一的税收征管体系，为高质量推进新时代税收现代化提供有力制度保证，更好地发挥税收在国家治理中的基础性、支柱性、保障性作用，更好地服务决胜全面建成小康社会、开启全面建设社会主义现代化国家新征程、实现中华民族伟大复兴的中国梦。

《改革方案》提出国税地税征管体制改革的四条原则，即坚持党的全面领导，坚持为民便民利民，坚持优化高效统一，坚持依法协同稳妥。强调通过改革，逐步构建起优化高效统一的税收征管体系，为纳税人和缴费人提供更加优质高效的便利服务，提高税法遵从度和社会满意度，提高征管效率，降低征纳成本，增强税费治理能力，确保税收职能作用充分发挥，夯实国家治理的重要基础。《改革方案》对税务部门领导管理体制作出了规定，明确国税地税机构合并后实行以国家税务总局为主、与省（区、市）党委和政府双重领导的管理体制，并着眼建立健全职责清晰、运行顺畅、保障有力的制度机制，在干部管理、机构编制管理、业务和收入管理、构建税收共治格局、服务经济社会发展等方面提出了具体要求，明晰了国家税务总局及各级税务部门与地方党委和政府在税收工作中的职责分工，有利于进一步加强对税收工作的统一管理，理顺统一税制和分级财政的关系，充分调动中央和地方两个积极性。

《改革方案》还就完成新税务机构挂牌、制定新税务机构"三定"规定、开展社会保险费和非税收入征管职责划转、推进税费业务和信息系统整合优化、强化经费保障和资产管理、清理修改相关法律法规等重点改革任务进行了具体部署，并明确了相关保障措施。要求各省、市、县税务局按期逐级分步完成集中办公、新机构挂牌并以新机构名义开展工作。从严从紧控制机构数量，进一步优化各层级税务组织体系和征管职责，完善结构布局和力量配置，做到机构设置科学、职能职责清晰、资源配置合理。同时，明确从2019年1月1日起，将基本养老保险费、基本医疗保险费、失业保险费、工伤保险费、生育保险费等各项社会保险费交由税务部门统一征收。按照便民、高效的原则，合理确定非税收入征管职责划转到税务部门的范围，对依法保留、适宜划转的非税收入项目成熟一批划转一批，逐步推进。要求整合纳税服务和税收征管等方面业务，优化完善税收和缴费管理信息系统，更好地便利纳税人和缴费人。

二、税务检查权

税务检查是税务机关依据国家的税收法律、法规对纳税人等管理相对人履行法定义务的情况进行审查、监督的执法活动。有效的税务检查可以抑制不法纳税人的侥幸心理，提高税法的威慑力，减少税收违法犯罪行为，保证国家收入，维护税收公平与纳税人的合法利益。税务检查包括以下两类。

（1）税务机关为取得确定税额所需资料，证实纳税人纳税申报的真实性与准确性而进行的经常性检查，其依据是税法赋予税务机关的强制行政检查权。

（2）为打击税收违法犯罪而进行的特别调查，它可以分为行政性调查和刑事调查两个阶段。行政性调查属于税务检查权范围之内，从原则上讲，纳税人如有违反税法的刑事犯罪嫌疑的情况，即调查的刑事性质确定后，案件应开始适用刑事调查程序。

三、税务稽查权

税务稽查是税务机关依法对纳税人、扣缴义务人履行纳税义务、扣缴义务情况所进行的税务检查和处理工作的总称。税务稽查权是税收执法权的一个重要组成部分，也是整个国家行政监督体系中的一种特殊的监督权行使形式。根据相关法律规定，税务稽查的基本任务是：依照国家税收法律、法规，查处税收违法行为、保障税收收入、维护税收秩序、促进依法纳税、保证税法的实施。税务稽查必须以事实为根据，以税收法律、法规、规章为准绳，依靠人民群众，加强与司法机关及其他有关部门的联系和配合。各级税务机关设立的税务稽查机构应按照各自的税收管辖范围行使税务稽查职能。

四、税务行政复议裁决权

税务行政复议裁决权的行使是税收执法权的有机组成部分，该权力的实现对保障和监督税务机关依法行使税收执法权，防止和纠正违法或者不当的具体税务行政行为，保护纳税人和其他有关当事人的合法权益发挥着积极作用。根据《中华人民共和国行政复议法》《税收征收管理法》和其他有关规定，为了进一步发挥行政复议解决税务行政争议的作用，保护公民、法人和其他组织的合法权益，监督和保障税务机关依法行使职权，公民、法人和其他组织（以下简称申请人）认为税务机关的具体行政行为侵犯其合法权益，可以向税务行政复议机关申请行政复议，税务行政复议机关办理行政复议事项。税务行政复议机关，是指依法受理行政复议申请，对具体行政行为进行审查并作出行政复议决定的税务机关。

税务行政复议裁决权的行使过程中，由各级行政复议机关负责法制工作的机构依法办理行政复议事项，履行下列职责：受理行政复议申请；向有关组织和人员调查取证，查阅文件和资料；审查申请行政复议的具体行政行为是否合法与适当，起草行政复议决定；处理或者转送对《税务行政复议规则》第十五条所列有关规定的审查申请；对被申请人违反行政复议法及其实施条例和《税务行政复议规则》规定的行为，依照规定的权限和程序向相关部门提出处理建议；研究行政复议工作中发现的问题，及时向有关机关或部门提出改进建议，重大问题及时向行政复议机关报告；指导和监督下级税务机关的行政复议工作；办理或者组织办理行政诉讼案件应诉事项；办理行政复议案件的赔偿事项；办理行政复议、诉讼、赔偿等案件的统计、报告、归档工作和重大行政复议决定备案的事项；其他和行政复议工作有关的事项。

行政复议活动应当遵循合法、公正、公开、及时、便民的原则。申请人对行政复议决定不服的，可以依法向人民法院提起行政诉讼。

五、其他税收执法权

除上述税收执法权的几个方面之外，根据法律规定，税务机关还享有其他相关税收执法权，其中主要有税务行政处罚权等。

税务行政处罚权是指税务机关依法对纳税主体违反税法尚未构成犯罪，但应承担相应法律责任的行为实施制裁措施的权力。税务行政处罚是行政处罚的基本组成部分，税务行政处罚权的行使对于保护国家税收利益，督促纳税人依法纳税具有重要作用。税务行政处罚权的法律依据是《中华人民共和国行政处罚法》和《税收征收管理法》等法律法规。根据《税收征收管理法》的相关规定，税务行政处罚的种类应当有警告（责令限期改正）、罚款、停止出口退税权、没收违法所得、收缴发票或者停止发售发票、提请吊销营业执照、通知出境管理机关阻止出境等。

项目二 增值税及附加税费

◎ 学习目标

知识目标：

1. 了解增值税的发展历史，掌握增值税的征税范围；
2. 掌握增值税的纳税人和扣缴义务人；
3. 熟悉增值税的税率和征收率；
4. 了解一般计税方法的原理；
5. 了解简易计税方法的原理；
6. 了解增值税税收优惠；
7. 了解增值税的发票管理；
8. 了解增值税的征收管理；
9. 掌握附加税费的计算与管理。

技能目标：

1. 会计算一般计税方法下增值税的应纳税额；
2. 会计算简易计税方法下增值税的应纳税额；
3. 会计算进口环节的增值税；
4. 能完成一般纳税人增值税及其附加税费的申报与缴纳；
5. 能完成小规模纳税人增值税及其附加税费的申报与缴纳。

素养目标：

1. 培养学生诚实守信的价值观，形成良好的价值导向；
2. 将内在个人品质外化为职业操守，提高学生的道德修养；
3. 树立和弘扬工匠精神。

📍 学习导图

增值税及附加税费
- 增值税的征税范围
  - 征税范围的一般规定
  - 征税范围的特殊规定
- 增值税的纳税人
  - 纳税义务人和扣缴义务人
  - 纳税人的分类
- 增值税的税率与征收率
  - 增值税税率及适用范围
  - 增值税征收率
  - 兼营行为的税率选择
- 增值税的一般计税方法
  - 销项税额的计算
  - 进项税额的确认和计算
  - 一般计税方法应纳税额计算举例
- 增值税的简易计税方法
  - 应纳税额的计算
  - 简易计税方法应纳税额计算举例
  - 一般纳税人可以选择适用简易计税方法的情形
- 进口环节的增值税
  - 进口环节增值税的征收范围及纳税人
  - 进口环节增值税应纳税额的计算
- 增值税的税收优惠
  - 《增值税暂行条例》规定的免税项目
  - 《关于全面推开营业税改征增值税试点的通知》及有关部门规定的税收优惠政策
  - 小规模纳税人的免征增值税政策
  - 增值税起征点的规定
  - 其他有关减免税规定
- 增值税的发票管理
  - 增值税专用发票
  - 增值税普通发票
  - 增值税电子普通发票
  - 机动车销售统一发票
- 增值税的征收管理
  - 纳税义务发生时间
  - 纳税期限
  - 纳税地点
- 附加税费
  - 城市维护建设税
  - 教育费附加和地方教育附加
- 一般纳税人增值税纳税申报
  - 一般纳税人纳税申报办法
  - 一般纳税人纳税申报举例
- 小规模纳税人增值税纳税申报
  - 小规模纳税人纳税申报资料
  - 小规模纳税人纳税申报举例

项目导入

增值税是以商品和劳务在流转过程中产生的增值额作为征税对象而征收的一种流转税。按照我国增值税法的规定，增值税是对在我国境内销售货物或者加工、修理修配劳务，销售服务、无形资产、不动产（以下统称应税销售行为）以及进口货物的单位和个人，就其应税销售行为的增值额和货物进口金额为计税依据而课征的一种流转税。

增值税之所以能够在世界上众多国家推广，是因为其可以有效地防止商品在流转过程中的重复征税问题，并使其具备保持税收中性、普遍征收、税收负担由最终消费者承担、实行税款抵扣制度、实行比例税率、实行价外税制度等特点。

我国从 1979 年开始在部分城市试行生产型增值税。1994 年在生产和流通领域全面实施生产型增值税，2008 年国务院决定全面实施增值税改革，即将生产型增值税转为消费型增值税。2011 年底国家决定在上海试点营业税改征增值税（以下简称营改增）工作，并逐步将试点地区扩展到全国。2016 年 5 月 1 日起，在全国范围内全面推开"营改增"试点，将建筑业、房地产业、金融业、生活服务业等全部营业税纳税人纳入试点范围，由缴纳营业税改为缴纳增值税。2017 年 11 月 19 日，国务院发布了《关于废止〈中华人民共和国营业税暂行条例〉和修改〈中华人民共和国增值税暂行条例〉的决定》（国务院令第 691 号），正式结束了营业税的历史使命。之后又逐步发布了诸多"营改增"的具体实施办法和措施。

我国现行增值税的基本法律规范是国务院于 2017 年 11 月 19 日公布的《增值税暂行条例》（国务院令第 691 号）、2016 年 3 月财政部和国家税务总局发布的《关于全面推开营业税改征增值税试点的通知》（财税〔2016〕36 号）以及 2008 年 12 月财政部和国家税务总局发布的《增值税暂行条例实施细则》（财政部国家税务总局令第 50 号）。

任务实施

任务一　增值税的征税范围

增值税的征税范围包括在境内发生应税销售行为和进口货物等。根据《增值税暂行条例》《增值税暂行条例实施细则》，以及《关于全面推开营业税改征增值税试点的通知》等规定，我们将增值税的征税范围分为一般规定和特殊规定。

1. 增值税概述
2. 增值税的征税范围

一、征税范围的一般规定

现行增值税征税范围的一般规定包括应税销售行为和进口的货物。具体规定如下。

（一）销售或者进口的货物

货物是指有形动产，包括电力、热力、气体在内。销售货物是指有偿转让货物的所有权。有偿，是指从购买方取得货币、货物或者其他经济利益。

（二）销售劳务

劳务是指纳税人提供的加工、修理修配劳务。加工是指受托加工货物，即委托方提供原料及主要材料，受托方按照委托方的要求制造货物并收取加工费的业务；修理修配是指受托对损伤和丧失功能的货物进行修复，使其恢复原状和功能的业务。销售劳务也称为提供劳务，是指有偿提供劳务。单位或者个体工商户聘用的员工为本单位或者雇主提供劳务不包括在内。

（三）销售服务

服务包括交通运输服务、邮政服务、电信服务、建筑服务、金融服务、现代服务和生活服务。具体征税范围如下。

1. 交通运输服务，包括陆路运输服务、水路运输服务、航空运输服务和管道运输服务

（1）陆路运输服务，包括铁路运输服务和其他陆路运输服务。其他陆路运输服务包括公路运输、缆车运输、索道运输、地铁运输、城市轻轨运输等。

出租车公司向使用本公司自有出租车的出租车司机收取的管理费用，按照"陆路运输服务"缴纳增值税。

（2）水路运输的程租、期租业务，属于水路运输服务。

程租业务是指运输企业为租船人完成某一特定航次的运输任务并收取租赁费的业务。

期租业务是指运输企业将配备有操作人员的船舶承租给他人使用一定期限，承租期内听候承租方调遣，不论是否经营，均按天向承租方收取租赁费，发生的固定费用均由船东负担的业务。

（3）航空运输的湿租业务属于航空运输服务。

湿租业务是指航空运输企业将配备有机组人员的飞机承租给他人使用一定期限，承租期内听候承租方调遣，不论是否经营，均按一定标准向承租方收取租赁费，发生的固定费用均由承租方承担的业务。

航天运输服务按照"航空运输服务"缴纳增值税。

（4）管道运输服务是指通过管道设施输送气体、液体、固体物质的运输业务活动。

（5）无运输工具承运业务按照"交通运输服务"缴纳增值税。无运输工具承运业务是指经营者以承运人身份与托运人签订运输服务合同，收取运费并承担承运人责任，然后委托实际承运人完成运输服务的经营活动。

2. 邮政服务，包括邮政普遍服务、邮政特殊服务和其他邮政服务

（1）邮政普遍服务是指函件、包裹等邮件寄递，以及邮票发行、报刊发行和邮政汇兑等业务活动。

（2）邮政特殊服务是指义务兵平常信函、机要通信、盲人读物和革命烈士遗物的寄

递等业务活动。

（3）其他邮政服务是指邮册等邮品销售、邮政代理等业务活动。

3. 电信服务，包括基础电信服务和增值电信服务

（1）基础电信服务是指利用固网、移动网、卫星、互联网提供语音通话服务的业务活动，以及出租或者出售带宽、波长等网络元素的业务活动。

（2）增值电信服务是指利用固网、移动网、卫星、互联网、有线电视网络，提供短信和彩信服务、电子数据和信息的传输及应用服务、互联网接入服务等业务活动。

卫星电视信号落地转接服务，按照"增值电信服务"缴纳增值税

4. 建筑服务，包括工程服务、安装服务、修缮服务、装饰服务和其他建筑服务

工程服务包括与建筑物相连的各种设备或者支柱、操作平台的安装或者装设工程作业，以及各种窑炉和金属结构工程作业。

安装服务包括与被安装设备相连的工作台、梯子、栏杆的装设工程作业，以及被安装设备的绝缘、防腐、保温、油漆等工程作业。固定电话、有线电视、宽带、水、电、燃气、暖气等经营者向用户收取的安装费、初装费、开户费、扩容费以及类似收费，按照"安装服务"缴纳增值税。

其他建筑服务是指上述工程作业之外的各种工程作业服务，如钻井（打井）、拆除建筑物或者构筑物、平整土地、园林绿化、疏浚（不包括航道疏浚）、建筑物平移、搭脚手架、爆破、矿山穿孔、表面附着物（包括岩层、土层、沙层等）剥离和清理等工程作业。

物业服务企业为业主提供的装修服务，按照"建筑服务"缴纳增值税。纳税人将建筑施工设备出租给他人使用并配备操作人员的，按照"建筑服务"缴纳增值税。

5. 金融服务，包括贷款服务、直接收费金融服务、保险服务和金融商品转让

（1）贷款服务。各种占用、拆借资金取得的收入，包括金融商品持有期间（含到期）利息（保本收益、报酬、资金占用费、补偿金等）收入、信用卡透支利息收入、买入返售金融商品利息收入、融资融券收取的利息收入，以及融资性售后回租、押汇、罚息、票据贴现、转贷等业务取得的利息及利息性质的收入，按照"贷款服务"缴纳增值税。

融资性售后回租是指承租方以融资为目的，将资产出售给从事融资性售后回租业务的企业后，从事融资性售后回租业务的企业将该资产出租给承租方的业务活动。

以货币资金投资收取的固定利润或者保底利润，按照"贷款服务"缴纳增值税。

（2）直接收费金融服务。直接收费金融服务，包括提供货币兑换、账户管理、电子银行、信用卡、信用证、财务担保、资产管理、信托管理、基金管理、金融交易场所（平台）管理、资金结算、资金清算、金融支付等服务。

（3）保险服务。保险服务包括人身保险服务和财产保险服务。

（4）金融商品转让。金融商品转让是指转让外汇、有价证券、非货物期货和其他金

融商品所有权的业务活动。其他金融商品转让包括基金、信托、理财产品等各类资产管理产品和各种金融衍生品的转让。纳税人购入基金、信托、理财产品等各类资产管理产品持有至到期，不属于金融商品转让。

6. 现代服务，包括研发和技术服务、信息技术服务、文化创意服务、物流辅助服务、租赁服务、鉴证咨询服务、广播影视服务、商务辅助服务和其他现代服务

（1）研发和技术服务，包括研发服务、合同能源管理服务、工程勘察勘探服务、专业技术服务。

（2）信息技术服务，包括软件服务、电路设计及测试服务、信息系统服务、业务流程管理服务和信息系统增值服务。

（3）文化创意服务，包括设计服务、知识产权服务、广告服务和会议展览服务。宾馆、旅馆、旅社、度假村和其他经营性住宿场所提供会议场地及配套服务的活动，按照"会议展览服务"缴纳增值税。

（4）物流辅助服务，包括航空服务、港口码头服务、货运客运场站服务、打捞救助服务、装卸搬运服务、仓储服务和收派服务。

（5）租赁服务，包括融资租赁服务和经营租赁服务。

融资租赁服务是指具有融资性质和所有权转移特点的租赁活动，即出租人根据承租人所要求的规格、型号、性能等条件购入有形动产或者不动产租赁给承租人，合同期内租赁物所有权属于出租人，承租人只拥有使用权，合同期满付清租金后，承租人有权按照残值购入租赁物，以拥有其所有权。不论出租人是否将租赁物销售给承租人，均属于融资租赁。按照标的物的不同，融资租赁服务可分为有形动产融资租赁服务和不动产融资租赁服务。

经营租赁服务是指在约定时间内将有形动产或者不动产转让他人使用且租赁物所有权不变更的业务活动。按照标的物的不同，可分为有形动产经营租赁服务和不动产经营租赁服务。

纳税人发生下列服务时的征税范围界定。

①融资性售后回租不按照"租赁服务"缴纳增值税。

②将建筑物、构筑物等不动产或者飞机、车辆等有形动产的广告位出租给其他单位或者个人用于发布广告，按照"经营租赁服务"缴纳增值税。

③车辆停放服务、道路通行服务（包括过路费、过桥费、过闸费等）等按照"不动产经营租赁服务"缴纳增值税。

④水路运输的光租业务、航空运输的干租业务，属于经营租赁。

光租业务是指运输企业将船舶在约定的时间内出租给他人使用，不配备操作人员，不承担运输过程中发生的各项费用，只收取固定租赁费的业务活动。

干租业务是指航空运输企业将飞机在约定的时间内出租给他人使用，不配备机组人员，不承担运输过程中发生的各项费用，只收取固定租赁费的业务活动。

（6）鉴证咨询服务，包括认证服务、鉴证服务和咨询服务。

翻译服务和市场调查服务按照"咨询服务"缴纳增值税。

（7）广播影视服务，包括广播影视节目（作品）的制作服务、发行服务和播映（含放映，下同）服务。

（8）商务辅助服务，包括企业管理服务、经纪代理服务、人力资源服务、安全保护服务。

（9）其他现代服务是指除研发和技术服务、信息技术服务、文化创意服务、物流辅助服务、租赁服务、鉴证咨询服务、广播影视服务和商务辅助服务以外的现代服务。

7. 生活服务，包括文化体育服务、教育医疗服务、旅游娱乐服务、餐饮住宿服务、居民日常服务和其他生活服务

提供餐饮服务的纳税人销售的外卖食品，按照"餐饮服务"缴纳增值税。

纳税人在游览场所经营索道、摆渡车、电瓶车、游船等取得的收入，按照"文化体育服务"缴纳增值税。

纳税人现场制作食品并直接销售给消费者，按照"餐饮服务"缴纳增值税。

纳税人提供植物养护服务，按照"其他生活服务"缴纳增值税。

（四）销售无形资产

销售无形资产是指转让无形资产所有权或者使用权的业务活动。

无形资产包括技术、商标、著作权、商誉、自然资源使用权和其他权益性无形资产。其他权益性无形资产包括基础设施资产经营权、公共事业特许权、配额、经营权（包括特许经营权、连锁经营权、其他经营权）、经销权、分销权、代理权、会员权、席位权、网络游戏虚拟道具、域名、名称权、肖像权、冠名权、转会费等。

（五）销售不动产

销售不动产是指转让不动产所有权的业务活动。不动产包括建筑物、构筑物等。

转让建筑物有限产权或者永久使用权的，转让在建的建筑物或者构筑物所有权的，以及在转让建筑物或者构筑物时一并转让其所占土地的使用权的，按照"销售不动产"缴纳增值税。

（六）非经营活动的界定

销售服务、无形资产或者不动产，是指有偿提供服务、有偿转让无形资产或者不动产，但属于下列非经营活动情形的除外。

（1）行政单位收取的同时满足以下条件的政府性基金或者行政事业性收费。

①由国务院或者财政部批准设立的政府性基金，由国务院或者省级人民政府及其财政、价格主管部门批准设立的行政事业性收费；

②收取时开具省级以上（含省级）财政部门监（印）制的财政票据；

③所收款项全额上缴财政。

（2）单位或者个体工商户聘用的员工为本单位或者雇主提供取得工资的服务。

（3）单位或者个体工商户为聘用的员工提供服务。

（4）财政部和国家税务总局规定的其他情形。

（七）境内销售服务、无形资产或者不动产的界定

在境内销售服务、无形资产或者不动产，是指：

（1）服务（租赁不动产除外）或者无形资产（自然资源使用权除外）的销售方或者购买方在境内。

（2）所销售或者租赁的不动产在境内。

（3）所销售自然资源使用权的自然资源在境内。

（4）财政部和国家税务总局规定的其他情形。

下列情形不属于在境内销售服务或者无形资产：

（1）境外单位或者个人向境内单位或者个人销售完全在境外发生的服务。

（2）境外单位或者个人向境内单位或者个人销售完全在境外使用的无形资产。

（3）境外单位或者个人向境内单位或者个人出租完全在境外使用的有形动产。

（4）财政部和国家税务总局规定的其他情形。

二、征税范围的特殊规定

增值税的征税范围除了上述的一般规定以外，还对实务中某些特殊项目或行为是否属于增值税的征税范围，作出了具体界定。

（一）增值税征税范围的特殊项目界定

（1）纳税人取得的财政补贴收入，与其销售货物、劳务、服务、无形资产、不动产的收入或者数量直接挂钩的，应按规定计算缴纳增值税。纳税人取得的其他情形的财政补贴收入，不属于增值税应税收入，不征收增值税。

（2）融资性售后回租业务中，承租方出售资产的行为不属于增值税的征税范围，不征收增值税。

（3）根据国家指令无偿提供的铁路运输服务、航空运输服务，属于用于公益事业的服务，不征收增值税。

（4）存款利息不征收增值税。

（5）被保险人获得的保险赔付不征收增值税。

（6）房地产主管部门或者其指定机构、公积金管理中心、开发企业以及物业管理单位代收的住宅专项维修资金，不征收增值税。

（7）纳税人在资产重组过程中，通过合并、分立、出售、置换等方式，将全部或者部分实物资产以及与其相关联的债权、负债和劳动力一并转让给其他单位和个人，不属于增值税的征税范围。

（二）增值税征税范围的特殊行为界定

1. 视同发生应税销售行为

单位或者个体工商户的下列行为，视同发生应税销售行为：

（1）将货物交付其他单位或者个人代销。

（2）销售代销货物。

（3）设有两个以上机构并实行统一核算的纳税人，将货物从一个机构移送至其他机构用于销售，但相关机构设在同一县（市）的除外。

（4）将自产或者委托加工的货物用于非应税项目。

（5）将自产、委托加工的货物用于集体福利或者个人消费。

（6）将自产、委托加工或者购进的货物作为投资，提供给其他单位或者个体工商户。

（7）将自产、委托加工或者购进的货物分配给股东或者投资者。

（8）将自产、委托加工或者购进的货物无偿赠送给其他单位或者个人。

（9）单位或者个体工商户向其他单位或者个人无偿销售应税服务、无偿转让无形资产或者不动产，但用于公益事业或者以社会公众为对象的除外。

（10）财政部和国家税务总局规定的其他情形。

上述十种情况应该确定为视同发生应税销售行为，均要征收增值税。其确定的目的主要有三个：一是保证增值税税款抵扣制度的实施，不致因发生上述行为而造成各相关环节税款抵扣链条的中断，如前两种情况就是这种原因。如果不将之视同发生应税销售行为从而出现销售代销货物方仅有销项税额而无进项税额，而将货物交付其他单位或者个人代销方仅有进项税额而无销项税额的情况，就会出现增值税抵扣链条不完整。二是避免因发生上述行为而造成应税销售行为之间税收负担不平衡的矛盾，防止以上述行为逃避纳税的现象。三是体现增值税计算的配比原则，即购进货物、劳务、服务、无形资产、不动产已经在购进环节实施了进项税额抵扣，这些购进货物、劳务、服务、无形资产、不动产应该产生相应的销售额，同时就应该产生相应的销项税额，否则就会产生不配比情况。例如上述第（4）至（9）项中的几种情况就属于此种原因。

2. 混合销售

一项销售行为如果既涉及货物又涉及服务，称为混合销售。从事货物的生产、批发或者零售的单位和个体工商户的混合销售，按照销售货物缴纳增值税；其他单位和个体工商户的混合销售，按照销售服务缴纳增值税。

混合销售行为成立的行为标准有两点：一是其销售行为必须是一项；二是该项行为必须既涉及货物销售又涉及应税行为。在确定混合销售是否成立时，其行为标准中的上述两点必须是同时存在的，如果一项销售行为只涉及销售服务，不涉及货物，这种行为就不是混合销售行为；反之，如果涉及销售服务和涉及货物的行为，不是存在于一项销售行为之中，这种行为也不是混合销售行为。

任务二　增值税的纳税人

在中华人民共和国境内销售货物或者加工、修理修配劳务（以下简称劳务），销售服务、无形资产、不动产及进口货物的单位和个人，为增值税的纳税人。纳税人应当依照《增值税暂行条例》《增值税暂行条例实施细则》《关于全面推开营业税改征增值税试点的通知》等规定缴纳增值税。

增值税纳税人

一、纳税义务人和扣缴义务人

（一）纳税义务人

在中华人民共和国境内（以下简称境内）销售货物、劳务、服务、无形资产、不动产的单位和个人，为增值税纳税人。单位是指企业、行政单位、事业单位、军事单位、社会团体及其他单位。个人是指个体工商户和其他个人。

单位以承包、承租、挂靠方式经营的，承包人、承租人、挂靠人（以下统称承包人）以发包人、出租人、被挂靠人（以下统称发包人）名义对外经营并由发包人承担相关法律责任的，以该发包人为纳税人。否则，以承包人为纳税人。

资管产品运营过程中发生的增值税应税销售行为，以资管产品管理人为增值税纳税人。

（二）扣缴义务人

境外单位或个人在境内销售应税劳务而在境内未设有经营机构的，其应纳税款以代理人为扣缴义务人；没有代理人的，以购买者为扣缴义务人。境外单位或者个人在境内发生应税行为，在境内未设有经营机构的，以购买方为增值税扣缴义务人。财政部和国家税务总局另有规定的除外。

扣缴义务人按照下列公式计算应扣缴税额：

应扣缴税额＝接受方支付的价款÷（1+税率）×税率

二、纳税人的分类

增值税实行凭增值税专用发票（含其他符合规定的发票）抵扣税款的制度，客观上要求纳税人具备健全的会计核算制度和能力。在实际经济生活中我国增值税纳税人众多，会计核算水平参差不齐，大量的小企业和个人还不具备使用专用发票抵扣税款的条件，为了既简化增值税的计算和征收，也有利于减少税收征管漏洞，税法将增值税纳税人按会计核算水平和经营规模分为一般纳税人和小规模纳税人，分别采取不同的登记管理办法。登记后的一般纳税人适用一般计税方法（另有规定除外），小规模纳税人适用简易计税方法。

（一）一般纳税人的登记

根据《增值税一般纳税人登记管理办法》的规定，增值税纳税人（以下简称纳税人），年应税销售额超过财政部、国家税务总局规定的小规模纳税人标准（以下简称规定标准）的，除按规定选择按照小规模纳税人纳税的以外，应当向主管税务机关办理一般纳税人登记。

年应税销售额是指纳税人在连续不超过 12 个月或 4 个季度的经营期内累计应征增值税销售额，包括纳税申报销售额、稽查查补销售额、纳税评估调整销售额。

年应税销售额未超过规定标准的纳税人，会计核算健全，能够提供准确税务资料的，可以向主管税务机关办理一般纳税人登记。

会计核算健全是指能够按照国家统一的会计制度规定设置账簿，根据合法、有效凭证进行核算。

纳税人应当向其机构所在地主管税务机关办理一般纳税人登记手续。

纳税人登记为一般纳税人后，不得转为小规模纳税人，国家税务总局另有规定的除外。

下列纳税人不办理一般纳税人登记：

（1）根据政策规定，选择按照小规模纳税人纳税的（应当向主管税务机关提交书面说明）；

（2）年应税销售额超过规定标准的其他个人。

（二）小规模纳税人的登记

小规模纳税人是指年应征增值税销售额在规定标准以下，并且会计核算不健全，不能按规定报送有关税务资料的增值税纳税人。小规模纳税人的具体认定标准为年应征增值税销售额 500 万元及以下。

为持续推进"放管服"（即简政放权、放管结合、优化服务的简称）改革，全面推行小规模纳税人自行开具增值税专用发票。小规模纳税人（其他个人除外）发生增值税应税行为，需要开具增值税专用发票的，可以自愿使用增值税发票管理系统自行开具。

任务三　增值税的税率与征收率

一、增值税税率及适用范围

增值税的税率分别为 13%、9%、6% 和零税率。

（一）13% 税率适用范围

纳税人销售货物、劳务、有形动产租赁服务或者进口货物，除按规定适用 9% 税率的货物以外，适用 13% 的基本税率。

增值税的税率和征收率

（二）9% 税率适用范围

纳税人销售交通运输、邮政、基础电信、建筑、不动产租赁服务，销售不动产，转让土地使用权，销售或者进口下列货物，税率为 9%：

（1）粮食等农产品、食用植物油、食用盐。

（2）自来水、暖气、冷气、热水、煤气、石油液化气、天然气、二甲醚、沼气、居民用煤炭制品。

（3）图书、报纸、杂志、音像制品、电子出版物。

（4）饲料、化肥、农药、农机、农膜。

（5）国务院规定的其他货物。

上述适用9%税率的货物按《农业产品征税范围注释》（财税字〔1995〕52号）、《增值税部分货物征税范围注释》（国税发〔1993〕151号）及其他相关规定执行。

（三）6%税率适用范围

纳税人销售增值电信服务、金融服务、现代服务（不动产租赁除外）、生活服务以及销售无形资产（转让土地使用权除外），税率为6%。

（四）零税率适用范围

纳税人出口货物，税率为零，国务院另有规定的除外。

境内单位和个人跨境销售国务院规定范围内的服务、无形资产，税率为零，包括以下内容。

（1）境内的单位和个人销售的下列服务和无形资产，适用增值税零税率：①国际运输服务。②航天运输服务。③向境外单位提供的完全在境外消费的下列服务：研发服务；合同能源管理服务；设计服务；广播影视节目（作品）的制作和发行服务；软件服务；电路设计及测试服务；信息系统服务；业务流程管理服务；离岸服务外包业务；转让技术。④财政部和国家税务总局规定的其他服务。

（2）境内单位和个人发生的与香港地区、澳门地区、台湾地区有关的应税行为，除另有规定外，参照上述规定执行。

二、增值税征收率

增值税征收率是指特定纳税人发生应税销售行为在某一生产流通环节应纳税额与销售额的比率。增值税征收率适用于两种情况：一是小规模纳税人；二是一般纳税人发生应税销售行为按规定可以选择简易计税方法计税的。

（一）征收率的一般规定

纳税人发生按简易计税方法计税的情形，除按规定适用5%征收率的以外，其应税销售行为均适用3%的征收率。

下列情况适用5%的征收率。

（1）小规模纳税人销售自建或者取得的不动产。

（2）一般纳税人选择简易计税方法计税的不动产销售。

（3）房地产开发企业中的小规模纳税人，销售自行开发的房地产项目。

（4）其他个人销售其取得（不含自建）的不动产（不含其购买的住房）。

（5）一般纳税人选择简易计税方法计税的不动产经营租赁。

（6）小规模纳税人出租（经营租赁）其取得的不动产（不含个人出租住房）。

（7）其他个人出租（经营租赁）其取得的不动产（不含住房）。

（8）个人出租住房，应按照 5% 的征收率减按 1.5% 计算应纳税额。

（9）一般纳税人和小规模纳税人提供劳务派遣服务选择差额纳税的。

（10）一般纳税人提供人力资源外包服务，选择适用简易计税方法的。

（11）一般纳税人收取试点前开工的一级公路、二级公路、桥、闸通行费，选择适用简易计税方法的。

（12）纳税人转让 2016 年 4 月 30 日前取得的土地使用权，选择适用简易计税方法的。

（13）一般纳税人 2016 年 4 月 30 日前签订的不动产融资租赁合同，或以 2016 年 4 月 30 日前取得的不动产提供的融资租赁服务，选择适用简易计税方法的。

（14）房地产开发企业中的一般纳税人购入未完工的房地产老项目（2016 年 4 月 30 日之前的建筑工程项目）继续开发后，以自己名义立项销售的不动产，属于房地产老项目，可以选择适用简易计税方法按照 5% 的征收率计算缴纳增值税。

（二）征收率的特殊规定

根据增值税法相关规定，适用 3% 征收率的某些一般纳税人和小规模纳税人可以减按 2% 计征增值税。

一般纳税人销售自己使用过的属于《增值税暂行条例》第十条规定不得抵扣且未抵扣进项税额的固定资产，按照简易办法依照 3% 征收率减按 2% 征收增值税。自己使用过的固定资产，是指纳税人根据财务会计制度已经计提折旧的固定资产。

纳税人销售自己使用过的固定资产，适用简易办法依照 3% 征收率减按 2% 征收增值税政策的，可以放弃减税，按照简易办法依照 3% 征收率缴纳增值税，并可以开具增值税专用发票。

小规模纳税人（除其他个人外，下同）销售自己使用过的固定资产，减按 2% 的征收率征收增值税。

纳税人销售旧货，按照简易办法依照 3% 征收率减按 2% 征收增值税。旧货是指进入二次流通的具有部分使用价值的货物（含旧汽车、旧摩托车和旧游艇），但不包括自己使用过的物品。

上述纳税人销售自己使用过的固定资产、物品和旧货适用按照简易办法依照 3% 征收率减按 2% 征收增值税的，按下列公式确定销售额和应纳税额：

销售额 = 含税销售额 ÷（1+3%）

应纳税额 = 销售额 × 2%

该规定不包括二手车经销业务，对从事二手车经销业务的纳税人销售其收购的二手车，自 2020 年 5 月 1 日至 2027 年 12 月 31 日减按 0.5% 的征收率征收增值税，其销售额的计算公式为：

销售额 = 含税销售额 ÷（1+0.5%）

纳税人应当开具二手车销售统一发票。购买方索取增值税专用发票的，应当再开具征收率为 0.5% 的增值税专用发票。

三、兼营行为的税率选择

纳税人发生应税销售行为适用不同税率或者征收率的，应当分别核算适用不同税率或者征收率的销售额，未分别核算销售额的，按照以下方法适用税率或者征收率：兼有不同税率的应税销售行为，从高适用税率；兼有不同征收率的应税销售行为，从高适用征收率；兼有不同税率和征收率的应税销售行为，从高适用税率。

纳税人销售活动板房、机器设备、钢结构件等自产货物的同时提供建筑、安装服务，不属于《全面推开营业税改征增值税试点的通知》规定的混合销售，应分别核算货物和建筑服务的销售额，分别适用不同的税率或征收率。

任务四　增值税的一般计税方法

我国采用的增值税的一般计税方法是间接计算法，即先按当期销售额和适用税率计算出销项税额，然后将当期准予抵扣的进项税额进行抵扣，从而间接计算出当期增值额部分的应纳税额。

增值税一般纳税人发生应税销售行为的应纳税额，除适用简易计税方法外的，均应该等于当期销项税额抵扣当期进项税额后的余额。其计算公式为：

当期应纳税额 ＝ 当期销项税额 － 当期进项税额

增值税一般纳税人当期应纳税额的多少，取决于当期销项税额和当期进项税额这两个因素。

一、销项税额的计算

销项税额是指纳税人发生应税销售行为时，按照销售额与规定税率计算并向购买方收取的增值税税额。销项税额的计算公式为：

一般计税方法下
销售额的确定

销项税额 ＝ 销售额 × 适用税率

从销项税额的定义和公式中我们可以知道，它是由购买方在购买货物、劳务、服务、无形资产、不动产时，一并向销售方支付的税额。对于属于一般纳税人的销售方来说，在没有抵扣其进项税额前，销售方收取的销项税额还不是其应纳增值税税额。

销项税额的计算取决于销售额和适用税率两个因素。在适用税率既定的前提下，销项税额的大小主要取决于销售额的大小。

（一）一般销售方式下的销售额确认

销售额是指纳税人发生应税销售行为时收取的全部价款和价外费用。特别需要强调的是，尽管销项税额也是销售方向购买方收取的，但是由于增值税采用价外计税方式，用不含增值税（以下简称不含税）价作为计税依据，因而销售额中不包括向购买方收取的销项税额。

价外费用是指价外收取的各种性质的收费，但下列项目不包括在内。

（1）受托加工应征消费税的消费品所代收代缴的消费税。

（2）同时符合以下条件的代垫运输费用：承运部门的运输费用发票开具给购买方的；纳税人将该项发票转交给购买方的。

（3）同时符合以下条件代为收取的政府性基金或者行政事业性收费：由国务院或者财政部批准设立的政府性基金，由国务院或者省级人民政府及其财政、价格主管部门批准设立的行政事业性收费；收取时开具省级以上（含省级）财政部门监（印）制的财政票据；所收款项全额上缴财政。

（4）以委托方名义开具发票代委托方收取的款项。

（5）销售货物的同时代办保险等而向购买方收取的保险费，以及向购买方收取的代购买方缴纳的车辆购置税、车辆牌照费。

凡随同应税销售行为向购买方收取的价外费用，无论其会计制度如何核算，均应并入销售额计算应纳税额。应当注意，根据国家税务总局的规定：对增值税一般纳税人（包括纳税人自己或代其他部门）向购买方收取的价外费用和逾期包装物押金，应视为含税收入，在征税时应换算成不含税收入再并入销售额。换算公式如下：

销售额＝含税销售额÷（1+税率）

（二）特殊销售方式下的销售额确认

在销售活动中，为了达到促销目的，纳税人有多种销售方式选择。不同销售方式下，销售者取得的销售额会有所不同。增值税的法律法规对以下几种销售方式分别作出了规定。

1. 采取折扣方式销售

折扣销售是指销货方在发生应税销售行为时，因购货方购货数量较大等原因而给予购货方的价格优惠。例如，购买5件商品，销售价格折扣10%；购买10件商品，折扣20%等。这里需要解释的是：

（1）折扣销售不同于销售折扣。销售折扣是指销货方在发生应税销售行为后，为了鼓励购货方及早支付货款而协议许诺给予购货方的一种折扣优待。例如，10天内付款货款折扣2%；20天内付款，折扣1%；30天内全价付款。由于销售折扣发生在应税销售行为之后，是一种融资性质的理财费用，因此，销售折扣不得从销售额中减除。企业在确定销售额时应把折扣销售与销售折扣严格区分开。

（2）销售折扣又不同于销售折让。销售折让是指企业因售出商品的质量问题等原因而在售价上给予的减让。销售折让与销售折扣相比较，虽然都是在应税销售行为销售后发生的，但因为销售折让是由于应税销售行为的品种和质量引起的销售额减少，因此，销售折让应该以折让后的货款为销售额。

（3）折扣销售仅限于应税销售行为价格的折扣，如果销货者将自产、委托加工和购买的应税销售行为用于实物折扣的，则该实物款额不能从应税销售行为的销售额中减除，且该实物应按《增值税暂行条例实施细则》和《关于全面推开营业税改征增值税试点的通知》"视同销售货物"中的"赠送他人"计算征收增值税。

纳税人发生应税销售行为，如将价款和折扣额在同一张发票上的"金额"栏分别注明的，可按折扣后的销售额征收增值税。未在同一张发票"金额"栏注明折扣额，而仅在发票的"备注"栏注明折扣额的，折扣额不得从销售额中减除；未在同一张发票上分别注明的，以价款为销售额，不得扣减折扣额。

纳税人发生应税销售行为因销售折让、中止或者退回的，应扣减当期的销项税额（一般计税方法）或销售额（简易计税方法）。

2. 采取以旧换新方式销售

以旧换新是指纳税人在销售自己的货物时，有偿收回旧货物的行为。我国税法规定，采取以旧换新方式销售货物的，应按新货物的同期销售价格确定销售额，不得扣减旧货物的收购价格。之所以这样规定，既是因为销售货物与收购货物是两个不同的业务活动，销售额与收购额不能相互抵减，也是为了严格增值税的计算征收制度，防止出现销售额不实、减少纳税的现象。

但是，考虑到金银首饰以旧换新业务的特殊情况，对金银首饰以旧换新业务，可以按销售方实际收取的不含增值税的全部价款征收增值税。

3. 采取还本销售方式销售

还本销售是指纳税人在销售货物后，到一定期限由销售方一次或分次退还给购货方全部或部分价款。这种方式实际上是一种筹资行为，是以货物换取资金的使用价值，到期还本不付息的方法。我国税法规定，采取还本销售方式销售货物，其销售额就是货物的销售价格，不得从销售额中减除还本支出。

4. 采取以物易物方式销售

以物易物是一种较为特殊的购销活动，是指购销双方不是以货币结算，而是以同等价款的应税销售行为相互结算，实现应税销售行为购销的一种方式。在实务中，有的纳税人以为以物易物不是购销行为，销货方收到购货方抵顶货款的货物、劳务、服务、无形资产、不动产，认为自己不是购货；购货方发出抵顶货款的应税销售行为，认为自己不是销货。这两种认识都是错误的。正确的方法应当是，以物易物双方都应作购销处理，以各自发出的应税销售行为核算销售额并计算销项税额，以各自收到的货物、劳务、服务、无形资产、不动产按规定核算购进金额并计算进项税额。应注意，在以物易物活动中，应分别开具合法的票据，如收到的货物、劳务、服务、无形资产、不动产不能取得相应的增值税专用发票或其他合法票据的，不能抵扣进项税额。

5. 包装物押金的税务处理

包装物是指纳税人包装本单位货物的各种物品。纳税人销售货物时另收取包装物押金，目的是促使购货方及早退回包装物以便周转使用。

我国税法规定，纳税人为销售货物而出租出借包装物收取的押金，单独记账核算的，时间在 1 年以内，又未过期的，不并入销售额征税，但对因逾期未收回包装物不再退还的押金，应按所包装货物的适用税率计算销项税额。"逾期"是指按合同约定实际逾期或以 1 年为期限，对收取 1 年以上的押金，无论是否退还均并入销售额征税。当然，在将包装物押金并入销售额征税时，需要先将该押金换算为不含税价，再并入销售额征税。纳税人为销售货物出租出借包装物而收取的押金，无论包装物周转使用期限长短，超过 1 年（含 1 年）以上仍不退还的均并入销售额征税。

但是，对销售除啤酒、黄酒外的其他酒类产品而收取的包装物押金，无论是否返还，以及会计上如何核算，均应并入当期销售额征税。对销售啤酒、黄酒所收取的押金，按上述一般押金的规定处理。

另外，包装物押金不应混同于包装物租金，纳税人在销售货物同时收取包装物租金的，在包装物租金收取时就应该考虑销项税额的征纳问题。

6. 直销企业的税务处理

直销企业先将货物销售给直销员，直销员再将货物销售给消费者的，直销企业的销售额为其向直销员收取的全部价款和价外费用。直销员将货物销售给消费者时，应按照现行规定缴纳增值税。

直销企业通过直销员向消费者销售货物，直接向消费者收取货款，直销企业的销售额为其向消费者收取的全部价款和价外费用。

7. 贷款服务的销售额

贷款服务，以提供贷款服务取得的全部利息及利息性质的收入为销售额。银行提供贷款服务按期计收利息的，结息日当日计收的全部利息收入，均应计入结息日所属期的销售额，按照现行规定计算缴纳增值税。

8. 直接收费金融服务的销售额

直接收费金融服务以提供直接收费金融服务收取的手续费、佣金、酬金、管理费、服务费、经手费、开户费、过户费、结算费、转托管费等各类费用为销售额。

（三）按差额确定销售额

虽然原营业税的征税范围全行业均纳入了增值税的征收范围，但是目前仍然有无法通过抵扣机制避免重复征税的情况存在，因此引入了差额征税的办法，以解决纳税人税收负担增加问题。以下项目属于按差额确定销售额。

1. 金融商品转让的销售额

金融商品转让，按照卖出价扣除买入价后的余额为销售额。

转让金融商品出现的正负差，按盈亏相抵后的余额为销售额。若相抵后出现负差，可结转下一纳税期与下期转让金融商品销售额相抵，但年末时仍出现负差的，不得转入下一个会计年度。

金融商品转让不得开具增值税专用发票。

2. 经纪代理服务的销售额

经纪代理服务以取得的全部价款和价外费用，扣除向委托方收取并代为支付的政府性基金或者行政事业性收费后的余额为销售额。向委托方收取的政府性基金或者行政事业性收费，不得开具增值税专用发票。

3. 航空运输企业的销售额

航空运输企业的销售额，不包括代收的机场建设费和代售其他航空运输企业客票而代收转付的价款。

4. 客运场站的销售额

一般纳税人提供客运场站服务，以其取得的全部价款和价外费用，扣除支付给承运方运费后的余额为销售额。

5. 旅游服务的销售额

纳税人提供旅游服务，可以选择以取得的全部价款和价外费用，扣除向旅游服务购买方收取并支付给其他单位或者个人的住宿费、餐饮费、交通费、签证费、门票费和支付给其他接团旅游企业的旅游费用后的余额为销售额。

选择上述办法计算销售额的纳税人，向旅游服务购买方收取并支付的上述费用，不得开具增值税专用发票，可以开具普通发票。

6. 房地产开发企业的销售额

房地产开发企业中的一般纳税人销售其开发的房地产项目（选择简易计税方法的房地产老项目除外），以取得的全部价款和价外费用，扣除受让土地时向政府部门支付的土地价款后的余额为销售额。"向政府部门支付的土地价款"包括土地受让人向政府部门支付的征地和拆迁补偿费用、土地前期开发费用和土地出让收益等。

（四）视同发生应税销售行为的销售额确定

纳税人发生应税销售行为的情形，价格明显偏低并无正当理由的，或者视同发生应税销售行为而无销售额的，由主管税务机关按照下列顺序核定销售额。

（1）按照纳税人最近时期发生同类应税销售行为的平均价格确定。

（2）按照其他纳税人最近时期发生同类应税销售行为的平均价格确定。

（3）按照组成计税价格确定。组成计税价格的公式为：

组成计税价格＝成本×（1＋成本利润率）

其中，成本利润率由国家税务总局确定。

二、进项税额的确认和计算

进项税额是指纳税人购进货物、劳务、服务、无形资产、不动产所支付或者负担的增值税税额。进项税额是与销项税额相对应的一个概念。在开具增值税专用发票的情况下，它们之间的对应关系是，销售方收取的销项税额，就是购买方支付的进项税额。

一般计税方法下
进项税额的确定

增值税的核心就是用纳税人收取的销项税额抵扣其支付的进项税额，其余额为纳税人实际应缴纳的增值税税额。这样，进项税额作为可抵扣的部分，对于纳税人实际纳税多少就产生了举足轻重的作用。

然而，并不是纳税人支付的所有进项税额都可以从销项税额中抵扣。为体现增值税的配比原则，即购进项目金额与发生应税销售行为的销售额之间应有配比性，当纳税人购进的货物、劳务、服务、无形资产、不动产行为不是用于增值税应税项目，而是用于简易计税方法计税项目、免税项目或用于集体福利、个人消费等情况时，其支付的进项税额就不能从销项税额中抵扣。我国税法对不能抵扣进项税额的项目作了严格的规定，如果违反规定，随意抵扣进项税额就将以逃避缴纳税款论处。因此，严格把握哪些进项税额可以抵扣、哪些进项税额不能抵扣是非常重要的，这也是纳税人在缴纳增值税实务中差错出现最多的地方。

（一）准予从销项税额中抵扣的进项税额

根据《增值税暂行条例》和《关于全面推开营业税改征增值税试点的通知》准予从销项税额中抵扣的进项税额，限于下列增值税扣税凭证上注明的增值税税额和按规定的扣除率计算的进项税额。

（1）从销售方取得的增值税专用发票（含机动车销售统一发票，下同）上注明的增值税税额。

（2）从海关取得的海关进口增值税专用缴款书上注明的增值税税额。

（3）自境外单位或者个人购进劳务、服务、无形资产或者境内的不动产，从税务机关或者扣缴义务人处取得的代扣代缴税款的完税凭证上注明的增值税税额。

（4）纳税人购进农产品，按下列规定抵扣进项税额。

①纳税人购进农产品，取得一般纳税人开具的增值税专用发票或海关进口增值税专用缴款书的，以增值税专用发票或海关进口增值税专用缴款书上注明的增值税税额为进项税额。

②从按照简易计税方法依照3%的征收率计算缴纳增值税的小规模纳税人处取得增值税专用发票的，以增值税专用发票上注明的金额和9%的扣除率计算进项税额。

③取得（开具）农产品销售发票或收购发票的，以农产品销售发票或收购发票上注明的农产品买价和9%的扣除率计算进项税额。

④购进农产品进项税额的计算公式为：

进项税额＝买价×扣除率

⑤纳税人购进用于生产销售或委托加工13%税率货物的农产品，允许加计扣除，按照10%的扣除率计算进项税额。

（5）收费公路通行费增值税抵扣规定。

纳税人支付的道路、桥、闸通行费，按照以下规定抵扣进项税额。

①纳税人支付的道路通行费，按照收费公路通行费增值税电子普通发票上注明的增

值税税额抵扣进项税额。

②纳税人支付的桥、闸通行费，暂凭取得的通行费发票上注明的收费金额按照下列公式计算可抵扣的进项税额：

桥、闸通行费可抵扣进项税额＝桥、闸通行费发票上注明的金额÷（1+5%）×5%

（6）按照规定不得抵扣且未抵扣进项税额的固定资产、无形资产、不动产，发生用途改变，用于允许抵扣进项税额的应税项目，可在用途改变的次月按照下列公式计算可以抵扣的进项税额：

可以抵扣的进项税额＝固定资产、无形资产、不动产净值÷（1+适用税率）×适用税率

上述可以抵扣的进项税额应取得合法有效的增值税扣税凭证。

（7）纳税人租入固定资产、不动产，既用于一般计税方法计税项目，又用于简易计税方法计税项目、免征增值税项目、集体福利或者个人消费的，其进项税额准予从销项税额中全额抵扣。

（8）国内旅客运输服务进项税额的抵扣规定。

国内旅客运输服务，限于与本单位签订了劳动合同的员工，以及本单位作为用工单位接受的劳务派遣员工发生的国内旅客运输服务。

纳税人允许抵扣的国内旅客运输服务进项税额，是指纳税人于2019年4月1日及以后实际发生，并取得合法有效增值税扣税凭证注明的或依据其计算的增值税税额。以增值税专用发票或增值税电子普通发票为增值税扣税凭证的，为2019年4月1日及以后开具的增值税专用发票或增值税电子普通发票。

纳税人未取得增值税专用发票的，暂按以下规定确定进项税额。

①纳税人购进国内旅客运输服务，以取得的增值税电子普通发票上注明的税额为进项税额的，增值税电子普通发票上注明的购买方"名称""纳税人识别号"等信息，应当与实际抵扣税款的纳税人一致，否则不予抵扣。

②取得注明旅客身份信息的航空运输电子客票行程单的，按照下列公式计算进项税额：

航空旅客运输进项税额＝（票价+燃油附加费）÷（1+9%）×9%

③取得注明旅客身份信息的铁路车票的，按照下列公式计算进项税额：

铁路旅客运输进项税额＝票面金额÷（1+9%）×9%

④取得注明旅客身份信息的公路、水路等其他客票的，按照下列公式计算进项税额：

公路、水路等其他旅客运输进项税额＝票面金额÷（1+3%）×3%

（二）不得从销项税额中抵扣的进项税额

纳税人购进货物、劳务、服务、无形资产、不动产，取得的增值税扣税凭证不符合法律、行政法规或者国务院税务主管部门有关规定的，其进项税额不得从销项税额中抵

扣。增值税扣税凭证是指增值税专用发票、海关进口增值税专用缴款书、农产品收购发票和农产品销售发票、从税务机关或者境内代理人取得的解缴税款的税收缴款凭证及增值税法律法规允许抵扣的其他扣税凭证。

按照《增值税暂行条例》和其他相关政策的规定，下列项目的进项税额不得从销项税额中抵扣：

（1）用于简易计税方法计税项目、免征增值税项目、集体福利或者个人消费的购进货物、劳务、服务、无形资产和不动产。其中涉及的固定资产、无形资产、不动产，仅指专用于上述项目的固定资产、无形资产（不包括其他权益性无形资产）、不动产。但是发生兼用于上述不允许抵扣项目情况的，该进项税额准予全部抵扣。

另外纳税人购进其他权益性无形资产无论是专用于简易计税方法计税项目、免征增值税项目、集体福利或者个人消费，还是兼用于上述不允许抵扣项目，均可以抵扣进项税额。

纳税人的交际应酬消费属于个人消费，即交际应酬消费不属于生产经营中的生产投入和支出。

（2）非正常损失的购进货物，以及相关劳务和交通运输服务。

（3）非正常损失的在产品、产成品所耗用的购进货物（不包括固定资产）、劳务和交通运输服务。

（4）非正常损失的不动产，以及该不动产所耗用的购进货物、设计服务和建筑服务。

（5）非正常损失的不动产在建工程所耗用的购进货物、设计服务和建筑服务。纳税人新建、改建、扩建、修缮、装饰不动产，均属于不动产在建工程。

上述（2）至（5）项所说的非正常损失，是指因管理不善造成货物被盗、丢失、霉烂变质，以及因违反法律法规造成货物或者不动产被依法没收、销毁、拆除的情形。这些非正常损失是由纳税人自身原因造成，导致征税对象实体的灭失，为保证税负公平，其损失不应由国家承担，因而纳税人无权要求抵扣进项税额。

（6）购进的贷款服务、餐饮服务、居民日常服务和娱乐服务。

（7）纳税人接受贷款服务向贷款方支付的与该笔贷款直接相关的投融资顾问费、手续费、咨询费等费用，其进项税额不得从销项税额中抵扣。

（8）适用一般计税方法的纳税人，兼营简易计税方法计税项目、免征增值税项目而无法划分不得抵扣的进项税额，按照下列公式计算不得抵扣的进项税额：

不得抵扣的进项税额＝当期无法划分的全部进项税额×（当期简易计税方法计税项目销售额＋免征增值税项目销售额）÷当期全部销售额

（9）一般纳税人已抵扣进项税额的不动产，发生非正常损失，或者改变用途，专用于简易计税方法、免征增值税项目、集体福利或者个人消费的，按照下列公式计算不得抵扣的进项税额：

不得抵扣的进项税额＝已抵扣的进项税额×不动产净值率

不动产净值率＝（不动产净值÷不动产原值）×100%

（10）有下列情形之一的，应当按照销售额和增值税税率计算应纳税额，不得抵扣进项税额，也不得使用增值税专用发票：①一般纳税人会计核算不健全，或者不能够提供准确税务资料的。②应当办理一般纳税人资格登记而未办理的。

（11）财政部和国家税务总局规定的其他情形。

三、一般计税方法应纳税额计算举例

【例题 2-1】某生产企业为增值税一般纳税人，其生产的货物适用 13% 增值税税率，2023 年 8 月该企业的有关生产经营业务如下。

（1）销售甲产品给某大商场，开具了增值税专用发票，取得不含税销售额为 80 万元；同时取得销售甲产品的送货运输费收入为 5.65 万元（含增值税价格，与销售货物不能分别核算）。

（2）销售乙产品，开具了增值税普通发票，取得含税销售额为 22.6 万元。

（3）将自产的一批应税新产品用于本企业集体福利项目，成本价为 20 万元，该新产品无同类产品市场销售价格，国家税务总局确定该产品的成本利润率为 10%。

（4）销售 2018 年 10 月购进作为固定资产使用过的进口摩托车 5 辆，开具增值税专用发票，上面注明每辆摩托车不含税销售额为 1 万元。

（5）购进货物取得增值税专用发票，上面注明的货款金额为 60 万元、税额为 7.8 万元；另外支付购货的运输费用为 6 万元，取得运输公司开具的增值税专用发票，上面注明的税额为 0.54 万元。

（6）从农产品经营者（小规模纳税人）处购进农产品一批（不适用进项税额核定扣除办法）作为生产货物的原材料，取得的增值税专用发票上注明的不含税金额为 30 万元，税额为 0.9 万元，同时支付给运输单位的运费为 5 万元（不含增值税），取得运输部门开具的增值税专用发票，上面注明的税额为 0.45 万元。本月下旬将购进的农产品的 20% 用于本企业职工福利。

（7）当月租入商用楼房一层，取得对方开具的增值税专用发票上注明的税额为 5.22 万元。该楼房的 1/3 用于工会的集体福利项目，其余为企业管理部门使用。

假定以上相关票据均符合税法的规定。

要求：按下列顺序计算该企业 8 月应缴纳的增值税税额。

（1）计算销售甲产品的销项税额。

（2）计算销售乙产品的销项税额。

（3）计算自产自用新产品的销项税额。

（4）计算销售使用过的摩托车应纳税额。

（5）计算当月允许抵扣进项税额的合计数。

（6）计算该企业 8 月合计应缴纳的增值税税额。

【解析】

（1）销售甲产品的销项税额 =80×13%+5.65÷（1+13%）×13%=11.05（万元）

（2）销售乙产品的销项税额 =22.6÷（1+13%）×13%=2.60（万元）

（3）自产自用新产品的销项税额 =20×（1+10%）×13%=2.86（万元）

（4）销售使用过的摩托车销项税额 =1×13%×5=0.65（万元）

（5）合计允许抵扣的进项税额 =7.8+0.54+（30×10%+0.45）×（1 － 20%）+5.22 =16.32（万元）

（6）该企业 8 月应缴纳的增值税税额 =11.05+2.60+2.86+0.65 － 16.32=0.84（万元）

任务五　增值税的简易计税方法

一、应纳税额的计算

小规模纳税人一律采用简易计税方法计税，但是一般纳税人发生应税销售行为也可以选择适用简易计税方法。

纳税人发生应税销售行为适用简易计税方法的，应该按照销售额和征收率计算应纳增值税税额，并且不得抵扣进项税额。其应纳税额的计算公式为：

应纳税额 = 销售额 × 征收率

按简易计税方法计税的销售额不包括其应纳的增值税税额，纳税人采用销售额和应纳增值税税额合并定价方法的，按照下列公式计算销售额：

销售额 = 含税销售额 ÷（1+ 征收率）

二、简易计税方法应纳税额计算举例

【例题 2-2】某餐馆为增值税小规模纳税人，2023 年 3 月取得含增值税的餐饮收入总额为 12.36 万元。

要求：计算该餐馆 3 月应缴纳的增值税税额。

【解析】

（1）3 月取得的不含税销售额 =12.36÷（1+3%）=12（万元）

（2）3 月应缴纳增值税税额 =12×3%=0.36（万元）

纳税人适用简易计税方法计税的，因销售折让、中止或者退回而退还给购买方的销售额，应当从当期销售额中扣减。扣减当期销售额后仍有余额造成多缴的税款，可以从以后的应纳税额中扣减。

三、一般纳税人可以选择适用简易计税方法的情形

一般纳税人发生财政部和国家税务总局规定的特定应税销售行为，也可以选择适用简易计税方法计税，但是不得抵扣进项税额。主要包括以下情况。

（1）县级及县级以下小型水力发电单位生产的自产电力。小型水力发电单位，是指各类投资主体建设的装机容量为 5 万千瓦以下（含 5 万千瓦）的小型水力发电单位。

（2）自产建筑用和生产建筑材料所用的砂、土、石料。

（3）以自己采掘的砂、土、石料或其他矿物连续生产的砖、瓦、石灰（不含黏土实心砖、瓦）。

（4）自己用微生物、微生物代谢产物、动物毒素、人或动物的血液或组织制成的生物制品。

（5）自产的自来水。

（6）自来水公司销售自来水。

（7）自产的商品混凝土（仅限于以水泥为原料生产的水泥混凝土）。

（8）单采血浆站销售非临床用人体血液。

（9）寄售商店代销寄售物品（包括居民个人寄售的物品在内）。

（10）典当业销售死当物品。

（11）药品经营企业销售生物制品。

（12）公共交通运输服务，包括轮客渡、公交客运、地铁、城市轻轨、出租车、长途客运、班车。班车是指按固定路线、固定时间运营并在固定站点停靠的运送旅客的陆路运输服务。

（13）经认定的动漫企业为开发动漫产品提供的动漫脚本编撰、形象设计、背景设计、动画设计、分镜、动画制作、摄制、描线、上色、画面合成、配音、配乐、音效合成、剪辑、字幕制作、压缩转码（面向网络动漫、手机动漫格式适配）服务，以及在境内转让动漫版权（包括动漫品牌、形象或者内容的授权及再授权）。

（14）电影放映服务、仓储服务、装卸搬运服务、收派服务和文化体育服务。

（15）以纳入"营改增"试点之日前取得的有形动产为标的物提供的经营租赁服务。

（16）在纳入"营改增"试点之日前签订的尚未执行完毕的有形动产租赁合同。

（17）销售 2016 年 4 月 30 日前取得的不动产。

（18）房地产开发企业销售自行开发的房地产老项目。房地产老项目是指：

①《建筑工程施工许可证》注明的合同开工日期在 2016 年 4 月 30 日前的建筑工程项目。

②未取得《建筑工程施工许可证》的，建筑工程承包合同注明的开工日期在 2016 年 4 月 30 日前的建筑工程项目。

（19）出租 2016 年 4 月 30 日前取得的不动产。

（20）提供非学历教育服务。

（21）一般纳税人收取试点前开工的一级公路、二级公路、桥、闸通行费。

（22）一般纳税人提供人力资源外包服务。

（23）一般纳税人 2016 年 4 月 30 日前签订的不动产融资租赁合同，或以 2016 年 4

月 30 日前取得的不动产提供的融资租赁服务。

（24）纳税人转让 2016 年 4 月 30 日前取得的土地使用权。

（25）一般纳税人提供教育辅助服务，可以选择简易计税方法按照 3% 的征收率计算缴纳增值税。

任务六　进口环节的增值税

一、进口环节增值税的征收范围及纳税人

（一）进口环节增值税的征税范围

申报进入中华人民共和国海关境内的货物，均应缴纳增值税。

确定一项货物是否属于进口，必须首先看其是否有报关进口手续。只要是报关进口的应税货物，不论其是国外产制还是我国已出口而转销国内的货物，是进口者自行采购还是国外捐赠的货物，是进口者自用还是作为贸易或其他用途等，除另有规定外，均应按照规定缴纳进口环节的增值税。

（二）进口环节增值税的纳税人

进口货物的收货人（承受人）或办理报关手续的单位和个人，为进口货物增值税的纳税义务人。

跨境电子商务零售进口商品按照货物征收关税和进口环节增值税、消费税，购买跨境电子商务零售进口商品的个人作为纳税义务人。电子商务企业、电子商务交易平台企业或物流企业可作为代收代缴义务人。

二、进口环节增值税应纳税额的计算

纳税人进口货物，无论是一般纳税人还是小规模纳税人，均应当按照组成计税价格和规定的税率计算应纳税额。我们在计算增值税销项税额时直接用销售额作为计税依据或计税价格就可以了，但在进口产品计算增值税时我们不能直接得到类似销售额这么一个计税依据，而需要通过计算获得，即要计算组成计税价格。组成计税价格是指在没有实际销售价格时，按照税法规定计算出作为计税依据的价格。进口货物计算增值税的组成计税价格和应纳税额的计算公式为：

组成计税价格＝关税完税价格＋关税＋消费税

或组成计税价格＝（关税完税价格＋关税）÷（1－消费税税率）

应纳税额＝组成计税价格×进口环节增值税税率

纳税人在计算进口货物的增值税时应该注意以下问题：

（1）进口货物增值税的组成计税价格中包括已纳关税税额，如果进口货物属于消费税应税消费品，其组成计税价格中还要包括进口环节已纳消费税税额。

（2）在计算进口环节的应纳增值税税额时不得抵扣任何税额，即在计算进口环节的应纳增值税税额时，不得抵扣发生在我国境外的各种税金。

以上两点实际上是贯彻了出口货物的目的地原则或称消费地原则。即对出口货物原则上在实际消费地征收商品或货物税。对进口货物而言，出口这些货物的出口国在出口时并没有征收出口关税、增值税和消费税，到我国口岸时货物的价格基本就是到岸价格，即所谓的关税完税价格。如果此时不征关税和其他税收则与国内同等商品的税负差异就会很大。因此，在进口时首先要对其征收进口关税。如果是应征消费税的商品则要征收消费税。在此基础上才形成了增值税的计税依据即组成计税价格。这与国内同类商品的税基是一致的。由于货物出口时出口国并没有征收过流转税，在进口时就不用进行进项税额抵扣。

（3）按照《海关法》和《进出口关税条例》的规定，一般贸易下进口货物的关税完税价格以海关审定的成交价格为基础的到岸价格作为完税价格。

成交价格是指一般贸易项下进口货物的买方为购买该项货物向卖方实际支付或应当支付的价格。到岸价格包括货价，加上货物运抵我国关境内输入地点起卸前的包装费、运费、保险费和其他劳务费等费用构成的一种价格。特殊贸易下进口的货物，进口时没有"成交价格"可作依据，为此，《进出口关税条例》对这些进口货物制定了确定其完税价格的具体办法。

【例题 2-3】某商贸公司（有进出口经营权）10 月进口货物一批。该批货物在国外的买价为 40 万元，另该批货物运抵我国海关前发生的包装费、运输费、保险费等共计 20 万元。货物报关后，公司按规定缴纳了进口环节的增值税并取得了海关开具的海关进口增值税专用缴款书。假定该批进口货物在国内全部销售，取得不含税销售额 80 万元。已知货物进口关税税率为 15%，增值税税率为 13%。

要求：请按下列顺序回答问题。

（1）计算关税完税价格。

（2）计算进口环节应纳的进口关税。

（3）计算进口环节应纳增值税的组成计税价格。

（4）计算进口环节应缴纳增值税税额。

（5）计算国内销售环节的销项税额。

（6）计算国内销售环节应缴纳增值税税额。

【解析】

（1）关税完税价格 =40+20=60（万元）

（2）应缴纳进口关税 =60×15%=9（万元）

（3）进口环节应纳增值税的组成计税价格 =60+9=69（万元）

（4）进口环节应缴纳增值税税额 =69×13%=8.97（万元）

（5）国内销售环节的销项税额 =80×13%=10.4（万元）

（6）国内销售环节应缴纳增值税税额 =10.4 - 8.97=1.43（万元）

任务七　增值税的税收优惠

一、《增值税暂行条例》规定的免税项目

（1）农业生产者销售的自产农产品。

农业生产者，包括从事农业生产的单位和个人。农产品是指种植业、养殖业、林业、牧业、水产业生产的各类植物、动物的初级产品。对上述单位和个人销售的外购农产品，以及单位和个人外购农产品生产、加工后销售的仍然属于规定范围的农产品，不属于免税的范围，应当按照规定的税率征收增值税。

（2）避孕药品和用具。

（3）古旧图书，是指向社会收购的古书和旧书。

（4）直接用于科学研究、科学试验和教学的进口仪器、设备。

（5）外国政府、国际组织无偿援助的进口物资和设备。

（6）由残疾人的组织直接进口供残疾人专用的物品。

（7）销售的自己使用过的物品。

自己使用过的物品，是指其他个人自己使用过的物品。

二、《关于全面推开营业税改征增值税试点的通知》及有关部门规定的税收优惠政策

（一）下列项目免征增值税

（1）托儿所、幼儿园提供的保育和教育服务。

（2）养老机构提供的养老服务。

（3）残疾人福利机构提供的育养服务。

（4）婚姻介绍服务。

（5）殡葬服务。

（6）残疾人员本人为社会提供的服务。

（7）医疗机构提供的医疗服务。

（8）从事学历教育的学校提供的教育服务。

（9）学生勤工俭学提供的服务。

（10）农业机耕、排灌、病虫害防治、植物保护、农牧保险以及相关技术培训业务，家禽、牲畜、水生动物的配种和疾病防治。对于动物诊疗机构销售动物食品和用品，提供动物清洁、美容、代理看护等服务，应按照现行规定缴纳增值税。

（11）纪念馆、博物馆、文化馆、文物保护单位管理机构、美术馆、展览馆、书画院、图书馆在自己的场所提供文化体育服务取得的第一道门票收入。

（12）寺院、宫观、清真寺和教堂举办的文化、宗教活动的门票收入。

（13）行政单位之外的其他单位收取的符合规定条件的政府性基金和行政事业性

收费。

（14）个人转让著作权。

（15）个人销售自建自用住房。

（16）台湾航运公司、航空公司从事海峡两岸海上直航、空中直航业务在大陆取得的运输收入。

（17）纳税人提供的直接或者间接国际货物运输的代理服务。

（18）下列利息收入免征增值税：①国家助学贷款。②国债、地方政府债。③人民银行对金融机构的贷款。④住房公积金管理中心用住房公积金在指定的委托银行发放的个人住房贷款。⑤外汇管理部门在从事国家外汇储备经营过程中，委托金融机构发放的外汇贷款。

（19）保险公司开办的一年期以上人身保险产品取得的保费收入。

（20）再保险服务。

（21）纳税人提供技术转让、技术开发和与之相关的技术咨询、技术服务。

（22）政府举办的从事学历教育的高等、中等和初等学校（不含下属单位），举办进修班、培训班取得的全部归该学校所有的收入。

（23）政府举办的职业学校设立的主要为在校学生提供实习场所，并由学校出资自办、由学校负责经营管理、经营收入归学校所有的企业，从事"现代服务"（不含融资租赁服务、广告服务和其他现代服务）、"生活服务"（不含文化体育服务、其他生活服务和桑拿、氧吧）业务活动取得的收入。

（24）家政服务企业由员工制家政服务员提供家政服务取得的收入。

（25）福利彩票、体育彩票的发行收入。

（26）军队空余房产租赁收入。

（27）将土地使用权转让给农业生产者用于农业生产。

（28）涉及家庭财产分割的个人无偿转让不动产、土地使用权。

（29）土地所有者出让土地使用权和土地使用者将土地使用权归还给土地所有者。

（30）青藏铁路公司提供的铁路运输服务免征增值税。

（31）中国邮政集团公司及其所属邮政企业提供的邮政普遍服务和邮政特殊服务，免征增值税。

（32）境外教育机构与境内从事学历教育的学校开展中外合作办学，提供学历教育服务取得的收入免征增值税。

（33）纳税人取得的财政补贴收入，与其销售货物、劳务、服务、无形资产、不动产的收入或者数量直接挂钩的，应按规定计算缴纳增值税。纳税人取得的其他情形的财政补贴收入，不属于增值税应税收入，不征收增值税。

（二）增值税即征即退

纳税人享受增值税即征即退政策的主要规定如下。

（1）增值税一般纳税人销售其自行开发生产的软件产品，按 13% 税率征收增值税后，对其增值税实际税负超过 3% 的部分实行即征即退政策。

增值税一般纳税人将进口软件产品进行本地化改造后对外销售，其销售的软件产品可享受上款规定的增值税即征即退政策。

（2）一般纳税人提供管道运输服务，对其增值税实际税负超过 3% 的部分实行增值税即征即退政策。

（3）经人民银行、银保监会或者商务部批准从事融资租赁业务的纳税人中的一般纳税人，提供有形动产融资租赁服务和有形动产融资性售后回租服务，对其增值税实际税负超过 3% 的部分实行增值税即征即退政策。

三、小规模纳税人的免征增值税政策

自 2023 年 1 月 1 日至 2027 年 12 月 31 日，对月销售额未超过 10 万元（以 1 个季度为 1 个纳税期的，季度销售额未超过 30 万元，下同）的增值税小规模纳税人，免征增值税。适用上述免征增值税政策的，纳税人可就该笔销售收入选择放弃免税并开具增值税专用发票。

自 2023 年 1 月 1 日至 2027 年 12 月 31 日，增值税小规模纳税人适用 3% 征收率的应税销售收入，减按 1% 征收率征收增值税；适用 3% 预征率的预缴增值税项目，减按 1% 预征率预缴增值税。减按 1% 征收率征收增值税的，应按照 1% 征收率开具增值税发票，纳税人也可就该笔销售收入选择放弃减税并开具增值税专用发票。

小规模纳税人发生增值税应税销售行为，合计月销售额超过 10 万元，但扣除本期发生的销售不动产的销售额后未超过 10 万元的，其销售货物、劳务、服务、无形资产取得的销售额免征增值税。

适用增值税差额征税政策的小规模纳税人，以差额后的销售额确定是否可以享受该项免征增值税政策。

四、增值税起征点的规定

纳税人销售额未达到国务院财政、税务主管部门规定的增值税起征点的，免征增值税；达到起征点的，依照规定全额计算缴纳增值税。

增值税起征点仅适用于个人，包括个体工商户和其他个人，但不适用于登记认定为一般纳税人的个体工商户，即增值税起征点仅适用于按照小规模纳税人纳税的个体工商户和其他个人。

增值税起征点幅度如下：

（1）按期纳税的，为月销售额 5000～20000 元（含本数）；

（2）按次纳税的，为每次（日）销售额 300～500 元（含本数）。

五、其他有关减免税规定

纳税人兼营免税、减税项目的，应当分别核算免税、减税项目的销售额；未分别核算销售额的，不得免税、减税。

纳税人发生应税销售行为适用免税规定的，可以放弃免税，依照《增值税暂行条例》的规定缴纳增值税。放弃免税后，36个月内不得再申请免税。

纳税人发生应税销售行为同时适用免税和零税率规定的，纳税人可以选择适用免税或者零税率。

任务八　增值税的发票管理

增值税纳税人发生应税销售行为，应使用增值税发票管理新系统（以下简称新系统）分别开具增值税专用发票、增值税普通发票、增值税电子普通发票、机动车销售统一发票。

一、增值税专用发票

（一）增值税专用发票的联次

增值税专用发票由基本联次或者基本联次附加其他联次构成，基本联次分为三联：发票联、抵扣联和记账联。发票联，作为购买方核算采购成本和增值税进项税额的记账凭证；抵扣联，作为购买方报送主管税务机关认证和留存备查的凭证；记账联，作为销售方核算销售收入和增值税销项税额的记账凭证。其他联次用途，由一般纳税人自行确定。

（二）增值税专用发票的开具

（1）一般纳税人发生应税销售行为可汇总开具增值税专用发票。汇总开具增值税专用发票的，同时使用防伪税控系统开具《销售货物或者提供应税劳务清单》，并加盖财务专用章或者发票专用章。

（2）保险机构作为车船税扣缴义务人，在代收车船税并开具增值税发票时，应在增值税发票备注栏中注明代收车船税税款信息。具体包括：保险单号、税款所属期（详细至月）、代收车船税金额、滞纳金金额、金额合计等。该增值税发票可作为纳税人缴纳车船税及滞纳金的会计核算原始凭证。

除上述规定外，"营改增"的相关文件还结合实际情况对增值税专用发票的开具作出了如下规定。

（1）自2016年5月1日起，纳入新系统推行范围的试点纳税人及新办增值税纳税人，应使用新系统根据《商品和服务税收分类与编码》选择相应的编码开具增值税发票。

（2）按照现行政策规定适用差额征税办法缴纳增值税，且不得全额开具增值税发票的（财政部、国家税务总局另有规定的除外），纳税人自行开具或者税务机关代开增值税发票时，通过新系统中差额征税开票功能，录入含税销售额（或含税评估额）和扣除额，系统自动计算税额和不含税金额，备注栏自动打印"差额征税"字样，发票开具不应与其他应税行为混开。

（3）提供建筑服务，纳税人自行开具或者税务机关代开增值税发票时，应在发票的备注栏注明建筑服务发生地县（市、区）名称及项目名称。

（4）销售不动产，纳税人自行开具或者税务机关代开增值税发票时，应在发票"货物或应税劳务、服务名称"栏填写不动产名称及房屋产权证书号码（无房屋产权证书的可不填写），"单位"栏填写面积单位，备注栏注明不动产的详细地址。

（5）出租不动产，纳税人自行开具或者税务机关代开增值税发票时，应在备注栏注明不动产的详细地址。

（6）个人出租住房适用优惠政策减按 1.5% 征收，纳税人自行开具或者税务机关代开增值税发票时，通过新系统中征收率减按 1.5% 征收开票功能，录入含税销售额，系统自动计算税额和不含税金额，发票开具不应与其他应税行为混开。

（7）税务机关代开增值税发票时，"销售方开户行及账号"栏填写税收完税凭证字轨号码或系统税票号码（免税代开增值税普通发票可不填写）。

（8）税务机关为跨县（市、区）提供不动产经营租赁服务、建筑服务的小规模纳税人（不包括其他个人），代开增值税发票时，在发票备注栏中自动打印"YD"字样。

（三）增值税专用发票的领购

一般纳税人凭发票领购簿、IC卡和经办人身份证明领购增值税专用发票。一般纳税人有下列情形之一的，不得领购开具增值税专用发票。

（1）会计核算不健全，不能向税务机关准确提供增值税销项税额、进项税额、应纳税额数据及其他有关增值税税务资料的。上述其他有关增值税税务资料的内容，由省、自治区、直辖市和计划单列市税务局确定。

（2）有《税收征收管理法》规定的税收违法行为，拒不接受税务机关处理的。

（3）有下列行为之一，经税务机关责令限期改正而仍未改正的。

①虚开增值税专用发票。

②私自印制增值税专用发票。

③向税务机关以外的单位和个人买取增值税专用发票。

④借用他人增值税专用发票。

⑤未按要求开具发票的。

⑥未按规定保管专用发票和专用设备。有下列情形之一的，为未按规定保管增值税专用发票和专用设备：未设专人保管增值税专用发票和专用设备；未按税务机关要求存放增值税专用发票和专用设备；未将认证相符的增值税专用发票抵扣联、认证结果通知书和认证结果清单装订成册；未经税务机关查验，擅自销毁增值税专用发票基本联次。

⑦未按规定申请办理防伪税控系统变更发行。

⑧未按规定接受税务机关检查。

有上列情形的，如已领购增值税专用发票，主管税务机关应暂扣其结存的增值税专用发票和IC卡。

（四）增值税专用发票的开具范围

（1）一般纳税人发生应税销售行为，应向购买方开具增值税专用发票。

（2）商业企业一般纳税人零售的烟、酒、食品、服装、鞋帽（不包括劳保专用部分）、化妆品等消费品不得开具增值税专用发票。

（3）增值税小规模纳税人需要开具增值税专用发票的，可向主管税务机关申请代开。

（4）销售免税货物不得开具增值税专用发票，法律、法规及国家税务总局另有规定的除外。

（5）纳税人发生应税销售行为，应当向索取增值税专用发票的购买方开具增值税专用发票，并在增值税专用发票上分别注明销售额和销项税额。属于下列情形之一的，不得开具增值税专用发票：

①应税销售行为的购买方为消费者个人的；

②发生应税销售行为适用免税规定的。

（6）增值税小规模纳税人（其他个人除外）发生增值税应税行为，需要开具增值税专用发票的，可以自愿使用增值税发票管理系统自行开具。选择自行开具增值税专用发票的小规模纳税人，税务机关不再为其代开增值税专用发票。增值税小规模纳税人应当就开具增值税专用发票的销售额计算增值税应纳税额，并在规定的纳税申报期内向主管税务机关申报缴纳。

自愿选择自行开具增值税专用发票的小规模纳税人销售其取得的不动产，需要开具增值税专用发票的，税务机关不再为其代开。

小规模纳税人应当就开具增值税专用发票的销售额计算增值税应纳税额，并在规定的纳税申报期内向主管税务机关申报缴纳。在填写增值税纳税申报表时，应当将当期开具增值税专用发票的销售额，按照3%和5%的征收率，分别填写在《增值税纳税申报表（小规模纳税人适用）》第2栏和第5栏"税务机关代开的增值税专用发票不含税销售额"的"本期数"相应栏次中。

（7）小规模纳税人月销售额超过10万元的，使用增值税发票管理系统开具增值税普通发票、机动车销售统一发票、增值税电子普通发票。

已经使用增值税发票管理系统的小规模纳税人，月销售额未超过10万元的，可以继续使用现有税控设备开具发票；已经自行开具增值税专用发票的，可以继续自行开具增值税专用发票，并就开具增值税专用发票的销售额计算缴纳增值税。

（五）开具增值税专用发票后发生退货或开票有误的处理

（1）增值税一般纳税人开具增值税专用发票后，发生销货退回、开票有误、应税服务中止等情形但不符合发票作废条件，或者因销货部分退回及发生销售折让，需要开具红字增值税专用发票的，按规定方法处理。

①购买方取得增值税专用发票已用于申报抵扣的，购买方可在增值税发票管理新系统（以下简称新系统）中填开并上传《开具红字增值税专用发票信息表》（以下简称《信息表》），在填开《信息表》时不填写相对应的蓝字增值税专用发票信息，应暂依《信息表》所列增值税税额从当期进项税额中转出，待取得销售方开具的红字增值税专用发票后，与《信息表》一并作为记账凭证。

②购买方取得增值税专用发票未用于申报抵扣，但发票联或抵扣联无法退回的，购买方填开《信息表》时应填写相对应的蓝字增值税专用发票信息。

③销售方开具增值税专用发票尚未交付购买方，以及购买方未用于申报抵扣并将发票联及抵扣联退回的，销售方可在新系统中填开并上传《信息表》。销售方填开《信息表》时应填写相对应的蓝字增值税专用发票信息。

（2）税务机关为小规模纳税人代开增值税专用发票，需要开具红字增值税专用发票的，按照一般纳税人开具红字增值税专用发票的方法处理。

二、增值税普通发票

增值税普通发票，是将除商业零售以外的增值税一般纳税人纳入增值税防伪税控系统开具和管理，也就是说一般纳税人可以使用同一套增值税防伪税控系统开具增值税专用发票、增值税普通发票等，俗称"一机多票"。

增值税普通发票的格式、字体、栏次、内容与增值税专用发票完全一致，按发票联次分为两联票和五联票两种，基本联次为两联：第一联为记账联，销货方用作记账凭证；第二联为发票联，购货方用作记账凭证。此外为满足部分纳税人的需要，在基本联次后添加了三联的附加联次，即五联票，供企业选择使用。

增值税普通发票（折叠票）发票代码调整为 12 位。增值税普通发票第二联（发票联）采用防伪纸张印制。

三、增值税电子普通发票

增值税电子普通发票的开票方和受票方需要纸质发票的，可以自行打印增值税电子普通发票的版式文件，其法律效力、基本用途、基本使用规定等与税务机关监制的增值税普通发票相同。

增值税电子普通发票的发票代码为 12 位，编码规则：第 1 位为 0，第 2 ～ 5 位代表省、自治区、直辖市和计划单列市，第 6 ～ 7 位代表年度，第 8 ～ 10 位代表批次，第 11 ～ 12 位代表票种（11 代表增值税电子普通发票）。发票号码为 8 位，按年度、分批次编制。

四、机动车销售统一发票

（一）机动车销售统一发票联次

《机动车销售统一发票》为电脑六联式发票。即第一联发票联（购货单位付款凭证），第二联抵扣联（购货单位扣税凭证），第三联报税联（车购税征收单位留存），第四联注册登记联（车辆登记单位留存），第五联记账联（销货单位记账凭证），第六联存根联（销货单位留存）。第一联印色为棕色，第二联印色为绿色，第三联印色为紫色，第四联印色为蓝色，第五联印色为红色，第六联印色为黑色。发票代码、发票号码印色为黑色，当购货单位不是增值税一般纳税人时，第二联抵扣联由销货单位留存。

（二）机动车销售统一发票适用范围

凡从事机动车零售业务的单位和个人，从 2006 年 8 月 1 日起，在销售机动车（不包括销售旧机动车）收取款项时，必须开具税务机关统一印制的新版《机动车销售统一发票》，并在发票联加盖财务专用章或发票专用章，抵扣联和报税联不得加盖印章。

（三）增值税税额的计算公式

增值税税额 ＝ 价税合计 － 不含税价

不含税价 ＝ 价税合计 ÷ （1＋增值税税率或征收率）

任务九　增值税的征收管理

一、纳税义务发生时间

纳税义务发生时间，是纳税人发生应税销售行为应当承担纳税义务的起始时间。

增值税的征收
管理

（一）应税销售行为纳税义务发生时间的一般规定

（1）纳税人发生应税销售行为，其纳税义务发生时间为收讫销售款项或者取得索取销售款项凭据的当天；先开具发票的，为开具发票的当天。

收讫销售款项，是指纳税人发生应税销售行为过程中或者完成后收到的款项。

取得索取销售款项凭据的当天，是指书面合同确定的付款日期；未签订书面合同或者书面合同未确定付款日期的，为应税销售行为完成的当天或者不动产权属变更的当天。

（2）进口货物，为报关进口的当天。

（3）增值税扣缴义务发生时间为纳税人增值税纳税义务发生的当天。

（二）应税销售行为纳税义务发生时间的具体规定

由于纳税人销售结算方式的不同，《增值税暂行条例实施细则》和《关于全面推开营业税改征增值税试点的通知》规定了具体的纳税义务发生时间。

（1）采取直接收款方式销售货物，不论货物是否发出，均为收到销售款或者取得索取销售款凭据的当天。

（2）采取托收承付和委托银行收款方式销售货物，为发出货物并办妥托收手续的当天。

（3）采取赊销和分期收款方式销售货物，为书面合同约定的收款日期的当天，无书面合同的或者书面合同没有约定收款日期的，为货物发出的当天。

（4）采取预收货款方式销售货物，为货物发出的当天，但生产销售生产工期超过12个月的大型机械设备、船舶、飞机等货物，为收到预收款或者书面合同约定的收款日期的当天。

（5）委托其他纳税人代销货物，为收到代销单位的代销清单或者收到全部或者部分货款的当天。未收到代销清单及货款的，为发出代销货物满180天的当天。

（6）销售劳务，为提供劳务同时收讫销售款或者取得索取销售款凭据的当天。

（7）纳税人发生除将货物交付其他单位或者个人代销和销售代销货物以外的视同销售货物行为，为货物移送的当天。

（8）纳税人提供租赁服务采取预收款方式的，其纳税义务发生时间为收到预收款的当天。

（9）纳税人从事金融商品转让的，为金融商品所有权转移的当天。

（10）纳税人发生视同销售服务、无形资产或者不动产情形的，其纳税义务发生时间为服务、无形资产转让完成的当天或者不动产权属变更的当天。

二、纳税期限

增值税的纳税期限分别为1日、3日、5日、10日、15日、1个月或者1个季度。纳税人的具体纳税期限，由主管税务机关根据纳税人应纳税额的大小分别核定。不能按照固定期限纳税的，可以按次纳税。

以1个季度为纳税期限的规定适用于小规模纳税人、银行、财务公司、信托投资公司、信用社，以及财政部和国家税务总局规定的其他纳税人。

纳税人以1个月或者1个季度为1个纳税期的，自期满之日起15日内申报纳税；以1日、3日、5日、10日或者15日为1个纳税期的，自期满之日起5日内预缴税款，于次月1日起15日内申报纳税并结清上个月应纳税款。

扣缴义务人解缴税款的期限，依照前两项规定执行。

纳税人进口货物，应当自海关填发进口增值税专用缴款书之日起15日内缴纳税款。

按固定期限纳税的小规模纳税人可以选择以1个月或1个季度为纳税期限，一经选择，1个会计年度内不得变更。

三、纳税地点

固定业户应当向其机构所在地主管税务机关申报纳税。机构所在地是指纳税人的注册登记地。总机构和分支机构不在同一县（市）的，应当分别向各自所在地的主管税务机关申报纳税；经财政部和国家税务总局或者其授权的财政和税务机关批准，可以由总机构汇总向总机构所在地的主管税务机关申报纳税。

固定业户到外县（市）销售货物或者劳务，应当向其机构所在地的主管税务机关报告外出经营事项，并向其机构所在地的主管税务机关申报纳税；未报告的，应当向销售地或者劳务发生地的主管税务机关申报纳税，未向销售地或者劳务发生地的主管税务机关申报纳税的，由其机构所在地的主管税务机关补征税款。

非固定业户销售货物或者劳务应当向销售地或者劳务发生地主管税务机关申报纳税；未向销售地或者劳务发生地的主管税务机关申报纳税的，由其机构所在地或者居住地主管税务机关补征税款。

进口货物，应当向报关地海关申报纳税。

扣缴义务人应当向其机构所在地或者居住地主管税务机关申报缴纳扣缴的税款。

任务十　附加税费

附加税费，包括城市维护建设税、教育费附加和地方教育附加。

城市维护建设税
和教育附加

一、城市维护建设税

城市维护建设税是对缴纳增值税、消费税的单位和个人征收的一种附加税。中华人民共和国成立以来，我国城市建设和维护取得了较大成绩，但国家在城市维护建设方面一直资金不足。1979 年以前，我国用于城市维护建设的资金来源由当时的工商税附加、城市公用事业附加和国家下拨城市维护费组成。1985 年 2 月 8 日国务院正式颁布了《中华人民共和国城市维护建设税暂行条例》，并于 1985 年 1 月 1 日在全国范围内施行。现行城市维护建设税的基本法律规范，是 2020 年 8 月 11 日第十三届全国人大常委会第二十一次会议表决通过，并于 2021 年 9 月 1 日施行的《中华人民共和国城市维护建设税法》。

我国现行城市维护建设税主要有以下几个特点：一是属于附加税。城市维护建设税本身没有特定的课税对象，而是以纳税人实际缴纳的增值税、消费税的税额之和为计税依据。二是根据城镇规模设计地区差别比例税率。城市维护建设税根据城镇规模不同，设计不同比例税率。三是征收范围较广。增值税、消费税是我国流转环节的主体税种，而城市维护建设税又是其附加税，一般而言，缴纳增值税、消费税的纳税人就要缴纳城市维护建设税，因此城市维护建设税的征收范围也相应较广。

（一）纳税义务人和扣缴义务人

1. 纳税义务人

在中华人民共和国境内缴纳增值税、消费税的单位和个人，为城市维护建设税的纳税人，应当依照规定缴纳城市维护建设税。

对进口货物或者境外单位和个人向境内销售劳务、服务、无形资产缴纳的增值税、消费税税额，不征收城市维护建设税。

采用委托代征、代扣代缴、代收代缴、预缴、补缴等方式缴纳增值税、消费税的，应当同时缴纳城市维护建设税。

2. 扣缴义务人

城市维护建设税的扣缴义务人为负有增值税、消费税扣缴义务的单位和个人，在扣缴增值税、消费税的同时扣缴城市维护建设税。

（二）税率、计税依据和应纳税额的计算

1. 税率

城市维护建设税根据纳税人所在地的不同，设置以下三档地区差别比例税率。

（1）纳税人所在地为市区的，税率为7%。

（2）纳税人所在地为县城、镇的，税率为5%。

（3）纳税人所在地不在市区、县城或者镇的，税率为1%。

上述所称"纳税人所在地"，是指纳税人住所地或者与纳税人生产经营活动相关的其他地点，具体地点由省、自治区、直辖市确定。

2. 计税依据

城市维护建设税的计税依据，是纳税人依法实际缴纳的增值税、消费税税额。在计算计税依据时，应当按照规定扣除期末留抵退税退还的增值税税额。

具体计算公式如下：

城市维护建设税计税依据＝依法实际缴纳的增值税税额＋依法实际缴纳的消费税税额

此外，纳税人违反增值税、消费税等有关规定而加收的滞纳金和罚款，是税务机关对纳税人违法行为的经济制裁，不作为城市维护建设税的计税依据；但纳税人在被查补增值税、消费税并被处以罚款时，应同时对其偷漏的城市维护建设税进行补税、征收滞纳金并按规定处以罚款。

3. 应纳税额的计算

城市维护建设税纳税人的应纳税额的计算公式为：

应纳税额＝纳税人实际缴纳的增值税、消费税税额 × 适用税率

【例题2-4】位于某市区的一家企业，2023年9月实际缴纳增值税500000元、消费税400000元。

要求：计算该企业当月应申报缴纳的城市维护建设税。

【解析】应纳城市维护建设税＝（实际缴纳的增值税＋实际缴纳的消费税）× 适用税率＝（500000＋400000）× 7%＝63000（元）

（三）税收优惠和征收管理

1. 税收优惠

城市维护建设税属于增值税、消费税的一种附加税，原则上不单独规定税收减免条款。如果税法规定减免增值税、消费税，也就相应地减免了城市维护建设税。现行城市维护建设税的减免规定主要有以下内容。

（1）对进口货物或者境外单位和个人向境内销售劳务、服务、无形资产缴纳的增值税、消费税税额，不征收城市维护建设税。

（2）对出口货物、劳务和跨境销售服务、无形资产以及因优惠政策退还增值税、消费税的，不退还已缴纳的城市维护建设税。

（3）对增值税、消费税实行先征后返、先征后退、即征即退办法的，除另有规定外，对随增值税、消费税附征的城市维护建设税，一律不予退（返）还。

（4）根据国民经济和社会发展的需要，国务院对重大公共基础设施建设、特殊产业和群体以及重大突发事件应对等情形可以规定减征或者免征城市维护建设税的，报全国人大常委会备案。

2. 征收管理

（1）纳税义务发生时间：城市维护建设税的纳税义务发生时间与缴纳增值税、消费税的纳税义务发生时间一致，分别与增值税、消费税同时缴纳。

（2）纳税地点：城市维护建设税纳税地点为实际缴纳增值税、消费税的地点。扣缴义务人应当向其机构所在地或者居住地的主管税务机关申报缴纳其扣缴的税款。有特殊情况的，按下列原则和办法确定纳税地点：

代扣代缴、代收代缴增值税、消费税的单位和个人，同时也是城市维护建设税的代扣代缴、代收代缴义务人，其纳税地点为代扣代收地。

对流动经营等无固定纳税地点的单位和个人，应随同增值税、消费税在经营地纳税。

（3）纳税期限：城市维护建设税的纳税期限与增值税、消费税的纳税期限一致。根据增值税法和消费税法规定，增值税、消费税的纳税期限分别为 1 日、3 日、5 日、10 日、15 日、1 个月或者 1 个季度；纳税人的具体纳税期限，由税务机关根据纳税人应纳税额的大小分别核定；不能按照固定期限纳税的，可以按次纳税。

二、教育费附加和地方教育附加

教育费附加和地方教育附加是对缴纳增值税、消费税的单位和个人，就其实际缴纳的税额为计算依据征收的一种附加费。

教育费附加是为加快地方教育事业、扩大地方教育经费的资金而征收的一项专用基金。1984 年，国务院颁布了《关于筹措农村学校办学经费的通知》，开征了农村教育事业经费附加。1985 年，中共中央作出了《关于教育体制改革的决定》，指出必须在国家增拨教育基本建设投资和教育经费的同时，充分调动企事业单位和其他各种社会力量办学的积极性，开辟多种渠道筹措经费。为此，国务院于 1986 年 4 月 28 日颁布了《征收教育费附加的暂行规定》，决定从同年 7 月 1 日开始在全国范围内征收教育费附加。2010年财政部下发了《关于统一地方教育附加政策有关问题的通知》，对各省、自治区、直辖市的地方教育附加进行了统一。

（一）教育费附加和地方教育附加的征收范围及计征依据

教育费附加和地方教育附加对缴纳增值税、消费税的单位和个人征收，以其实际缴纳的增值税、消费税税款为计征依据，分别与增值税、消费税同时缴纳。

对海关进口的产品征收的增值税、消费税，不征收教育费附加。

教育费附加、地方教育附加计征依据与城市维护建设税计税依据一致。

（二）教育费附加和地方教育附加计征比率

按照 1994 年 2 月 7 日《国务院关于教育费附加征收问题的紧急通知》的规定，教育费附加征收比率为 3%。地方教育附加征收率从 2010 年起统一为 2%。

（三）教育费附加和地方教育附加的计算

教育费附加和地方教育附加的计算公式为：

应纳教育费附加或地方教育附加＝实际缴纳的增值税、消费税×征收比率（3% 或 2%）

【例题 2-5】某企业 2023 年 3 月实际缴纳增值税 300000 元，缴纳消费税 300000 元。

要求：计算该企业应缴纳的教育费附加和地方教育附加。

【解析】

应纳教育费附加＝（实际缴纳的增值税＋实际缴纳的消费税）×征收比率
　　　　　　＝（300000+300000）×3%=18000（元）

应纳地方教育附加＝（实际缴纳的增值税＋实际缴纳的消费税）×征收比率
　　　　　　　＝（300000+300000）×2%=12000（元）

（四）教育费附加和地方教育附加的减免规定

教育费附加与地方教育附加的减免，原则上比照增值税、消费税的减免规定。如果税法规定增值税、消费税减免，则教育费附加与地方教育附加也就相应地减免。主要的减免规定有：

（1）对海关进口产品征收的增值税、消费税，不征收教育费附加与地方教育附加。

（2）对由于减免增值税、消费税而发生退税的，可同时退还已征收的教育费附加与地方教育附加。但对出口产品退还增值税、消费税的，不退还已征的教育费附加与地方教育附加。

任务十一　一般纳税人增值税纳税申报

一、一般纳税人纳税申报办法

（一）纳税申报资料

纳税申报资料包括纳税申报表及其附列资料和纳税申报的其他资料。为进一步优化办税流程、减轻办税负担、提高办税质效，国家税务总局规定自 2021 年 8 月 1 日起，在全国推行增值税、消费税及附加税费申报表整合。

增值税纳税申报

1. 纳税申报表及其附列资料

增值税一般纳税人纳税申报表及其附列资料包括：

（1）《增值税及附加税费申报表（一般纳税人适用）》。

（2）《增值税纳税申报表附列资料（一）》（本期销售情况明细）。

（3）《增值税纳税申报表附列资料（二）》（本期进项税额明细）。

（4）《增值税纳税申报表附列资料（三）》（服务、不动产和无形资产扣除项目明细）。

一般纳税人销售服务、不动产和无形资产，在确定服务、不动产和无形资产销售额时，按照有关规定可以从取得的全部价款和价外费用中扣除价款的，需填报《增值税纳税申报表附列资料（三）》。其他情况不填写该附列资料。

（5）《增值税纳税申报表附列资料（四）》（税额抵减情况表）。

（6）《增值税纳税申报表附列资料（五）》（附加税费情况表）。

（7）《增值税减免税申报明细表》。

2. 纳税申报的其他资料

（1）已开具的税控机动车销售统一发票和普通发票的存根联。

（2）符合抵扣条件且在本期申报抵扣的增值税专用发票（含税控机动车销售统一发票）的抵扣联。

（3）符合抵扣条件且在本期申报抵扣的海关进口增值税专用缴款书、购进农产品取得的普通发票的复印件。

（4）符合抵扣条件且在本期申报抵扣的税收完税凭证及其清单，书面合同、付款证明和境外单位的对账单或者发票。

（5）已开具的农产品收购凭证的存根联或报查联。

（6）纳税人销售服务、不动产和无形资产，在确定服务、不动产和无形资产销售额时，按照有关规定从取得的全部价款和价外费用中扣除价款的合法凭证及其清单。

（7）主管税务机关规定的其他资料。

纳税申报表及其附列资料为必报资料。纳税申报其他资料的报备要求由各省、自治区、直辖市和计划单列市国家税务局确定。

（二）纳税人预缴税款需填写《增值税及附加税费预缴表》

纳税人跨县（市）提供建筑服务、房地产开发企业预售自行开发的房地产项目、纳税人出租与机构所在地不在同一县（市）的不动产，按规定需要在项目所在地或不动产所在地主管税务机关预缴税款的，需填写《增值税及附加税费预缴表》和《增值税及附加税费预缴表附列资料（附加税费情况表）》。

二、一般纳税人纳税申报举例

【例题 2-6】森邦服饰为增值税一般纳税人，是一家从事纺织服装、服饰业为主的企业。2023 年 6 月，企业的销售情况如表 2-1 所示。

表 2-1　森邦服饰 6 月销售情况统计

开票情况	应税项目	金额	税率	税额	备注
增值税专用发票	*服装*男上西服	1150000.00	13%	149500.00	
增值税专用发票	*服装*男士便服	487500.00	13%	63375.00	
增值税专用发票	*服装*女士衬衫	172500.00	13%	22425.00	
增值税专用发票	*服装*女士套装	164000.00	13%	21320.00	
增值税专用发票	*服装*儿童运动服装	165000.00	13%	21450.00	
增值税专用发票	*服装*男士西裤	442500.00	13%	57525.00	
增值税专用发票	*服装*毛衣	80000.00	13%	10400.00	
小计		2661500.00		345995.00	
增值税普通发票	*服装*女士套装	100000.00	13%	13000.00	
增值税普通发票	*服装*男士西裤	187500.00	13%	24375.00	
增值税普通发票	*服装*毛衣	50000.00	13%	6500.00	
增值税普通发票	*服装*女士衬衫	37500.00	13%	4875.00	
增值税普通发票	*服装*儿童运动服装	225000.00	13%	29250.00	
增值税普通发票	*服装*男士便服	62500.00	13%	8125.00	
增值税普通发票	*服装*男士西服	125000.00	13%	16250.00	
小计		787500.00		102375.00	
增值税电子普通发票	*服装*女士衬衫	45000.00	13%	5850.00	
增值税电子普通发票	*服装*男士便服	75000.00	13%	9750.00	
增值税电子普通发票	*服装*男士西裤	45000.00	13%	5850.00	
小计		165000.00		21450.00	
未开票	*金融服务*股票转让	1200000.00	6%	72000.00	出售 4 月购入的股票。原取得成本 1166000 元（含税）
未开票	*服装*毛衣	350000.00	13%	45500.00	
未开票	*服装*男士便服	25000.00	13%	3250.00	用于员工工作制服
增值税专用发票	*运输服务*交通运输服务	12000.00	9%	1080.00	
增值税专用发票	*经营租赁服务*其他情形不动产经营租赁	150000.00	5%	7500.00	
增值税专用发票	*服装*男士便服	300000.00	13%	39000.00	开前期未开发票
增值税普通发票	*运输服务*交通运输服务	1800.00	9%	162.00	
增值税普通发票	*机动车*小汽车	80000.00	3%	2400.00	销售 2012 年购进的小汽车
增值税电子普通发票	*设计服务*服装设计	150000.00	6%	9000.00	

除上述交易以外，6 月份还发生以下事项：

事项 1：6 月 10 日，缴纳上月应纳税额 76480 元。

事项 2：本期认证相符且本期申报抵扣的增值税专用发票共 16 份，金额合计 3625000 元，税额合计 452290 元。

事项 3：6 月 20 日，销售人员报销本月差旅费用，交来航空运输电子客票行程单两张（合计金额 2300 元，其中，票价合计 1980 元、民航发展基金合计 100 元、燃油附加费合计 100 元、其他税费合计 120 元）；交来增值税普通发票一张，注明餐饮费用 450 元。

事项 4：6 月 30 日对印染布盘点后，发现因仓管员疏忽，有一批印染布被污染，账上成本价 12000 元，此损失由企业自行承担。该批印染布前期取得的发票已认证抵扣（适用税率 13%）。

事项 5：6 月 30 日支付税控系统维护费，取得普通发票一张，金额合计 280 元。

要求：完成森邦服饰 2023 年 6 月增值税纳税申报。

【解析】

一般纳税人增值税申报的基本思路是：填附列资料（一）至（四）以及《增值税减免税申报表》；补充完善主表；填附列资料（五）；审定主表并提交申报。

1. 根据背景资料中的销售情况统计表，分析计算填列《增值税及附加税费申报表附列资料（一）》。具体过程如下。

（1）第 1 栏"13% 税率的货物及加工修理修配劳务"中：

"开具增值税专用发票"的销售额 =2661500+300000=2961500（元）

"开具增值税专用发票"的销项（应纳）税额 =2961500×13%=384995（元）

"开具其他发票"的销售额 =787500+165000=952500（元）

"开具其他发票"的销项（应纳）税额 =952500×13%=123825（元）

"未开具发票"的销售额 =350000+25000 － 300000=75000（元）

"未开具发票"的销项（应纳）税额 =75000×13%=9750（元）

（2）第 4 栏"9% 税率的服务、不动产和无形资产"中：

"开具增值税专用发票"的销售额 =12000（元）

"开具增值税专用发票"的销项（应纳）税额 =12000×9%=1080（元）

"开具其他发票"的销售额 =1800（元）

"开具其他发票"的销项（应纳）税额 =1800×9%=162（元）

（3）第 5 栏"6% 税率"中：

"开具其他发票"的销售额 =150000（元）

"开具其他发票"的销项（应纳）税额 =150000×6%=9000（元）

"未开具发票"的销售额 =1200000（元）

"未开具发票"的销项（应纳）税额 =1200000×6%=72000（元）

（4）第 9b 栏"5% 征收率的服务、不动产和无形资产"中：

"开具增值税专用发票"的销售额 =150000（元）

"开具增值税专用发票"的销项（应纳）税额 =150000×5%=7500（元）

（5）第 11 栏"3% 征收率的货物及加工修理修配劳务"中：

"开具其他发票"的销售额 =80000（元）

"开具其他发票"的销项（应纳）税额 =80000×3%=2400（元）

2. 根据背景资料中的事项 2 ～ 4，分析计算填列《增值税及附加税费申报表附列资料（二）》。具体过程如下。

（1）第 1 栏"（一）认证相符的增值税专用发票"，由增值税发票选择确认平台申报认证后，自动传递得到。

（2）第 8b 栏"其他"中：

"份数"=2

"金额"=（1980+100）÷（1+9%）=1908.26（元）

"税额"=1908.26×9%=171.74（元）

第 4 栏"（二）其他扣税凭证"根据第 8b 栏自动填列。

此外，第 10 栏"（四）本期用于抵扣的旅客运输服务扣税凭证"填列信息与第 8b 栏相同。

第 16 栏"非正常损失"=12000×13%=1560（元）

第 13 栏"本期进项税额转出额"根据第 16 栏自动填列。

3. 根据销售情况统计表中有关本期发生的服务、不动产和无形资产业务，分析计算填列《增值税及附加税费申报表附列资料（三）》。具体过程如下。

第 2 栏"9%税率的项目"中，"本期服务、不动产和无形资产价税合计额（免税销售额）"15042 元，系由《增值税及附加税费申报表附列资料（一）》传递得到。

第 3 栏"6%税率的项目（不含金融商品转让）"中，"本期服务、不动产和无形资产价税合计额（免税销售额）"=150000+9000=159000（元）

第 4 栏"6%税率的金融商品转让项目"中，"本期服务、不动产和无形资产价税合计额（免税销售额）"=1200000+72000=1272000（元）；"服务、不动产和无形资产扣除项目"中，"本期发生额"=1166000（元），"本期应扣除金额"=1166000（元），"本期实际扣除金额"=1166000（元）。

第 5 栏"5%征收率的项目"中，"本期服务、不动产和无形资产价税合计额（免税销售额）"157500，系由《增值税及附加税费申报表附列资料（一）》传递得到。

4. 根据背景资料中的事项 5，填列《增值税及附加税费申报表附列资料（四）》。具体过程如下。

第 1 栏"增值税税控系统专用设备费及技术维护费"中，"本期发生额"=280（元），"本期应抵减税额"=280（元），"本期实际抵减税额"=280（元）。

5. 根据背景资料中的事项 5，以及销售情况统计表出售小汽车的信息，填列《增值税减免税申报明细表》。具体过程如下。

第 2 栏"减税性质代码及名称"选择"01129914《财政部国家税务总局关于增值税税控系统专用设备和技术维护费用抵减增值税税额有关政策的通知》财税〔2012〕15

号"，"本期发生额"=280（元），"本期应抵减税额"=280（元），"本期实际抵减税额"=280（元）。

第3栏"减税性质代码及名称"选择"01129924《财政部国家税务总局关于简并增值税征收率政策的通知》财税〔2014〕57号"，"本期发生额"=800（元），"本期应抵减税额"=800（元），"本期实际抵减税额"=800（元）。

6. 打开《增值税及附加税费申报表（主表）》，大部分数据已经由附列资料同步传递，继续补充个别信息。具体如下：

第2栏"其中：应税货物销售额"=3989000（元）

第23栏"应纳税额减征额"=280+800=1080（元）

7. 打开《增值税及附加税费申报表附列资料（五）》，城市维护建设税、教育费附加、地方教育附加的相关信息均已自动计算填列。

8. 回到《增值税及附加税费申报表（主表）》，确认附加税费信息已同步传递，保存后即可申报并缴纳税费。

至此，森邦服饰2023年6月份的增值税及附加税费申报已完成。申报结果见表2-2至表2-8。

表 2-2　增值税及附加税申报表

（一般纳税人适用）

根据国家税收法律法规及增值税相关规定制定本表。纳税人不论有无销售额，均应按税务机关核定的纳税期限填写本表，并向当地税务机关申报。

税款所属时间：自　　年　　月　　日至　　年　　月　　日　　填表日期：　　年　　月　　日　　金额单位：元（列至角分）

纳税人识别号（统一社会信用代码）：　　　　　　　　　　　　　　　　　　　　　　　　　　　　　所属行业：

纳税人名称		法定代表人姓名		注册地址		生产经营地址	
开户银行及账号		登记注册类型				电话号码	
项目	栏次	一般项目		即征即退项目	
		本月数	本年累计	本月数	本年累计
销售额	（一）按适用税率计税销售额	1	5352800			
	其中：应税货物销售额	2	3989000			
	应税劳务销售额	3				
	纳税检查调整的销售额	4				
	（二）按简易办法计税销售额	5	230000			
	其中：纳税检查调整的销售额	6				
	（三）免、抵、退办法出口销售额	7				
	（四）免税销售额	8				
	其中：免税货物销售额	9				
	免税劳务销售额	10				
税款计算	销项税额	11	534812			
	进项税额	12	45246174			
	上期留抵税额	13			—	—
	进项税额转出	14	1560		—	—
	免、抵、退应退税额	15			—	—
	按适用税率计算的纳税检查应补缴税额	16			—	—
	应抵扣税额合计	17=12+13-14-15+16（如17<11，则为17，否则为11）	45090174	—		—
	实际抵扣税额	18（如17<11，则为17，否则为11）	45090174		—	—
	应纳税额	19=11-18	83910.26		—	—

续表

	项目	栏次	一般项目		即征即退项目	
			本月数	本年累计	本月数	本年累计
税款计算	期末留抵税额	20=17-18		—	—	—
	简易计税办法计算的应纳税额	21	9900		—	
	按简易计税办法计算的纳税检查应补缴税额	22	1080		—	
	应纳税额减征额	23	92730.26		—	
	应纳税额合计	24=19+21-23	76480		—	
	期初未缴税额（多缴为负数）	25	76480			—
	实收出口开具专用缴款书退税额	26				—
	本期已缴税额	27=28+29+30+31	76480		—	—
	①分次预缴税额	28			—	—
	②出口开具专用缴款书预缴税额	29			—	—
	③本期缴纳上期应纳税额	30			—	—
	④本期缴纳欠缴税额	31			—	—
税款缴纳	期末未缴税额（多缴为负数）	32=24+25+26-27	92730.26		—	—
	其中：欠缴税额（≥0）	33=25+26-27			—	—
	本期应补（退）税额	34=24-28-29	92730.26		—	—
	即征即退实际退税额	35	—			—
	期初未缴查补税额	36			—	—
	本期入库查补税额	37			—	—
	期末未缴查补税额	38=16+22+36-37			—	—
附加税费	城市维护建设税本期应补（退）税额	39	6491.12		—	—
	教育费附加本期应补（退）费额	40	2781.91		—	—
	地方教育附加本期应补（退）费额	41	1854.61		—	—

声明：此表是根据国家税收法律法规及相关规定填写的，本人（单位）对填报内容（及附带资料）的真实性、可靠性、完整性负责。

纳税人（签章）：

经办人：

经办人身份证号：

代理机构签章：

代理机构统一社会信用代码：

受理人：

受理税务机关（章）：

受理日期： 年 月 日

纳税人（签章）： 年 月 日

税款所属时间：　年　月　日至　年　月　日

纳税人名称（公章）：

表2-3　增值税及附加税费申报表附列资料（一）
（本期销售情况明细）

金额单位：元（列至角分）

项目及栏次		开具增值税专用发票		开具其他发票		未开具发票		纳税检查调整		合计				扣除后	
		销售额	销项（应纳）税额	销售额	销项（应纳）税额	销售额	销项（应纳）税额	销售额	销项（应纳）税额	销售额	销项（应纳）税额	价税合计	服务、不动产和无形资产扣除项目本期实际扣除金额	含税（免税）销售额	销项（应纳）税额
		1	2	3	4	5	6	7	8	$9=1+3+5+7$	$10=2+4+6+8$	$11=9+10$	12	$13=11-12$	$14=13 \div (100\%+$税率或征收率$) \times$税率或征收率
一、一般计税方法计税　全部征税项目　13%税率的货物及加工修理修配劳务	1	2961500	384995	952500	123825	75000	9750	—	—	3989000	518570	—	—	—	—
13%税率的服务、不动产和无形资产	2														
9%税率的货物及加工修理修配劳务	3														
9%税率的服务、不动产和无形资产	4	12000	1080	1800	162					13800	1242	15042	0	15042	1242
6%税率	5			150000	9000	1200000	72000			1350000	81000	1431000	1166000	265000	15000

续表

项目	序号	1	2	3	4	5	6	7	8	9	10	11	12	13	14
其中：即征即退项目　即征即退货物及加工修理修配劳务	6	—	—	—	—	—	—	—	—	—	—	—	—	—	—
即征即退服务、不动产和无形资产	7	—	—	—	—	—	—	—	—	—	—	—	—	—	—
二、简易计税方法计税　全部征税项目　6%征收率	8	—	—	—	—	—	—	—	—	—	—	—	—	—	—
5%征收率的货物及加工修理修配劳务	9a	—	—	—	—	—	—	—	—	—	—	—	—	—	—
5%征收率的服务、不动产和无形资产	9b					150000	7500	—	—	150000	7500	157500	0	157500	7500
4%征收率	10	—	—	—	—	—	—	—	—	—	—	—	—	—	—
3%征收率的货物及加工修理修配劳务	11					80000	2400	—	—	80000	2400	—	—	—	—
3%征收率的服务、不动产和无形资产	12	—	—	—	—	—	—	—	—	—	—	—	—	—	—
预征率	13a													—	—
预征率	13b													—	—
预征率	13c													—	—

续表

项目	序号										
其中：即征即退货物及加工修理修配劳务	14	—	—	—	—	—	—	—	—	—	—
即征即退服务、不动产和无形资产项目	15	—	—	—	—	—	—	—	—	—	—
三、免抵退税 货物及加工修理修配劳务	16	—	—	—	—	—	—	—	—	—	—
服务、不动产和无形资产	17	—	—	—	—	—	—	—	—	—	—
四、免税 货物及加工修理修配劳务	18	—	—	—	—	—	—	—	—	—	—
服务、不动产和无形资产	19	—	—	—	—	—	—	—	—	—	—

表 2-4 增值税及附加税费申报表附列资料（二）

（本期进项税额明细）

税款所属时间：　　年　　月　　日至　　年　　月　　日

纳税人名称（公章）：

金额单位：元（列至角分）

一、申报抵扣的进项税额

项目	栏次	份数	金额	税额
（一）认证相符的增值税专用发票	1=2+3	16	3625000	452290
其中：本期认证相符且本期申报抵扣	2	16	3625000	452290
前期认证相符且本期申报抵扣	3			
（二）其他扣税凭证	4=5+6+7+8a+8b	2	1908.26	171.74
其中：海关进口增值税专用缴款书	5			
农产品收购发票或者销售发票	6		—	
代扣代缴税收缴款凭证	7		—	
加计扣除农产品进项税额	8a	—		
其他	8b	2	1908.26	171.74
（三）本期用于购建不动产的扣税凭证	9			
（四）本期用于抵扣的旅客运输服务扣税凭证	10	2	1908.26	171.74
（五）外贸企业进项税额抵扣证明	11	—	—	
当期申报抵扣进项税额合计	12=1+4+11	18	3626908.26	452461.74

二、进项税额转出额

项目	栏次	税额
本期进项税额转出额	13=14 至 23 之和	1560
其中：免税项目用	14	
集体福利、个人消费	15	
非正常损失	16	1560
简易计税方法计税项目用	17	
免抵退税办法不得抵扣的进项税额	18	

续表

项目	栏次	份数	金额	税额
纳税检查调减进项税额	19			
红字专用发票信息表注明的进项税额	20			
上期留抵税额抵减欠税	21			
上期留抵税额退税	22			
异常凭证转出进项税额	23a			
其他应作进项税额转出的情形	23b			

三、待抵扣进项税额

项目	栏次	份数	金额	税额
（一）认证相符的增值税专用发票	24	—	—	—
期初已认证相符但未申报抵扣	25			
本期认证相符且本期未申报抵扣	26			
期末已认证相符但未申报抵扣	27			
其中：按照税法规定不允许抵扣	28			
（二）其他扣税凭证	29=30至33之和			
其中：海关进口增值税专用缴款书	30			
农产品收购发票或者销售发票	31		—	
代扣代缴税收缴款凭证	32			
其他	33			
	34			

四、其他

项目	栏次	份数	金额	税额
本期认证相符的增值税专用发票	35	16	3625000	452290
代扣代缴税额	36	—	—	—

表 2-5 增值税及附加税费申报表附列资料（三）

（服务、不动产和无形资产扣除项目明细）

税款所属时间： 年 月 日至 年 月 日

纳税人名称（公章）：

金额单位：元（列至角分）

项目及栏次		本期服务、不动产和无形资产价税合计额（免税销售额）	服务、不动产和无形资产扣除项目				
			期初余额	本期发生额	本期应扣除金额	本期实际扣除金额	期末余额
		1	2	3	4=2+3	5（5≤1且5≤4）	6=4-5
13%税率的项目	1						
9%税率的项目	2	15042					
6%税率的项目（不含金融商品转让）	3	159000					
6%税率的金融商品转让项目	4	1272000		1166000	1166000	1166000	0
5%征收率的项目	5	157500					
3%征收率的项目	6						
免抵退税的项目	7						
免税的项目	8						

表 2-6 增值税及附加税费申报表附列资料（四）

（税额抵减情况表）

税款所属时间： 年 月 日至 年 月 日

纳税人名称（公章）：

金额单位：元（列至角分）

一、税额抵减情况

序号	抵减项目	期初余额	本期发生额	本期应抵减税额	本期实际抵减税额	期末余额
		1	2	3=1+2	4≤3	5=3-4
1	增值税税控系统专用设备费及技术维护费		280	280	280	
2	分支机构预征缴纳税款					
3	建筑服务预征缴纳税款					
4	销售不动产预征缴纳税款					

续表

5	出租不动产预征缴纳税款						

二、加计抵减情况

序号	加计抵减项目	期初余额 1	本期发生额 2	本期调减额 3	本期可抵减额 4=1+2-3	本期实际抵减额 5	期末余额 6=4-5
6	一般项目加计抵减额计算						
7	即征即退项目加计抵减额计算						
8	合计						

表2-7 增值税及附加税费申报表附列资料(五)

(附加税费情况表)

税款所属时间: 年 月 日至 年 月 日

纳税人名称(公章): 金额单位: 元(列至角分)

税(费)种	计税(费)依据			税(费)率 4	本期应纳税(费)额 5=(1+2-3)×4	本期减免税(费)额		试点建设培育产教融合型企业		本期已缴税(费)额 10	本期应补(退)税(费)额 11=5-7-9-10
	增值税税额 1	增值税免抵税额 2	留抵退税本期扣除额 3			减免性质代码 6	减免税(费)额 7	减免性质质代码 8	本期抵免金额 9		
城市维护建设税 1	92730.26			7%	6491.12			—	—		6491.12
教育费附加 2	92730.26			3%	2781.91						2781.91
地方教育附加 3	92730.26			2%	1854.61						1854.61
合计 4	—	—	—	—	11127.64		—				11127.64

本期是否适用试点建设培育产教融合型企业抵免政策	□是 □否	
	当期新增投资额	5
	上期留抵可抵免金额	6
	结转下期可抵免金额	7
可用于扣除的增值税留抵退税额使用情况	当期新增可用于扣除的留抵退税额	8
	上期结存可用于扣除的留抵退税额	9
	结转下期可用于扣除的留抵退税额	10

税款所属时间：自　年　月　日至　年　月　日

纳税人名称（公章）：

表2-8　增值税减免税申报明细表

金额单位：元（列至角分）

一、减税项目

减税性质代码及名称	栏次	期初余额 1	本期发生额 2	本期应抵减税额 3=1+2	本期实际抵减税额 4≤3	期末余额 5=3-4
合计	1		1080	1080	1080	
01129914《财政部国家税务总局关于增值税控系统专用设备和技术维护费用抵减增值税税额有关政策的通知》财税〔2012〕15号	2		280	280	280	
01129924《财政部国家税务总局关于简并增值税征收率政策的通知》财税〔2014〕57号	3		800	800	800	
	4					
	5					
	6					

二、免税项目

免税性质代码及名称	栏次	免征增值税项目销售额 1	免税销售额扣除项目本期实际扣除金额 2	扣除后免税销售额 3=1-2	免税销售额对应的进项税额 4	免税额 5
合计	7					
出口免税	8	—	—	—	—	—
其中：跨境服务	9	—	—	—	—	—
	10				—	
	11				—	
	12				—	
	13				—	
	14				—	
	15				—	
	16				—	

任务十二　小规模纳税人增值税纳税申报

一、小规模纳税人纳税申报资料

增值税小规模纳税人纳税申报表及其附列资料包括以下内容。

（1）《增值税及附加税费申报表（小规模纳税人适用）》。

（2）《增值税纳税申报表（小规模纳税人适用）附列资料》。

小规模纳税人销售服务，在确定服务销售额时，按照有关规定可以从取得的全部价款和价外费用中扣除价款的，需填报《增值税纳税申报表（小规模纳税人适用）附列资料》。其他情况不填写该附列资料。

（3）《增值税减免税申报明细表》。

前述的纳税申报其他资料同样适用于小规模纳税人。

二、小规模纳税人纳税申报举例

【例题 2-7】祥和家政服务有限公司为增值税小规模纳税人，从事家政服务等经营项目，其不属于小型微利企业。2023 年第 3 季度经营情况如表 2-9 所示。

表 2-9　祥和家政第 3 季度经营情况统计

开票情况	应税项目	金额	税率	税额	备注
增值税普通发票	*生活服务*居民日常服务	59300.00	3%	1779.00	
增值税普通发票	*洗涤剂*合成洗涤剂	122000.00	3%	3660.00	
增值税普通发票	*日用杂品*清洁清扫类工具	17000.00	3%	510.00	
增值税普通发票	*不动产*商铺	1320000.00	5%	66000.00	购买时支付含税价 997500 元
增值税普通发票	*机动车*载货汽车	150000.00	3%	4500.00	
增值税电子普通发票	*生活服务*居民日常服务	298000.00	3%	8940.00	
未开票	*生活服务*居民日常服务	52000.00	3%	1560.00	
未开票	*洗涤剂*合成洗涤剂	20000.00	3%	600.00	

其他事项：按现行税法规定，祥和家政在转让商铺时，已预缴相应税款 20720 元并取得完税凭证，其中预缴增值税 18500 元、城市维护建设税 1295 元、教育费附加 555 元和地方教育附加 370 元。

要求：完成祥和家政 2023 年第 3 季度增值税申报。

【解析】

自 2023 年 1 月 1 日至 2027 年 12 月 31 日，对月销售额（不含不动产销售额）未超过 10 万元（以 1 个季度为 1 个纳税期的，季度销售额未超过 30 万元）的增值税小规模纳税人，免征增值税。根据表 2-9 中的相关信息，可知祥和家政第 3 季度的销售额已超过 30 万元，故其不享受小规模纳税人免税优惠。

1. 由于祥和家政本季度存在销售不动产事项，故先填列《增值税及附加税费申报表

（小规模纳税人适用）附列资料（一）》。

（1）"应税行为（5%征收率）扣除额计算"中：

第 10 栏"本期发生额"=997500（元）

第 11 栏"本期扣除额"=997500（元）

（2）"应税行为（5%征收率）计税销售额计算"中：

第 13 栏"全部含税收入（适用 5%征收率）"=1320000+66000=1386000（元）

第 14 栏"本期扣除额"997500 由第 11 栏自动带入。

第 15 栏"含税销售额"=1386000－997500=388500（元）

第 16 栏"不含税销售额"=388500÷1.05=370000（元）

2. 根据背景资料中的经营情况统计表，分析计算填列《增值税及附加税费申报表（小规模纳税人适用）》。具体过程如下。

（1）第 1 栏"应征增值税不含税销售额（3%征收率）"的"本期数"中：

"货物及劳务"的销售额=122000+17000+20000=159000（元）

"服务、不动产和无形资产"的销售额=59300+298000+52000=409300（元）

第 3 栏"其他增值税发票不含税销售额"的"本期数"中：

"货物及劳务"的销售额=122000+17000=139000（元）

"服务、不动产和无形资产"的销售额=59300+298000=357300（元）

第 4 栏"应征增值税不含税销售额（5%征收率）"的"本期数"中：

"服务、不动产和无形资产"的销售额根据附列资料（一）中的第 16 栏填列，即370000 元。

第 6 栏"其他增值税发票不含税销售额"的"本期数"中：

"服务、不动产和无形资产"的销售额=1320000（元）

第 7 栏"销售使用过的固定资产不含税销售额"的"本期数"中：

"货物及劳务"的销售额=150000（元）

第 8 栏"其中：其他增值税发票不含税销售额"的"本期数"中：

"货物及劳务"的销售额=150000（元）

（2）在《增值税及附加税费申报表（小规模纳税人适用）》中，根据"一、计税依据"填列"二、税款计算"。

第 15 栏"本期应纳税额"的"本期数"中：

"货物及劳务"的本期应纳税额=159000×3%+150000×3%=9270（元）

"服务、不动产和无形资产"的本期应纳税额=409300×3%+370000×5%=30779（元）

根据《财政部国家税务总局关于简并增值税征收率政策的通知》（财税〔2014〕57号）的规定，小规模纳税人（除其他个人外）销售自己使用过的固定资产，减按 2%的征收率征收增值税。因此，在按 3%的征收率开具普通发票后，可享受 1%的减税优惠。

第 16 栏"本期应纳税额减征额"的"本期数"中：

"货物及劳务"的本期应纳税额减征额 =150000×1%=1500（元）

第 20 栏"应纳税额合计"的"本期数"中：

"货物及劳务"的应纳税额合计 =9270+1500=10770（元）

"服务、不动产和无形资产"的应纳税额合计 =30779（元）

根据背景资料，销售不动产已预缴税款，故第 21 栏"本期预缴税额"的"本期数"中：

"服务、不动产和无形资产"的本期预缴税额 =18500（元）

第 22 栏"本期应补（退）税额"的"本期数"中：

"货物及劳务"的本期应补（退）税额 =10770（元）

"服务、不动产和无形资产"的本期应补（退）税额 =30779 － 18500=12279（元）

3. 打开《增值税及附加税费申报表（小规模纳税人适用）附列资料（二）》，城市维护建设税、教育费附加、地方教育附加的相关信息均已自动计算填列。

根据背景资料中已缴税款信息，补充填列第 8 栏"本期已缴税（费）额"。其中，"城市维护建设税"的本期已缴税（费）额为 1295 元，"教育费附加"的本期已缴税（费）额为 555 元，"地方教育附加"的本期已缴税（费）额为 370 元。

第 9 栏"本期应补（退）税（费）额"相应自动计算填列。

4. 根据背景资料中出售载货汽车的信息，填列《增值税减免税申报明细表》。

第 2 栏"减税性质代码及名称"选择"01129924《财政部国家税务总局关于简并增值税征收率政策的通知》财税〔2014〕57 号"，"本期发生额"=1500（元），"本期应抵减税额"=1500（元），"本期实际抵减税额"=1500（元）。

5. 回到《增值税及附加税费申报表（小规模纳税人适用）》，确认附加税费信息已同步传递，保存后即可申报并缴纳税费。

至此，祥和家政 2023 年第 3 季度的增值税及附加税费申报已完成。申报结果见二维码。

祥和家政申报
结果

项目三　消费税

◎ 学习目标

知识目标：

1. 了解消费税的设立目的与意义；

2. 掌握消费税的纳税人；

3. 熟悉消费税的税目；

4. 了解消费税的税率；

5. 掌握消费税计税依据的确定；

6. 了解消费税的征收管理。

技能目标：

1. 会计算生产销售环节的应纳消费税；

2. 会计算委托加工环节的应纳消费税；

3. 会计算进口环节的应纳消费税；

4. 能完成消费税及其附加税费的申报与缴纳。

素养目标：

1. 培养学生合理消费、健康生活的日常习惯；

2. 倡导节约、低碳、环保的生活方式；

3. 树立人与自然和谐发展的理念。

学习导图

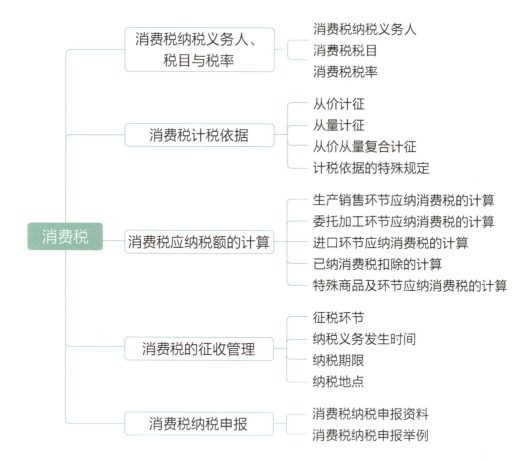

项目导入

消费税法是指国家制定的用以调整消费税征收与缴纳相关权利与义务关系的法律规范。现行消费税法的基本规范，是 2008 年 11 月 5 日经国务院第三十四次常务会议修订通过并颁布，自 2009 年 1 月 1 日起施行的《消费税暂行条例》，以及 2008 年 12 月 15 日财政部、国家税务总局第 51 号令颁布的《中华人民共和国消费税暂行条例实施细则》（以下简称《消费税暂行条例实施细则》）。

消费税是指对特定消费品和消费行为征收的一种间接税。消费税的征收范围具有较强的选择性，可以在保证国家财政收入的同时，调节消费行为，引导消费需求，间接调节收入分配和引导产业结构，因而在保证国家财政收入、体现国家经济政策等方面具有十分重要的意义。

我国现行消费税的特点：①征收范围具有选择性。我国消费税在征收范围上根据产业政策与消费政策仅选择部分消费品征税，而不是对所有消费品都征收消费税。②一般情况下，征税环节具有单一性。主要在生产销售和进口环节上征收。③平均税率水平比较高且税负差异大。消费税的平均税率水平比较高，并且不同征税项目的税负差异较大。如小汽车按排气量大小划分，最低税率1%，最高税率40%。④计税方法具有灵活性。既采用对消费品规定单位税额，以消费品的数量实行从量定额的计税方法，也采用对消费品制定比例税率，以消费品的价格实行从价定率的计税方法。对卷烟、白酒还采用了从量征收与从价征收相结合的复合计税方式。

任务实施

任务一　消费税纳税义务人、税目与税率

一、消费税纳税义务人

在中华人民共和国境内生产、委托加工和进口《消费税暂行条例》规定的消费品的单位和个人，以及国务院确定的销售《消费税暂行条例》规定的消费品的其他单位和个人，为消费税的纳税人，应当依照《消费税暂行条例》等法律规范缴纳消费税。单位，是指企业、行政单位、事业单位、军事单位、社会团体及其他单位。个人，是指个体工商户及其他个人。在中华人民共和国境内，是指生产、委托加工和进口属于应当缴纳消费税的消费品的启运地或者所在地在境内。

1. 消费税概述
2. 消费税税目

二、消费税税目

消费税的征收范围比较狭窄，同时也会根据经济发展、环境保护等国家大政方针进行修订，依据《消费税暂行条例》及相关法规规定，目前消费税税目包括烟、酒、化妆品等15种商品，部分税目还进一步划分了若干子目。

（一）烟

凡是以烟叶为原料加工生产的产品，不论使用何种辅料，均属于本税目的征收范围。包括卷烟（进口卷烟、白包卷烟、手工卷烟和未经国务院批准纳入计划的企业及个人生产的卷烟）、雪茄烟和烟丝。

"烟"税目下设"卷烟"等子目，卷烟又分为甲类卷烟和乙类卷烟。其中，甲类卷烟是指每标准条（200支，下同）调拨价格在70元（不含增值税）以上（含70元）的卷烟；乙类卷烟是指每标准条调拨价格在70元（不含增值税）以下的卷烟。

为完善消费税制度，促进税制公平统一，更好发挥消费税引导健康消费的作用，自2022年11月1日起，电子烟纳入消费税征收范围，在"烟"税目下增设"电子烟"子目。

（二）酒

酒是酒精度在1度以上的各种酒类饮料，包括白酒、黄酒、啤酒和其他酒。啤酒每吨出厂价（含包装物及包装物押金）在3000元（含3000元，不含增值税）以上的是甲类啤酒，每吨出厂价（含包装物及包装物押金）在3000元（不含增值税）以下的是乙

类啤酒。包装物押金不包括重复使用的塑料周转箱的押金。

对饮食业、商业、娱乐业举办的啤酒屋（啤酒坊）利用啤酒生产设备生产的啤酒，应当征收消费税。果啤属于啤酒，按啤酒征收消费税。配制酒（露酒）是指以发酵酒、蒸馏酒或食用酒精为酒基，加入可食用或药食两用的辅料或食品添加剂，进行调配、混合或再加工制成的并改变了其原酒基风格的饮料酒。

具体规定如下：

（1）以蒸馏酒或食用酒精为酒基，具有国家相关部门批准的国食健字或卫食健字文号并且酒精度低于38度（含）的配制酒，按消费税税目税率表"其他酒"10%适用税率征收消费税。

（2）以发酵酒为酒基，酒精度低于20度（含）的配制酒，按消费税税目、税率（额）表"其他酒"10%的适用税率征收消费税。

（3）其他配制酒，按《消费税税目、税率（额）表》中"白酒"的适用税率征收消费税。

葡萄酒消费税适用"酒"税目下设的"其他酒"子目。葡萄酒是指以葡萄为原料，经破碎（压榨）、发酵而成的酒精度在1度（含）以上的葡萄原酒和成品酒（不含以葡萄为原料的蒸馏酒）。

（三）高档化妆品

自2016年10月1日起，本税目调整为包括高档美容、修饰类化妆品、高档护肤类化妆品和成套化妆品。

高档美容、修饰类化妆品和高档护肤类化妆品是指生产（进口）环节销售（完税）价格（不含增值税）在10元/毫升（克）或15元/片（张）及以上的美容、修饰类化妆品和护肤类化妆品。

美容、修饰类化妆品是指香水、香水精、香粉、口红、指甲油、胭脂、眉笔、唇笔、蓝眼油、眼睫毛及成套化妆品。

舞台、戏剧、影视演员化妆用的上妆油、卸妆油、油彩，不属于本税目的征收范围。

高档护肤类化妆品征收范围另行制定。

（四）贵重首饰及珠宝玉石

贵重首饰及珠宝玉石包括以金、银、白金、宝石、珍珠、钻石、翡翠、珊瑚、玛瑙等高贵稀有物质，以及其他金属、人造宝石等制作的各种纯金银首饰及镶嵌首饰和经采掘、打磨、加工的各种珠宝玉石。

对出国人员免税商店销售的金银首饰征收消费税。

（五）鞭炮、焰火

鞭炮、焰火包括各种鞭炮、焰火。

体育上用的发令纸、鞭炮药引线，不按本税目征收。

（六）成品油

成品油包括汽油、柴油、石脑油、溶剂油、航空煤油、润滑油、燃料油 7 个子目。航空煤油暂缓征收。

以汽油、汽油组分调和生产的甲醇汽油、乙醇汽油也属于本税目征收范围。

以柴油、柴油组分调和生产的生物柴油也属于本税目征收范围。

（七）小汽车

小汽车是指由动力驱动，具有 4 个或 4 个以上车轮的非轨道承载的车辆。本税目征收范围包括：

（1）乘用车：含驾驶员座位在内最多不超过 9 个座位（含）的，在设计和技术特性上用于载运乘客和货物的各类乘用车。

（2）中轻型商用客车：含驾驶员座位在内的座位数在 10 ～ 23 座（含 23 座）的，在设计和技术特性上用于载运乘客和货物的各类中轻型商用客车。

（3）超豪华小汽车：每辆零售价格 130 万元（不含增值税）及以上的乘用车和中轻型商用客车。

电动汽车不属于本税目征收范围。

沙滩车、雪地车、卡丁车、高尔夫车不属于消费税征收范围，不征收消费税。

（八）摩托车

摩托车包括轻便摩托车和摩托车两种。气缸容量 250 毫升（不含）以下的小排量摩托车不征收消费税。

（九）高尔夫球及球具

高尔夫球及球具是指从事高尔夫球运动所需的各种专用装备，包括高尔夫球、高尔夫球杆及高尔夫球包（袋）等。

高尔夫球杆的杆头、杆身和握把属于本税目的征收范围。

（十）高档手表

高档手表是指销售价格（不含增值税）每只在 10000 元（含）以上的各类手表。本税目征收范围包括符合以上标准的各类手表。

（十一）游艇

游艇是指长度大于 8 米小于 90 米，船体由玻璃钢、钢、铝合金、塑料等多种材料制作，可以在水上移动的水上浮载体。按照动力划分，游艇分为无动力艇、帆艇和机动艇。

（十二）木制一次性筷子

木制一次性筷子，又称卫生筷子，是指以木材为原料经过锯段、浸泡、旋切、刨切、烘干、筛选、打磨、倒角、包装等环节加工而成的各类供一次性使用的筷子。

本税目征收范围包括各种规格的木制一次性筷子。未经打磨、倒角的木制一次性筷子属于本税目征税范围。

（十三）实木地板

实木地板是指以木材为原料，经锯割、干燥、刨光、截断、开榫、涂漆等工序加工而成的块状或条状的地面装饰材料。实木地板按生产工艺不同，可分为独板（块）实木地板、实木指接地板、实木复合地板三类；按表面处理状态不同，可分为未涂饰地板（白坯板、素板）和漆饰地板两类。

本税目征收范围包括各类规格的实木地板、实木指接地板、实木复合地板及用于装饰墙壁、天棚的侧端面为榫、槽的实木装饰板。未经涂饰的素板也属于本税目征税范围。

（十四）电池

电池，是一种将化学能、光能等直接转换为电能的装置，一般由电极、电解质、容器、极端组成，通常还有隔离层组成的基本功能单元，以及用一个或多个基本功能单元装配成的电池组。本税目征收范围包括原电池、蓄电池、燃料电池、太阳能电池和其他电池。

自2015年2月1日起对电池（铅蓄电池除外）征收消费税；对无汞原电池、金属氢化物镍蓄电池（又称氢镍蓄电池或镍氢蓄电池）、锂原电池、锂离子蓄电池、太阳能电池、燃料电池、全钒液流电池免征消费税。2015年12月31日前对铅蓄电池缓征消费税；自2016年1月1日起，对铅蓄电池按4%的税率征收消费税。

（十五）涂料

涂料是指涂于物体表面能形成具有保护、装饰或特殊性能的固态涂膜的一类液体或固体材料的总称。自2015年2月1日起对涂料征收消费税，施工状态下挥发性有机物（volatile organic compounds，VOC）含量低于420克/升（含）的涂料免征消费税。

三、消费税税率

消费税采用比例税率和定额税率两种形式，以适应不同应税消费品的实际情况。

消费税根据不同的税目或子目确定相应的税率或单位税额。大部分应税消费品适用比例税率，例如，烟丝税率为30%，摩托车税率为3%等；黄酒、啤酒、成品油按单位重量或单位体积确定单位税额；卷烟、白酒采用比例税率和定额税率双重征收的形式。消费税税目、税率（额）见表3-1。

表 3-1　消费税税目、税率（额）

税目	税率（额）
一、烟	
1. 卷烟	
（1）甲类卷烟（生产或进口环节）	56% 加 0.003 元 / 支
（2）乙类卷烟（生产或进口环节）	36% 加 0.003 元 / 支
（3）批发环节	11% 加 0.005 元 / 支
2. 雪茄烟	36%
3. 烟丝	30%
4. 电子烟	
生产（进口）环节	36%
批发环节	11%
二、酒	
1. 白酒	20% 加 0.5 元 /500 克（或者 500 毫升）
2. 黄酒	240 元 / 吨
3. 啤酒	
（1）甲类啤酒	250 元 / 吨
（2）乙类啤酒	220 元 / 吨
4. 其他酒	10%
三、高档化妆品	15%
四、贵重首饰及珠宝玉石	
1. 金银首饰、铂金首饰和钻石及钻石饰品（零售环节）	5%
2. 其他贵重首饰和珠宝玉石	10%
五、鞭炮、焰火	15%
六、成品油	
1. 汽油	1.52 元 / 升
2. 柴油	1.2 元 / 升
3. 航空煤油	1.2 元 / 升
4. 石脑油	1.52 元 / 升
5. 溶剂油	1.52 元 / 升
6. 润滑油	1.52 元 / 升
7. 燃料油	1.2 元 / 升
七、小汽车	
1. 乘用车	
（1）气缸容量（排气量，下同）在 1.0 升（含 1.0 升）以下的	1%
（2）气缸容量在 1.0 升以上至 1.5 升（含 1.5 升）的	3%
（3）气缸容量在 1.5 升以上至 2.0 升（含 2.0 升）的	5%
（4）气缸容量在 2.0 升以上至 2.5 升（含 2.5 升）的	9%
（5）气缸容量在 2.5 升以上至 3.0 升（含 3.0 升）的	12%
（6）气缸容量在 3.0 升以上至 4.0 升（含 4.0 升）的	25%
（7）气缸容量在 4.0 升以上的	40%
2. 中轻型商用客车	5%
3. 超豪华小汽车（零售环节）	10%

续表

税目	税率（额）
八、摩托车 1. 气缸容量为 250 毫升的 2. 气缸容量为 250 毫升以上的	3% 10%
九、高尔夫球及球具	10%
十、高档手表	20%
十一、游艇	10%
十二、木制一次性筷子	5%
十三、实木地板	5%
十四、电池	4%
十五、涂料	4%

纳税人兼营不同税率的应税消费品，应当分别核算不同税率应税消费品的销售额、销售数量。未分别核算销售额、销售数量，或者将不同税率的应税消费品组成成套消费品销售的，从高适用税率。

例如，某酒厂既生产税率为 20% 的粮食白酒，又生产税率为 10% 的其他酒，如汽酒、药酒等，该厂应分别核算白酒与其他酒的销售额，然后按各自适用的税率计税；如不分别核算各自的销售额，其他酒也按白酒的税率计算纳税。如果该酒厂还生产白酒与其他酒小瓶装礼品套酒，就是税法所指的成套消费品，应将全部销售额按白酒的税率 20% 计算应纳消费税税额，而不能以其他酒 10% 的税率计算其中任何一部分的应纳税额。对未分别核算的销售额按高税率计税，意在督促企业对不同税率应税消费品的销售额分别核算，准确计算纳税。

任务二　消费税计税依据

根据《消费税暂行条例》的规定，消费税应纳税额的计算分为从价计征、从量计征和从价从量复合计征三种方法。

一、从价计征

在从价定率计算方法下，应纳税额等于应税消费品的销售额乘以适用税率，应纳税额的多少取决于应税消费品的销售额和适用税率两个因素。

（一）销售额的确定

销售额为纳税人销售应税消费品向购买方收取的全部价款和价外费用。销售，是指有偿转让应税消费品的所有权；有偿，是指从购买方取得货币、货物或者其他经济利益；价外费用，是指价外向购买方收取的手续费、补贴、基金、集资费、返还利润、奖励费、违约金、滞纳金、延期付款利息、赔偿金、代收款项、代垫款项、包装费、包装物租金、储备费、优质费、运输装卸费以及其他各种性质的价外收费。但下列项目不包括在内。

1.同时符合以下条件的代垫运输费用

（1）承运部门的运输费用发票开具给购买方的。

（2）纳税人将该项发票转交给购买方的。

2.同时符合以下条件代为收取的政府性基金或者行政事业性收费

（1）由国务院或者财政部批准设立的政府性基金，由国务院或者省级人民政府及其财政、价格主管部门批准设立的行政事业性收费。

（2）收取时开具省级以上财政部门印制的财政票据。

（3）所收款项全额上缴财政。

其他价外费用，无论是否属于纳税人的收入，均应并入销售额计算征税。实行从价定率办法计算应纳税额的应税消费品连同包装销售的，不论包装是否单独计价，也不论在会计上如何核算，均应并入应税消费品的销售额中征收消费税。如果包装物不作价随同产品销售，而是收取押金，此项押金则不应并入应税消费品的销售额中征税。但对因逾期未收回的包装物不再退还的或者已收取的时间超过12个月的押金，应并入应税消费品的销售额，按照应税消费品的适用税率缴纳消费税。

对既作价随同应税消费品销售，又另外收取押金的包装物的押金，凡纳税人在规定的期限内没有退还的，均应并入应税消费品的销售额，按照应税消费品的适用税率缴纳消费税。

对销售啤酒、黄酒外的其他酒类产品而收取的包装物押金，无论是否返还及会计上如何核算，均应并入当期销售额征税。

白酒生产企业向商业销售单位收取的"品牌使用费"是随着应税白酒的销售而向购货方收取的，属于应税白酒销售价款的组成部分，因此，不论企业采取何种方式或以何种名义收取价款，均应并入白酒的销售额中缴纳消费税。

纳税人销售的应税消费品，以外汇结算销售额的，其销售额的人民币折合率可以选择结算的当天或者当月1日的国家外汇牌价（原则上为中间价）。纳税人应在事先确定采取何种折合率，确定后1年内不得变更。

（二）含增值税销售额的换算

应税消费品在缴纳消费税的同时，与一般货物一样，还应缴纳增值税。按照《消费税暂行条例实施细则》的规定，应税消费品的销售额，不包括应向购货方收取的增值税税款。如果纳税人应税消费品的销售额中未扣除增值税税款或者因不得开具增值税专用发票而发生价款和增值税税款合并收取的，在计算消费税时应将含增值税的销售额换算为不含增值税税款的销售额。其换算公式为：

应税消费品的销售额＝含增值税的销售额÷（1+增值税税率或征收率）

在使用换算公式时，应根据纳税人的具体情况分别使用增值税税率或征收率。如果消费税的纳税人同时又是增值税一般纳税人的，应适用13%的增值税税率；如果消费税的纳税人是增值税小规模纳税人的，应适用3%的征收率。

二、从量计征

在从量定额计算方法下，应纳税额等于应税消费品的销售数量乘以单位税额，应纳税额的多少取决于应税消费品的销售数量和单位税额两个因素。

（一）销售数量的确定

销售数量是指纳税人生产、加工和进口应税消费品的数量。具体规定为：

（1）销售应税消费品的，为应税消费品的销售数量。

（2）自产自用应税消费品的，为应税消费品的移送使用数量。

（3）委托加工应税消费品的，为纳税人收回的应税消费品数量。

（4）进口的应税消费品，为海关核定的应税消费品进口征税数量。

（二）计量单位的换算标准

《消费税暂行条例》规定，黄酒、啤酒是以吨为税额单位的；汽油、柴油是以升为税额单位的。但是，考虑到在实际销售过程中，一些纳税人会把吨与升这两个计量单位混用，故规范了不同产品的计量单位，以准确计算应纳税额，吨与升两个计量单位的换算标准见表3-2。

表 3-2 吨与升的换算

序号	名称	计量单位的换算标准
1	黄酒	1 吨 =962 升
2	啤酒	1 吨 =988 升
3	汽油	1 吨 =1388 升
4	柴油	1 吨 =1176 升
5	航空煤油	1 吨 =1246 升
6	石脑油	1 吨 =1385 升
7	溶剂油	1 吨 =1282 升
8	润滑油	1 吨 =1126 升
9	燃料油	1 吨 =1015 升

三、从价从量复合计征

现行消费税的征税范围中，只有卷烟、白酒采用复合计征方法。应纳税额等于应税销售数量乘以定额税率再加上应税销售额乘以比例税率。

生产销售卷烟、白酒从量定额计税依据为实际销售数量。进口、委托加工、自产自用卷烟、白酒从量定额计税依据分别为海关核定的进口征税数量、委托方收回数量、移送使用数量。

四、计税依据的特殊规定

（一）自设非独立核算门市部销售应税消费品的计税规定

纳税人通过自设非独立核算门市部销售的自产应税消费品，应当按照门市部对外销售额或者销售数量征收消费税。

（二）应税消费品用于换取生产资料和消费资料、投资入股和抵偿债务的计税规定

纳税人用于换取生产资料和消费资料、投资入股和抵偿债务等方面的应税消费品，应当以纳税人同类应税消费品的最高销售价格作为计税依据计算消费税。

（三）金银首饰销售额的确定

对既销售金银首饰，又销售非金银首饰的生产、经营单位，应将两类商品划分清楚，分别核算销售额。凡划分不清楚或不能分别核算的，在生产环节销售的，一律从高适用税率征收消费税；在零售环节销售的，一律按金银首饰征收消费税。金银首饰与其他产品组成成套消费品销售的，应按销售额全额征收消费税。

金银首饰连同包装物销售的，无论包装是否单独计价，也无论会计上如何核算，均应并入金银首饰的销售额，计征消费税。

带料加工的金银首饰，应按受托方销售同类金银首饰的销售价格确定计税依据征收消费税。没有同类金银首饰销售价格的，按照组成计税价格计算纳税。

纳税人采用以旧换新（含翻新改制）方式销售的金银首饰，应按实际收取的不含增值税的全部价款确定计税依据征收消费税。

任务三　消费税应纳税额的计算

一、生产销售环节应纳消费税的计算

纳税人在生产销售环节应缴纳的消费税，包括直接对外销售应税消费品应缴纳的消费税和自产自用应税消费品应缴纳的消费税。

消费税应纳税额
的计算

（一）直接对外销售应纳消费税的计算

直接对外销售应税消费品涉及以下三种计算方法。

1. 从价定率计算

在从价定率计算方法下，应纳消费税额等于销售额乘以适用税率。基本计算公式为：

应纳税额＝应税消费品的销售额×比例税率

【例题 3-1】某化妆品生产企业为增值税一般纳税人。2023 年 6 月 15 日向某大型商场销售高档化妆品一批，开具增值税专用发票，取得不含增值税销售额 50 万元，增值税税额 6.5 万元；6 月 20 日向某单位销售高档化妆品一批，开具普通发票，取得含增值税销售额 4.64 万元。已知高档化妆品适用消费税税率 15%。

要求：计算该化妆品生产企业上述业务应纳消费税税额。

【解析】化妆品的应税销售额 =50+4.64÷（1+13%）=54.11（万元）

应纳消费税税额 =54.11×15%=8.12（万元）

2. 从量定额计算

在从量定额计算方法下，应纳税额等于应税消费品的销售数量乘以单位税额。基本

计算公式为：

应纳税额＝应税消费品的销售数量×定额税率

【例题3-2】某啤酒厂2023年5月销售啤酒1000吨，取得不含增值税销售额295万元，增值税税款38.35万元，另收取包装物押金23.4万元。

要求：计算该啤酒厂应纳消费税税额。

【解析】每吨啤酒出厂价＝（295+23.4÷1.13）×10000÷1000=3567.5（元），大于3000元，属于销售甲类啤酒，适用定额税率每吨250元。

应纳消费税税额＝销售数量×定额税率＝1000×250=250000（元）

3.从价定率和从量定额复合计算

现行消费税的征税范围中，只有卷烟、白酒采用复合计算方法。基本计算公式为：

应纳税额＝应税消费品的销售数量×定额税率+应税消费品的销售额×比例税率

【例题3-3】某白酒生产企业为增值税一般纳税人，2023年4月销售白酒50吨，取得不含增值税的销售额200万元。已知白酒适用比例税率20%，定额税率为每500克0.5元。

要求：计算白酒生产企业4月应缴纳的消费税税额。

【解析】应纳消费税税额＝50×2000×0.00005+200×20%=45（万元）

（二）自产自用应纳消费税的计算

所谓自产自用，就是纳税人生产应税消费品后，不是用于直接对外销售，而是用于自己连续生产应税消费品或用于其他方面。这种自产自用应税消费品形式，在实际经济活动中是很常见的，但在是否纳税或如何纳税上也最容易出现问题。例如，有的企业把自己生产的应税消费品，以福利或奖励等形式发给本企业职工，以为不是对外销售，不必计入销售额，无须纳税，这样就出现了漏缴税款的现象。因此，很有必要认真理解税法对自产自用应税消费品的有关规定。

1.用于连续生产应税消费品

纳税人自产自用的应税消费品，用于连续生产应税消费品的，不纳税。所谓"纳税人自产自用的应税消费品，用于连续生产应税消费品的"，是指作为生产最终应税消费品的直接材料并构成最终产品实体的应税消费品。例如，卷烟厂生产出烟丝，再用生产出的烟丝连续生产卷烟，虽然烟丝是应税消费品，但用于连续生产卷烟的烟丝就不用缴纳消费税，只对生产销售的卷烟征收消费税。如果生产的烟丝直接用于销售，则烟丝需要缴纳消费税。税法规定对自产自用的应税消费品，用于连续生产应税消费品的不征税，体现了不重复课税的原则。

2.用于其他方面的应税消费品

纳税人自产自用的应税消费品，除用于连续生产应税消费品外，凡用于其他方面的，于移送使用时纳税。用于其他方面是指纳税人用于生产非应税消费品、在建工程、管理部门、非生产机构、提供劳务，以及用于馈赠、赞助、集资、广告、样品、职工福利、奖励等方面。所谓"用于生产非应税消费品",是指把自产的应税消费品用于生产《消费税暂行条例》中《税目、税率(额)表》所列15类产品以外的产品。

如原油加工厂用生产出的应税消费品汽油调和制成溶剂汽油,该溶剂汽油就属于非应税消费品,加工厂应就其自产自用行为缴纳消费税,但是不用缴纳增值税。所谓"用于在建工程",是指把自产的应税消费品用于本单位的各项建设工程。例如,石化工厂把自己生产的柴油用于本厂基建工程的车辆、设备。所谓"用于管理部门、非生产机构",是指把自己生产的应税消费品用于与本单位有隶属关系的管理部门或非生产机构。例如,汽车制造厂把生产出的小汽车提供给上级主管部门使用。所谓"用于馈赠、赞助、集资、广告、样品、职工福利、奖励",是指把自己生产的应税消费品无偿赠送给他人,或以资金的形式投资于外单位,或作为商品广告、经销样品,或以福利、奖励的形式发给职工。例如,小汽车生产企业把自己生产的小汽车赠送或赞助给小汽车拉力赛赛手使用,兼作商品广告;酒厂把生产的滋补药酒以福利的形式发给职工等。总之,企业自产的应税消费品虽然没有用于销售或连续生产应税消费品,但只要是用于税法所规定范围的都要视同销售,依法缴纳消费税。

3. 组成计税价格及税额的计算

纳税人自产自用的应税消费品,凡用于其他方面,应当纳税的,按照纳税人生产的同类消费品的销售价格计算纳税。同类消费品的销售价格是指纳税人当月销售的同类消费品的销售价格,如果当月同类消费品各期销售价格高低不同,应按销售数量加权平均计算。但销售的应税消费品有下列情况之一的,不得列入加权平均计算:

(1)销售价格明显偏低又无正当理由的。

(2)无销售价格的。

如果当月无销售或者当月未完结,应按照同类消费品上月或者最近月份的销售价格计算纳税。

没有同类消费品销售价格的,按照组成计税价格计算纳税。

①实行从价定率办法计算纳税的组成计税价格,其计算公式为:

组成计税价格=(成本+利润)÷(1-比例税率)

应纳税额=组成计税价格×比例税率

②实行复合计税办法计算纳税的组成计税价格,其计算公式为:

组成计税价格=(成本+利润+自产自用数量×定额税率)÷(1-比例税率)

应纳税额=组成计税价格×比例税率+自产自用数量×定额税率

上述公式中,"成本"是指应税消费品的产品生产成本;"利润"是指根据应税消费品的全国平均成本利润率计算的利润。应税消费品全国平均成本利润率由国家税务总局确定(见表3-3)。

表 3-3　平均成本利润率

单位：%

货物名称	利润率	货物名称	利润率
1. 甲类卷烟	10	11. 摩托车	6
2. 乙类卷烟	5	12. 高尔夫球及球具	10
3. 雪茄烟	5	13. 高档手表	20
4. 烟丝	5	14. 游艇	10
5. 粮食白酒	10	15. 木制一次性筷子、实木地板	5
6. 薯类白酒	5	16. 电池	4
7. 其他酒	5	17. 乘用车	8
8. 高档化妆品	5	18. 中轻型商用客车	5
9. 鞭炮、焰火	5	19. 电子烟	10
10. 贵重首饰及珠宝玉石	6	20. 涂料	7

【例题 3-4】某化妆品公司将一批自产的高档化妆品用作职工福利，该批高档化妆品的成本为 80000 元，无同类产品市场销售价格，但已知其成本利润率为 5%，消费税税率为 15%。

要求：计算该批高档化妆品应纳消费税税额。

【解析】组成计税价格＝成本×（1＋成本利润率）÷（1－消费税税率）＝80000×（1+5%）÷（1－15%）=98823.53（元）

应纳消费税税额＝98823.53×15%=14823.53（元）

二、委托加工环节应纳消费税的计算

企业、单位或个人由于设备、技术、人力等方面的局限或其他方面的原因，常常要委托其他单位代为加工应税消费品，然后将加工好的应税消费品收回，直接销售或自己使用。这是生产应税消费品的另一种形式，也需要纳入征收消费税的范围。例如，某企业将购来的小客车底盘和零部件提供给某汽车改装厂，加工组装成小客车供自己使用，则加工、组装成的小客车就需要缴纳消费税。按照规定，委托加工的应税消费品，由受托方（受托方是个人的除外，下同）在向委托方交货时代收代缴税款。

（一）委托加工应税消费品的确定

委托加工的应税消费品是指由委托方提供原料和主要材料，受托方只收取加工费和代垫部分辅助材料加工的应税消费品。对于由受托方提供原材料生产的应税消费品，或者受托方先将原材料卖给委托方，然后再接受加工的应税消费品，以及由受托方以委托方名义购进原材料生产的应税消费品，不论纳税人在财务上是否作销售处理，都不得作为委托加工应税消费品，而应当按照销售自制应税消费品缴纳消费税。

（二）代收代缴税款的规定

对于确实属于委托方提供原料和主要材料，受托方只收取加工费和代垫部分辅助材料加工的应税消费品，税法规定，由受托方在向委托方交货时代收代缴消费税。这样，

受托方就是法定的代收代缴义务人。如果受托方对委托加工的应税消费品没有代收代缴或少代收代缴消费税，应按照《税收征收管理法》的规定，承担代收代缴的法律责任。因此，受托方必须严格履行代收代缴义务，正确计算和按时代缴税款。为了加强对受托方代收代缴税款的管理，委托个人（含个体工商户）加工的应税消费品，由委托方收回后缴纳消费税。

委托加工的应税消费品，受托方在交货时已代收代缴消费税，委托方将收回的应税消费品，以不高于受托方的计税价格出售的，为直接出售，不再缴纳消费税；委托方以高于受托方的计税价格出售的，不属于直接出售，需按照规定申报缴纳消费税，在计税时准予扣除受托方已代收代缴的消费税。

对于受托方没有按规定代收代缴税款的，不能因此免除委托方补缴税款的责任。在对委托方进行税务检查中，如果发现受其委托加工应税消费品的受托方没有代收代缴税款，则应按照《税收征收管理法》的规定，对受托方处以应代收代缴税款 50% 以上 3 倍以下的罚款；委托方要补缴税款，对委托方补征税款的计税依据是：如果在检查时，收回的应税消费品已经直接销售的，按销售额计税；收回的应税消费品尚未销售或不能直接销售的（如收回后用于连续生产等），按组成计税价格计税。组成计税价格的计算公式与下列（三）中的组成计税价格公式相同。

（三）组成计税价格及应纳税额的计算

委托加工的应税消费品，按照受托方的同类消费品的销售价格计算纳税，同类消费品的销售价格是指受托方（即代收代缴义务人）当月销售的同类消费品的销售价格。如果当月无销售或者当月未完结，应按照同类消费品上月或最近月份的销售价格计算纳税。没有同类消费品销售价格的，按照组成计税价格计算纳税。

（1）实行从价定率办法计算纳税的组成计税价格，其计算公式为：

组成计税价格＝（材料成本＋加工费）÷（1－比例税率）

（2）实行复合计税办法计算纳税的组成计税价格，其计算公式为：

组成计税价格＝（材料成本＋加工费＋委托加工数量×定额税率）÷（1－比例税率）

【例题 3-5】某鞭炮企业 2023 年 4 月受托为某单位加工一批鞭炮，委托单位提供的原材料金额为 60 万元，收取委托单位不含增值税的加工费为 8 万元，鞭炮企业无同类产品市场价格。鞭炮的适用税率为 15%。

要求：计算鞭炮企业应代收代缴的消费税。

【解析】组成计税价格＝（60＋8）÷（1－15%）＝80（万元）

应代收代缴的消费税＝80×15%＝12（万元）

三、进口环节应纳消费税的计算

进口的应税消费品，于报关进口时缴纳消费税。进口的应税消费品的消费税由海关代征。进口的应税消费品，由进口人或者其代理人向报关地海关申报纳税。纳税人进口应税消费品，应当自海关填发海关进口消费税专用缴款书之日起 15 日内缴纳税款。

纳税人进口应税消费品，按照组成计税价格和规定的税率计算应纳税额。计算方法如下。

（一）从价定率计征应纳税额的计算

实行从价定率办法计算纳税的组成计税价格，其计算公式为：

组成计税价格＝（关税完税价格＋关税）÷（1－消费税比例税率）

应纳税额＝组成计税价格×消费税比例税率

公式中所称"关税完税价格"，是指海关核定的关税计税价格。

【例题 3-6】某商贸公司，2023 年 5 月从国外进口一批应税消费品，已知该批应税消费品的关税完税价格为 90 万元，按规定应缴纳关税 18 万元，假定进口的应税消费品的消费税税率为 10%。

要求：计算该批消费品进口环节应纳消费税税额。

【解析】组成计税价格＝（90+18）÷（1－10%）=120（万元）

应纳消费税税额=120×10%=12（万元）

（二）实行从量定额计征应纳税额的计算

应纳税额的计算公式为：

应纳税额＝应税消费品数量×消费税定额税率

（三）实行从价定率和从量定额复合计税办法计征应纳税额的计算

应纳税额的计算公式为：

组成计税价格＝（关税完税价格＋关税＋进口数量×消费税定额税率）÷（1－消费税比例税率）

应纳税额＝组成计税价格×消费税税率＋应税消费品进口数量×消费税定额税率

进口环节消费税除国务院另有规定的，一律不得给予减税、免税。

四、已纳消费税扣除的计算

为了避免重复征税，现行消费税规定，将外购应税消费品和委托加工收回的应税消费品继续生产应税消费品销售的，可以将外购应税消费品和委托加工收回应税消费品已缴纳的消费税给予扣除。

（一）外购应税消费品已纳税款的扣除

1. 外购应税消费品连续生产应税消费品

由于某些应税消费品是用外购已缴纳消费税的应税消费品连续生产出来的，在对这些连续生产出来的应税消费品计算征税时，税法规定应按当期生产领用数量计算准予扣除外购的应税消费品已纳的消费税税款。扣除范围包括：

（1）外购已税烟丝生产的卷烟。

（2）外购已税高档化妆品为原料生产的高档化妆品。

（3）外购已税珠宝、玉石为原料生产的贵重首饰及珠宝、玉石。

（4）外购已税鞭炮、焰火为原料生产的鞭炮、焰火。

（5）外购已税杆头、杆身和握把为原料生产的高尔夫球杆。

（6）外购已税木制一次性筷子为原料生产的木制一次性筷子。

（7）外购已税实木地板为原料生产的实木地板。

（8）外购已税汽油、柴油、石脑油、燃料油、润滑油为原料连续生产的应税成品油。

上述当期准予扣除外购应税消费品已纳消费税税款的计算公式为：

当期准予扣除的外购应税消费品已纳税款＝当期准予扣除的外购应税消费品买价×外购应税消费品适用税率

当期准予扣除的外购应税消费品买价＝期初库存的外购应税消费品的买价＋当期购进的应税消费品的买价－期末库存的外购应税消费品的买价

外购已税消费品的买价是指购货发票上注明的销售额（不包括增值税税款）。

另外，根据《葡萄酒消费税管理办法（试行）》的规定，自2015年5月1日起，从葡萄酒生产企业购进、进口葡萄酒连续生产应税葡萄酒的，准予从葡萄酒消费税应纳税额中扣除所耗用应税葡萄酒已纳消费税税款。如本期消费税应纳税额不足抵扣的，余额留待下期抵扣。

【例题3-7】某卷烟生产企业，某月初库存外购应税烟丝金额50万元，当月又外购应税烟丝金额500万元（不含增值税），月末库存烟丝金额30万元，其余被当月生产卷烟领用。烟丝适用的消费税税率为30%。

要求：计算卷烟厂当月准许扣除的外购烟丝已缴纳的消费税税额。

【解析】当期准许扣除的外购烟丝买价＝50+500－30=520（万元）

当月准许扣除的外购烟丝已缴纳的消费税税额＝520×30%=156（万元）

需要说明的是，纳税人用外购的已税珠宝、玉石生产的改在零售环节征收消费税的金银首饰（镶嵌首饰），在计税时一律不得扣除外购珠宝、玉石的已纳税款。

2. 外购应税消费品后销售

对自己不生产应税消费品，而只是购进后再销售应税消费品的工业企业，其销售的高档化妆品，鞭炮、焰火和珠宝玉石，凡不能构成最终消费品直接进入消费品市场，而需进一步生产加工、包装、贴标的或者组合的珠宝玉石、化妆品、酒、鞭炮、焰火等，应当征收消费税，同时允许扣除上述外购应税消费品的已纳税款。

（二）委托加工收回的应税消费品已纳税款的扣除

委托加工的应税消费品因为已由受托方代收代缴消费税，因此，委托方收回货物后用于连续生产应税消费品的，其已纳税款准予按照规定从连续生产的应税消费品应纳消费税税额中抵扣。按照国家税务总局的规定，下列连续生产的应税消费品准予从应纳消费税税额中按当期生产领用数量计算扣除委托加工收回的应税消费品已纳消费税税款。

（1）以委托加工收回的已税烟丝为原料生产的卷烟。

（2）以委托加工收回的已税高档化妆品为原料生产的高档化妆品。

（3）以委托加工收回的已税珠宝玉石为原料生产的贵重首饰及珠宝玉石。

（4）以委托加工收回的已税鞭炮、焰火为原料生产的鞭炮、焰火。

（5）以委托加工收回的已税杆头、杆身和握把为原料生产的高尔夫球杆。

（6）以委托加工收回的已税木制一次性筷子为原料生产的木制一次性筷子。

（7）以委托加工收回的已税实木地板为原料生产的实木地板。

（8）以委托加工收回的已税汽油、柴油、石脑油、燃料油、润滑油为原料用于连续生产的应税成品油。

上述当期准予扣除委托加工收回的应税消费品已纳消费税税款的计算公式为：

当期准予扣除的委托加工应税消费品已纳税款＝期初库存的委托加工应税消费品已纳税款＋当期收回的委托加工应税消费品已纳税款－期末库存的委托加工应税消费品已纳税款

纳税人以进口、委托加工收回应税油品连续生产应税成品油，分别依据《海关进口消费税专用缴款书》《税收缴款书（代扣代收专用）》，按照现行政策规定计算扣除应税油品已纳消费税税款。

纳税人以外购、进口、委托加工收回的应税消费品（以下简称外购应税消费品）为原料连续生产应税消费品，准予按现行政策规定抵扣外购应税消费品已纳消费税税款。经主管税务机关核实上述外购应税消费品未缴纳消费税的，纳税人应将已抵扣的消费税税款，从核实当月允许抵扣的消费税中冲减。

需要说明的是，纳税人用委托加工收回的已税珠宝、玉石生产的改在零售环节征收消费税的金银首饰，在计税时一律不得扣除委托加工收回的珠宝、玉石的已纳消费税税款。

五、特殊商品及环节应纳消费税的计算

（一）电子烟生产、批发等环节消费税的计算

1. 纳税义务人

在中华人民共和国境内生产（进口）、批发电子烟的单位和个人为消费税纳税人。

2. 适用税率

电子烟实行从价定率的办法计算纳税，生产（进口）环节的税率为36%，批发环节的税率为11%。

3. 计税价格

纳税人生产、批发电子烟的，按照生产、批发电子烟的销售额计算纳税；电子烟生产环节纳税人采用代销方式销售电子烟的，按照经销商（代理商）销售给电子烟批发企业的销售额计算纳税；纳税人进口电子烟的，按照组成计税价格计算纳税。

举例说明：某电子烟消费税纳税人2022年12月生产持有商标的电子烟产品并销售

给电子烟批发企业，不含增值税销售额为 100 万元，该纳税人 2023 年 1 月应申报缴纳电子烟消费税为 36 万元（100×36%）。如果该纳税人委托经销商（代理商）销售同一电子烟产品，经销商（代理商）销售给电子烟批发企业不含增值税销售额为 110 万元，则该纳税人 2023 年 1 月应申报缴纳电子烟消费税为 39.6 万元（110×36%）。

（二）卷烟批发环节应纳消费税的计算

为了适当增加财政收入，完善烟产品消费税制度，自 2009 年 5 月 1 日起，在卷烟批发环节加征一道从价税。自 2015 年 5 月 10 日起，卷烟批发环节税率又有调整。

1. 纳税义务人

在中华人民共和国境内从事卷烟批发业务的单位和个人为消费税纳税人。纳税人销售给纳税人以外的单位和个人的卷烟于销售时纳税。纳税人之间销售的卷烟不缴纳消费税。

2. 征收范围

纳税人批发销售的所有牌号、规格的卷烟。

3. 适用税率

卷烟批发环节实行从价定率和从量定额复合计税办法计征应纳税额，从价税税率 11%，从量税税率 0.005 元/支。

4. 计税依据

纳税人批发卷烟的销售额（不含增值税）、销售数量。

纳税人应将卷烟销售额与其他商品销售额分开核算，未分开核算的，一并征收消费税。纳税人兼营卷烟批发和零售业务的，应当分别核算批发和零售环节的销售额、销售数量；未分别核算批发和零售环节销售额、销售数量的，按照全部销售额、销售数量计征批发环节消费税。

卷烟消费税在生产和批发两个环节征收后，批发企业在计算纳税时不得扣除已含的生产环节的消费税税款。

（三）超豪华小汽车零售环节应纳消费税的计算

为了引导合理消费，促进节能减排，自 2016 年 12 月 1 日起，在生产（进口）环节按现行税率征收消费税的基础上，超豪华小汽车在零售环节加征一道消费税。

1. 征税范围

每辆零售价格 130 万元（不含增值税）及以上的乘用车和中轻型商用客车。

2. 纳税人

将超豪华小汽车销售给消费者的单位和个人为超豪华小汽车零售环节纳税人。

3. 税率

超豪华小汽车零售环节适用税率为 10%。

4. 应纳税额的计算

应纳税额＝零售环节销售额（不含增值税）×零售环节税率

国内汽车生产企业直接销售给消费者的超豪华小汽车，消费税税率按照生产环节税率和零售环节税率加总计算。其消费税应纳税额计算公式为：

应纳税额＝销售额（不含增值税）×（生产环节税率＋零售环节税率）

任务四　消费税的征收管理

一、征税环节

目前，对消费税的征税分布于以下环节。

（一）对生产应税消费品在生产销售环节征税

生产应税消费品销售是消费税征收的主要环节，因为一般情况下，消费税具有单一环节征税的特点，对于大多数消费税应税商品而言，在生产销售环节征税以后，流通环节不再缴纳消费税。纳税人生产应税消费品，除了直接对外销售应征收消费税外，如将生产的应税消费品换取生产资料、消费资料、投资入股、偿还债务，以及用于继续生产应税消费品以外的其他方面都应缴纳消费税。

（二）对委托加工应税消费品在委托加工环节征税

委托加工应税消费品是指委托方提供原料和主要材料，受托方只收取加工费和代垫部分辅助材料加工的应税消费品。由受托方提供原材料或其他情形的一律不能视同加工应税消费品。委托加工的应税消费品收回后，再继续用于生产应税消费品销售且符合现行政策规定的，其加工环节缴纳的消费税税款可以扣除。

（三）对进口应税消费品在进口环节征税

单位和个人进口属于消费税征税范围的货物，在进口环节要缴纳消费税。为了减少征税成本，进口环节缴纳的消费税由海关代征。

（四）对零售特定应税消费品在零售环节征税

经国务院批准，自 1995 年 1 月 1 日起，金银首饰消费税由生产销售环节征收改为零售环节征收。改在零售环节征收消费税的金银首饰仅限于金基、银基合金首饰以及金、银和金基、银基合金的镶嵌首饰，进口环节暂不征收，零售环节适用税率为 5%，在纳税人销售金银首饰、钻石及钻石饰品时征收。其计税依据是不含增值税的销售额。

（五）对移送使用应税消费品在移送使用环节征税

如果企业在生产经营的过程中，将应税消费品移送用于加工非应税消费品，则应对移送部分征收消费税。

（六）对批发卷烟在卷烟的批发环节征税

与其他消费税应税商品不同的是，卷烟除了在生产销售环节征收消费税外，还在批发环节征收一次。

二、纳税义务发生时间

消费税纳税义务发生的时间，以货款结算方式或行为发生时间分别确定。

（1）纳税人销售的应税消费品。

①纳税人采取赊销和分期收款结算方式的，为书面合同约定的收款日期的当天，书面合同没有约定收款日期或者无书面合同的，为发出应税消费品的当天。

②纳税人采取预收货款结算方式的，为发出应税消费品的当天。

③纳税人采取托收承付和委托银行收款方式销售的应税消费品，为发出应税消费品并办妥托收手续的当天。

④纳税人采取其他结算方式的，为收讫销售款或者取得索取销售款凭据的当天。

（2）纳税人自产自用的应税消费品，其纳税义务的发生时间，为移送使用的当天。

（3）纳税人委托加工的应税消费品，其纳税义务的发生时间，为纳税人提货的当天。

（4）纳税人进口的应税消费品，其纳税义务的发生时间，为报关进口的当天。

三、纳税期限

按照《消费税暂行条例》的规定，消费税的纳税期限分别为1日、3日、5日、10日、15日、1个月或者1个季度。纳税人的具体纳税期限，由主管税务机关根据纳税人应纳税额的大小分别核定。不能按照固定期限纳税的，可以按次纳税。

纳税人以1个月或以1个季度为1个纳税期的，自期满之日起15日内申报纳税；以1日、3日、5日、10日或者15日为1个纳税期的，自期满之日起5日内预缴税款，于次月1日起至15日内申报纳税并结清上月应纳税款。

纳税人进口应税消费品，应当自海关填发海关进口消费税专用缴款书之日起15日内缴纳税款。

如果纳税人不能按照规定的纳税期限依法纳税，将按《税收征收管理法》的有关规定处理。

四、纳税地点

纳税人销售的应税消费品，以及自产自用的应税消费品，除国务院财政、税务主管部门另有规定外，应当向纳税人机构所在地或者居住地的主管税务机关申报纳税。

委托加工的应税消费品，除受托方为个人外，由受托方向机构所在地或者居住地的主管税务机关解缴消费税税款。

进口的应税消费品，由进口人或者其代理人向报关地海关申报纳税。

纳税人到外县（市）销售或者委托外县（市）代销自产应税消费品的，于应税消费品销售后，向机构所在地或者居住地主管税务机关申报纳税。

纳税人的总机构与分支机构不在同一县（市），但在同一省（自治区、直辖市）范围内，经省（自治区、直辖市）财政厅（局）、税务局审批同意，可以由总机构汇总向总机构所在地的主管税务机关申报缴纳消费税。省（自治区、直辖市）财政厅（局）、税务局应将审批同意的结果，上报财政部、国家税务总局备案。

任务五　消费税纳税申报

一、消费税纳税申报资料

消费税的纳税人应按条例的有关规定及时办理纳税申报，并如实填写纳税申报表。

消费税及附加税费申报表见表3-4至表3-8。

表3-4　消费税及附加税费申报表

税款所属期：自　　年　　月　　日至　　年　　月　　日

纳税人识别号（统一社会信用代码）：

纳税人名称：　　　　　　　　　　　　　　　　　　　　　　金额单位：人民币元（列至角分）

应税消费品名称＼项目	适用税率		计量单位	本期销售数量	本期销售额	本期应纳税额
	定额税率	比例税率				
	1	2	3	4	5	6=1×4+2×5
合计	—	—	—	—		—

	栏次	本期税费额
本期减（免）税额	7	
期初留抵税额	8	
本期准予扣除税额	9	
本期应扣除税额	10=8+9	
本期实际扣除税额	11[10<（6-7），则为10，否则为6-7]	
期末留抵税额	12=10-11	
本期预缴税额	13	
本期应补（退）税额	14=6-7-11-13	
城市维护建设税本期应补（退）税额	15	
教育费附加本期应补（退）费额	16	
地方教育附加本期应补（退）费额	17	

声明：此表是根据国家税收法律法规及相关规定填写的，本人（单位）对填报内容（及附带资料）的真实性、可靠性、完整性负责。

纳税人（签章）：　　　年　　月　　日

经办人： 经办人身份证号： 代理机构签章： 代理机构统一社会信用代码：	受理人： 受理税务机关（章）： 受理日期：　　年　　月　　日

表3-5 本期准予扣除税额计算表

金额单位：元（列至角分）

准予扣除项目			应税消费品名称		合计
一、本期准予扣除的委托加工应税消费品已纳税款计算			期初库存委托加工应税消费品已纳税款	1	
			本期收回委托加工应税消费品已纳税款	2	
			期末库存委托加工应税消费品已纳税款	3	
			本期领用不准予扣除委托加工应税消费品已纳税款	4	
			本期准予扣除委托加工应税消费品已纳税款	5=1+2-3-4	
	（一）从价计税		期初库存外购应税消费品买价	6	
			本期购进应税消费品买价	7	
			期末库存外购应税消费品买价	8	
			本期领用不准予扣除外购应税消费品买价	9	
			适用税率	10	
二、本期准予扣除的外购应税消费品已纳税款计算			本期准予扣除外购应税消费品已纳税款	11=（6+7-8-9）×10	
	（二）从量计税		期初库存外购应税消费品数量	12	
			本期外购应税消费品数量	13	
			期末库存外购应税消费品数量	14	
			本期领用不准予扣除外购应税消费品数量	15	
			适用税率	16	
			计量单位	17	
			本期准予扣除的外购应税消费品已纳税款	18=（12+13-14-15）×16	
三、本期准予扣除税款合计				19=5+11+18	

表3-6　本期（减）免税额明细表

金额单位：元（列至角分）

项目 应税 消费品名称	减（免）性质代码	减（免）项目名称	减（免）税销售额	适用税率（从价定率）	减（免）税销售数量	适用税率（从量定额）	减（免）税额
1	2	3	4	5	6	7	8 = 4 × 5 + 6 × 7
出口免税	—	—	—	·		—	—
合计	—	—	—	—	—	—	—

表 3-7　本期委托加工收回情况报告表

一、委托加工收回应税消费品代收代缴税款情况

金额单位：元（列至角分）

应税消费品名称	商品和服务税收分类编码	委托加工收回应税消费品数量	委托加工收回应税消费品计税价格	适用税率		受托方已代收代缴的税款	受托方（扣缴义务人）名称	受托方（扣缴义务人）识别号	税收缴款书（代扣代收专用）号码	税收缴款书（代扣代收专用）开具日期
				定额税率	比例税率					
1	2	3	4	5	6	7=3×5+4×6	8	9	10	11

二、委托加工收回应税消费品领用存情况

金额单位：元（列至角分）

应税消费品名称	商品和服务税收分类编码	上期库存数量	本期委托加工收回入库数量	本期委托加工收回直接销售数量	本期委托加工收回用于连续生产数量	本期结存数量
1	2	3	4	5	6	7=3+4-5-6

表3-8 消费税附加税费计算表

金额单位：元（列至角分）

税（费）种	计税（费）依据	税（费）率（%）	本期应纳税（费）额	本期减免税（费）额		本期是否适用增值税小规模纳税人"六税两费"减征政策		本期已缴税（费）额	本期应补（退）税（费）额
	消费税税额			减免性质代码	减免税（费）额	□是 □否 减征比例（%）	减征额		
	1	2	3=1×2	4	5	6	7=（3-5）×6	8	9=3-5-7-8
城市维护建设税									
教育费附加									
地方教育附加									
合计	—	—		—		—			

二、消费税纳税申报举例

【例题 3-8】北京市喜燕酒厂有限公司为一般纳税人，2023 年 1 月发生业务如下：

（1）销售自产的杏花酱香型粮食白酒 2 吨给一级贸易公司甲，开具增值税专用发票注明金额 320000 元。销售自产的杏花酱香型粮食白酒 300 公斤给烟酒专卖店，开具增值税普通发票价税合计金额 67800 元。

（2）用自产的杏花酱香型粮食白酒 500 公斤换取 200 台电饭煲用于春节发放员工福利。

（3）销售 2500 箱（每箱 6 瓶，每瓶 1 斤）六福浓香型薯类白酒，开具增值税普通发票价税合计金额 339000 元，另外收取品牌使用费 20000 元，包装物押金 7000 元，违约金 1250 元。

（4）委托鸿毛酒厂生产高粱白酒 2 吨，原材料成本 100000 元，支付辅材和加工费金额 20000 元，鸿毛酒厂已代扣代缴消费税。委托收回后将 80% 用于加工成药酒 500 箱（每箱 6 瓶，每瓶 1 斤），通过非独立核算门市部销售，每箱不含税价格 500 元。将剩余 20% 用于员工福利。

要求：根据以上业务完成喜燕酒厂 1 月份消费税纳税申报。

【解析】

本例涉及应税消费品白酒（包括粮食白酒和薯类白酒）及其他酒。

1. 填列《消费税及附加税费申报表》

根据《消费税税目、税率（额）表》，在第 1 栏至第 3 栏分别填列"粮食白酒""薯类白酒"和"其他酒"的定额税率、比例税率和计量单位。

第 4 栏"本期销售数量"中：

粮食白酒销售数量 $=2 \times 1000 \times 2 + 300 \times 2 + 500 \times 2 = 5600$（斤）

薯类白酒销售数量 $=2500 \times 6 = 15000$（斤）

其他酒销售数量 $=500 \times 6 \times 1 \div 2 \div 1000 = 1.5$（吨）

第 5 栏"本期销售额"中：

粮食白酒销售额 $=320000 + 67800 \div 1.13 + 67800 \div 1.13 \div 300 \times 500 = 480000$（元）

需要注意的是，以白酒换取电饭煲属于纳税人以应税消费品换取消费资料，应当以纳税人同类应税消费品的最高销售价格作为计税依据计算消费税，故换取电饭煲的白酒计税价格取 160 元（$320000 \div 2 \div 1000$）与 200 元（$67800 \div 1.13 \div 300$）中的较高者。

薯类白酒销售额 $=（339000 + 20000 + 7000 + 1250）\div 1.13 = 325000$（元）

其他酒销售额 $=500 \times 500 = 250000$（元）

第 6 栏"本期应纳税额"中：

粮食白酒应纳税额 $=480000 \times 20\% +（2 \times 1000 \times 2 + 300 \times 2 + 500 \times 2）\times 0.5 = 98800$（元）

薯类白酒应纳税额 $=325000 \times 20\% + 2500 \times 6 \times 0.5 = 72500$（元）

其他酒应纳税额＝250000×10%＝25000（元）

合计应纳税额＝98800+72500+25000＝196300（元）

以委托加工收回的白酒继续加工其他酒，不得扣除委托加工收回时受托方代收代缴的应税消费品，因此，本例中"本期准予扣除税额"为0。

第14栏"本期应补（退）税额"＝196300（元）

2. 填列《消费税附加税费计算表》

打开《消费税附加税费计算表》，第1栏"计税（费）依据"中的消费税税额已由《消费税及附加税费申报表》传递过来，城市维护建设税、教育费附加、地方教育附加的相关信息均已自动计算填列。

3. 确认《消费税及附加税费申报表》

回到《消费税及附加税费申报表》，确认附加税费信息已同步传递，保存后即可申报并缴纳税费。

至此，喜燕酒厂2023年1月的消费税及附加税费申报已完成。申报结果见二维码。

喜燕酒厂申报
结果

项目四 企业所得税

◎ 学习目标

知识目标：

1. 掌握企业所得税的纳税人和征税对象；

2. 了解企业所得税的税率；

3. 熟悉税前扣除原则和范围；

4. 掌握应纳税所得额的确定；

5. 熟悉资产的税务处理；

6. 了解企业所得税的税收优惠。

技能目标：

1. 会计算居民企业的应纳所得税额；

2. 会计算非居民企业的应纳所得税额；

3. 能完成预缴企业所得税的申报。

素养目标：

1. 引导学生关注经济、关注社会，培育家国情怀；

2. 守法经营、诚信纳税，优化营商环境；

3. 树立研发创新意识，增强民族自信与自豪感。

学习导图

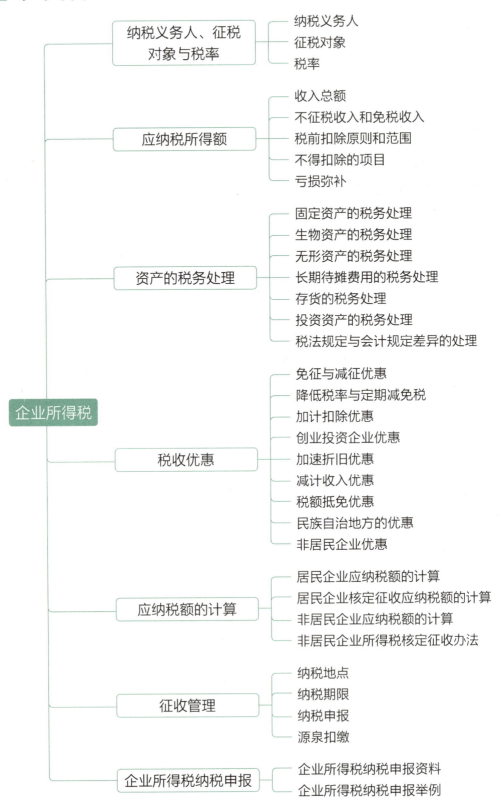

企业所得税

- 纳税义务人、征税对象与税率
  - 纳税义务人
  - 征税对象
  - 税率
- 应纳税所得额
  - 收入总额
  - 不征税收入和免税收入
  - 税前扣除原则和范围
  - 不得扣除的项目
  - 亏损弥补
- 资产的税务处理
  - 固定资产的税务处理
  - 生物资产的税务处理
  - 无形资产的税务处理
  - 长期待摊费用的税务处理
  - 存货的税务处理
  - 投资资产的税务处理
  - 税法规定与会计规定差异的处理
- 税收优惠
  - 免征与减征优惠
  - 降低税率与定期减免税
  - 加计扣除优惠
  - 创业投资企业优惠
  - 加速折旧优惠
  - 减计收入优惠
  - 税额抵免优惠
  - 民族自治地方的优惠
  - 非居民企业优惠
- 应纳税额的计算
  - 居民企业应纳税额的计算
  - 居民企业核定征收应纳税额的计算
  - 非居民企业应纳税额的计算
  - 非居民企业所得税核定征收办法
- 征收管理
  - 纳税地点
  - 纳税期限
  - 纳税申报
  - 源泉扣缴
- 企业所得税纳税申报
  - 企业所得税纳税申报资料
  - 企业所得税纳税申报举例

项目导入

企业所得税法，是指国家制定的用以调整企业所得税征收与缴纳之间权利与义务关系的法律规范。现行企业所得税的基本规范是 2007 年 3 月 16 日第十届全国人民代表大会第五次全体会议通过的《企业所得税法》和 2007 年 11 月 28 日国务院第一百九十七次常务会议通过的《企业所得税法实施条例》。

企业所得税是对我国境内的企业和其他取得收入的组织的生产经营所得和其他所得征收的一种税。企业所得税的作用主要有：促进企业改善经营管理活动，提升企业的盈利能力；调节产业结构，促进经济发展；为国家建设筹集财政资金。

任务实施

任务一　纳税义务人、征税对象与税率

一、纳税义务人

企业所得税的纳税义务人，是指在中华人民共和国境内的企业和其他取得收入的组织。《企业所得税法》第一条规定："在中华人民共和国境内，企业和其他取得收入的组织（以下统称企业）为企业所得税的纳税人，依照本法的规定缴纳企业所得税。个人独资企业、合伙企业不适用本法。"

企业所得概述

企业所得税的纳税人分为居民企业和非居民企业，这是根据企业纳税义务范围的宽窄进行的分类，不同的企业在向中国政府缴纳所得税时，纳税义务不同。把企业分为居民企业和非居民企业，是为了更好地保障我国税收管辖权的有效行使。税收管辖权是一国政府在征税方面的主权，是国家主权的重要组成部分。根据国际上的通行做法，我国选择了地域管辖权和居民管辖权的双重管辖权标准，最大限度地维护我国的税收利益。

（一）居民企业

居民企业，是指依法在中国境内成立，或者依照外国（地区）法律成立但实际管理机构在中国境内的企业。这里的企业包括企业、事业单位、社会团体以及其他取得收入的组织。由于我国的一些社会团体组织、事业单位在完成国家事业计划的过程中，开展多种经营和有偿服务活动，取得除财政部门各项拨款、财政部和国家物价部门批准的各项规费收入以外的经营收入，具有了经营的特点，应当视同企业纳入征税范围。其中，实际管理机构，是指对企业的生产经营、人员、账务、财产等实施实质性全面管理和控制的机构。

（二）非居民企业

非居民企业，是指依照外国（地区）法律成立且实际管理机构不在中国境内，但在中国境内设立机构、场所的，或者在中国境内未设立机构、场所，但有来源于中国境内所得的企业。上述所称机构、场所，是指在中国境内从事生产经营活动的机构、场所，

包括：管理机构、营业机构、办事机构；工厂、农场、开采自然资源的场所；提供劳务的场所；从事建筑、安装、装配、修理、勘探等工程作业的场所；其他从事生产经营活动的机构、场所。

非居民企业委托营业代理人在中国境内从事生产经营活动的，包括委托单位或者个人经常代其签订合同，或者储存、交付货物等，该营业代理人视为非居民企业在中国境内设立的机构、场所。

二、征税对象

企业所得税的征税对象，是指企业的生产经营所得、其他所得和清算所得。

（一）居民企业的征税对象

居民企业应将来源于中国境内、境外的所得作为征税对象。所得包括销售货物所得，提供劳务所得，转让财产所得，股息、红利等权益性投资所得，利息所得，租金所得，特许权使用费所得，接受捐赠所得和其他所得。

（二）非居民企业的征税对象

非居民企业在中国境内设立机构、场所的，应当就其所设机构、场所取得的来源于中国境内的所得，以及发生在中国境外但与其所设机构、场所有实际联系的所得，缴纳企业所得税。非居民企业在中国境内未设立机构、场所的，或者虽设立机构、场所但取得的所得与其所设机构、场所没有实际联系的，应当就其来源于中国境内的所得缴纳企业所得税。

（三）所得来源的确定

（1）销售货物所得，按照交易活动发生地确定。

（2）提供劳务所得，按照劳务发生地确定。

（3）转让财产所得。

①不动产转让所得按照不动产所在地确定。

②动产转让所得按照转让动产的企业或者机构、场所所在地确定。

③权益性投资资产转让所得按照被投资企业所在地确定。

（4）股息、红利等权益性投资所得，按照分配所得的企业所在地确定。

（5）利息所得、租金所得、特许权使用费所得，按照负担、支付所得的企业或者机构、场所所在地确定，或者按照负担、支付所得的个人的住所地确定。

（6）其他所得，由国务院财政、税务主管部门确定。

三、税率

企业所得税税率是体现国家与企业分配关系的核心要素。税率设计的原则是兼顾国家、企业、职工个人三者利益。既要保证财政收入的稳定增长，又要使企业在发展生产、经营方面有一定的财力保证；既要考虑到企业的实际情况和负担能力，又要维护税率的统一性。

企业所得税实行比例税率。比例税率简便易行，透明度高，不会因征税而改变企业间收入分配比例，有利于促进效率的提高。现行规定如下所示。

（一）基本税率为 25%

基本税率适用于居民企业和在中国境内设有机构、场所且所得与机构、场所有关联的非居民企业。现行企业所得税基本税率设定为 25%，既考虑了我国财政承受能力，又考虑了企业负担水平。

（二）低税率为 20%

低税率适用于在中国境内未设立机构、场所的，或者虽设立机构、场所但取得的所得与其所设机构、场所没有实际联系的非居民企业，但实际征税时适用 10% 的税率（在后文税收优惠中有介绍）。

任务二　应纳税所得额

应纳税所得额是企业所得税的计税依据，按照《企业所得税法》的规定，应纳税所得额为企业每一个纳税年度的收入总额，减除不征税收入、免税收入、各项扣除及允许弥补的以前年度亏损后的余额。其基本公式为：

企业所得税应纳税所得额

应纳税所得额＝收入总额－不征税收入－免税收入－各项扣除－允许弥补的以前年度亏损

企业应纳税所得额的计算以权责发生制为原则，属于当期的收入和费用，不论款项是否收付，均作为当期的收入和费用；不属于当期的收入和费用，即使款项已经在当期收付，均不作为当期的收入和费用。应纳税所得额的正确计算直接关系到国家财政收入和企业的税收负担，并且同成本、费用核算关系密切。因此，《企业所得税法》对应纳税所得额计算作出了明确规定，主要内容包括收入总额、不征税收入和免税收入、税前扣除原则和范围、不得扣除的项目、亏损弥补等。

一、收入总额

企业的收入总额包括以货币形式和非货币形式从各种来源取得的收入，具体有：销售货物收入，提供劳务收入，转让财产收入，股息、红利等权益性投资收益，利息收入，租金收入，特许权使用费收入，接受捐赠收入，其他收入。

企业取得收入的货币形式，包括现金、存款、应收账款、应收票据、准备持有至到期的债券投资及债务的豁免等；纳税人以非货币形式取得的收入，包括固定资产、生物资产、无形资产、股权投资、存货、不准备持有至到期的债券投资、劳务及有关权益等。这些非货币资产应当按照公允价值确定收入额，公允价值是指按照市场价格确定的价值。

（一）一般收入的确认

1. 销售货物收入

销售货物收入，是指企业销售商品、产品、原材料、包装物、低值易耗品以及其他存货取得的收入。

2. 提供劳务收入

提供劳务收入，是指企业从事建筑安装、修理修配、交通运输、仓储租赁、金融保险、邮电通信、咨询经纪、文化体育、科学研究、技术服务、教育培训、餐饮住宿、中介代理、卫生保健、社区服务、旅游、娱乐、加工以及其他劳务服务活动取得的收入。

3. 转让财产收入

转让财产收入，是指企业转让固定资产、生物资产、无形资产、股权、债权等财产取得的收入。

4. 股息、红利等权益性投资收益

股息、红利等权益性投资收益，是指企业因权益性投资从被投资方取得的收入。股息、红利等权益性投资收益，除国务院财政、税务主管部门另有规定外，按照被投资方作出利润分配决定的日期确认收入的实现。

5. 利息收入

利息收入，是指企业将资金提供给他人使用但不构成权益性投资，或者因他人占用本企业资金取得的收入，包括存款利息、贷款利息、债券利息、欠款利息等收入。利息收入，按照合同约定的债务人应付利息的日期确认收入的实现。

6. 租金收入

租金收入，是指企业提供固定资产、包装物或者其他有形资产的使用权取得的收入。租金收入按照合同约定的承租人应付租金的日期确认收入的实现。其中，如果交易合同或协议中规定租赁期限跨年度，且租金提前一次性支付的，根据《企业所得税法实施条例》第九条规定的收入与费用配比原则，出租人可对上述已确认的收入，在租赁期内，分期均匀计入相关年度收入。

7. 特许权使用费收入

特许权使用费收入，是指企业提供专利权、非专利技术、商标权、著作权以及其他特许权的使用权取得的收入。特许权使用费收入，按照合同约定的特许权使用人应付特许权使用费的日期确认收入的实现。

8. 接受捐赠收入

接受捐赠收入，是指企业接受的来自其他企业、组织或者个人无偿给予的货币性资产、非货币性资产。接受捐赠收入，按照实际收到捐赠资产的日期确认收入的实现。

9. 其他收入

其他收入，是指企业取得的除以上收入外的其他收入，包括企业资产溢余收入、逾期未退包装物押金收入、确实无法偿付的应付款项、已作坏账损失处理后又收回的应收款项、债务重组收入、补贴收入、违约金收入、汇兑收益等。

（二）特殊收入的确认

以分期收款方式销售货物的，按照合同约定的收款日期确认收入的实现。

企业受托加工制造大型机械设备、船舶，飞机，以及从事建筑、安装、装配工程业务或者提供其他劳务等，持续时间超过 12 个月的，按照纳税年度内完工进度或者完成的工作量确认收入的实现。

采取产品分成方式取得收入的，按照企业分得产品的日期确认收入的实现，其收入额按照产品的公允价值确定。

企业发生非货币性资产交换，以及将货物、财产、劳务用于捐赠、偿债、赞助、集资、广告、样品、职工福利或者利润分配等用途的，应当视同销售货物、转让财产或者提供劳务，但国务院财政、税务主管部门另有规定的除外。

对企业投资者持有 2019—2027 年发行的铁路债券取得的利息收入，减半征收企业所得税。铁路债券是指以中国铁路总公司为发行和偿还主体的债券，包括中国铁路建设债券、中期票据、短期融资券等债务融资工具。

（三）处置资产收入的确认

（1）企业发生下列情形的处置资产，除将资产转移至境外以外，由于资产所有权属在形式和实质上均不发生改变，可作为内部处置资产，不视同销售确认收入，相关资产的计税基础延续计算。

①将资产用于生产、制造、加工另一产品；②改变资产形状、结构或性能；③改变资产用途（如自建商品房转为自用或经营）；④将资产在总机构及其分支机构之间转移；⑤上述两种或两种以上情形的混合；⑥其他不改变资产所有权属的用途。

（2）企业将资产移送他人的下列情形，因资产所有权属已发生改变而不属于内部处置资产，应按规定视同销售确定收入。除另有规定外，应按照被移送资产的公允价值确定销售收入。

①用于市场推广或销售；②用于交际应酬；③用于职工奖励或福利；④用于股息分配；⑤用于对外捐赠；⑥其他改变资产所有权属的用途。

（四）相关收入实现的确认

除《企业所得税法》及《企业所得税法实施条例》关于前述收入的规定外，企业销售收入的确认，必须遵循权责发生制原则和实质重于形式原则。

（1）企业销售商品同时满足下列条件的，应确认收入的实现。

①商品销售合同已经签订，企业已将与商品所有权相关的主要风险和报酬转移给购货方。②企业对已售出的商品既没有保留通常与所有权相联系的继续管理权，也没有实施有效控制。③收入的金额能够可靠地计量。④已发生或将发生的销售方的成本能够可靠地核算。

（2）符合第 1 项收入确认条件，采取下列商品销售方式的，应按以下规定确认收入实现时间。

①销售商品采用托收承付方式的，在办妥托收手续时确认收入。②销售商品采取预收款方式的，在发出商品时确认收入。③销售商品需要安装和检验的，在购买方接受商品及安装和检验完毕时确认收入。如果安装程序比较简单，可在发出商品时确认收入。④销售商品采用支付手续费方式委托代销的，在收到代销清单时确认收入。

（3）采用售后回购方式销售商品的，销售的商品按售价确认收入，回购的商品作为购进商品处理。有证据表明不符合销售收入确认条件的，如以销售商品方式进行融资，收到的款项应确认为负债，回购价格大于原售价的，差额应在回购期间确认为利息费用。

（4）销售商品以旧换新的，销售的商品应当按照销售商品收入确认条件确认收入，回收的商品作为购进商品处理。

（5）企业为促进商品销售而在商品价格上给予的价格扣除属于商业折扣，商品销售涉及商业折扣的，应当按照扣除商业折扣后的金额确定销售商品收入金额。

债权人为鼓励债务人在规定的期限内付款而向债务人提供的债务扣除属于现金折扣，销售商品涉及现金折扣的，应当按扣除现金折扣前的金额确定销售商品收入金额，现金折扣在实际发生时作为财务费用扣除。

企业因售出商品的质量不合格等原因而在售价上给予的减让属于销售折让；企业因售出商品质量、品种不符合要求等原因而发生的退货属于销售退回。企业已经确认销售收入的售出商品发生销售折让和销售退回，应当在发生当期冲减当期销售商品收入。

（6）企业在各个纳税期末，提供劳务交易的结果能够可靠估计的，应采用完工进度（完工百分比）法确认提供劳务收入。

（7）企业以买一赠一等方式组合销售本企业商品的，不属于捐赠，应将总的销售金额按各项商品的公允价值的比例来分摊确认各项的销售收入。

（8）企业取得财产（包括各类资产、股权、债权等）转让收入、债务重组收入、接受捐赠收入、无法偿付的应付款收入等，不论是以货币形式还是非货币形式体现，除另有规定外，均应一次性计入确认收入的年度计算缴纳企业所得税。

二、不征税收入和免税收入

国家为了扶持和鼓励某些特殊的纳税人和特定的项目，或者避免因征税影响企业的正常经营，对企业取得的某些收入予以不征税或免税的特殊政策，或准予抵扣应纳税所得额，或者是对专项用途的资金作为非税收入处理，减轻企业的税负，增加企业可用资金，促进经济的协调发展。

（一）不征税收入

1. 财政拨款

财政拨款，是指各级人民政府对纳入预算管理的事业单位、社会团体等组织拨付的财政资金，但国务院和国务院财政、税务主管部门另有规定的除外。

2. 依法收取并纳入财政管理的行政事业性收费、政府性基金

行政事业性收费是指依照法律法规等有关规定，按照国务院规定程序批准，在实施社会公共管理，以及在向公民、法人或者其他组织提供特定公共服务过程中，向特定对象收取并纳入财政管理的费用。政府性基金，是指企业依照法律、行政法规等有关规定，代政府收取的具有专项用途的财政资金。具体规定如下。

（1）企业按照规定缴纳的、由国务院或财政部批准设立的政府性基金，以及由国务院和省、自治区、直辖市人民政府及其财政、价格主管部门批准设立的行政事业性收费，准予在计算应纳税所得额时扣除。

（2）企业收取的各种基金、收费，应计入企业当年收入总额。

（3）对企业依照法律、法规及国务院有关规定收取并上缴财政的政府性基金和行政事业性收费，准予作为不征税收入，于上缴财政的当年在计算应纳税所得额时从收入总额中减除；未上缴财政的部分，不得从收入总额中减除。

3. 其他不征税收入

国务院规定的其他不征税收入，是指企业取得的，由国务院财政、税务主管部门规定专项用途并经国务院批准的财政性资金。

（二）免税收入

1. 国债利息收入

为鼓励企业积极购买国债，支援国家建设，税法规定，企业因购买国债所得的利息收入，免征企业所得税。但是，企业转让国债，应作为转让财产，其取得的收益（损失）应作为企业应纳税所得额计算纳税。

2. 符合条件的股息、红利等权益性收益

居民企业直接投资于其他居民企业取得的投资收益，免征企业所得税。

在中国境内设立机构、场所的非居民企业从居民企业取得与该机构、场所有实际联系的股息、红利等权益性投资收益，免征企业所得税。该收益不包括连续持有居民企业公开发行并上市流通的股票不足 12 个月取得的投资收益。

3. 符合条件的非营利组织的收入

《企业所得税法》第二十六条第（四）项所称符合条件的非营利组织的收入，不包括非营利组织从事营利性活动取得的收入，但国务院财政、税务主管部门另有规定的除外。非营利组织的下列收入为免税收入。

（1）接受其他单位或者个人捐赠的收入。

（2）除《企业所得税法》第七条规定的财政拨款以外的其他政府补助收入，但不包括因政府购买服务取得的收入。

（3）按照省级以上民政、财政部门规定收取的会费。

（4）不征税收入和免税收入滋生的银行存款利息收入。

（5）财政部、国家税务总局规定的其他收入。

三、税前扣除原则和范围

（一）扣除项目的原则

企业申报的扣除项目和金额要真实、合法。所谓真实，是指能提供有关支出确属已经实际发生的证明；合法，是指符合国家税法的规定，若其他法规规定与税收法规规定不一致，应以税收法规的规定为标准。除税收法规另有规定外，税前扣除一般应遵循以下原则。

（1）权责发生制原则，是指企业费用应在发生的所属期扣除，而不是在实际支付时确认扣除。

（2）配比原则，是指企业发生的费用应当与收入配比扣除。除特殊规定外，企业发生的费用不得提前或滞后申报扣除。

（3）相关性原则，是指企业可扣除的费用从性质和根源上须与取得应税收入直接相关。

（4）确定性原则，是指企业可扣除的费用不论何时支付，其金额必须是确定的。

（5）合理性原则，是指符合生产经营活动常规，应当计入当期损益或者有关资产成本的必要和正常的支出。

（二）扣除项目的范围

《企业所得税法》规定，企业实际发生的与取得收入有关的、合理的支出，包括成本、费用、税金、损失和其他支出，准予在计算应纳税所得额时扣除。在实际中，计算应纳税所得额时还应注意三个方面的内容：第一，企业发生的支出应当区分收益性支出和资本性支出。收益性支出在发生当期直接扣除；资本性支出应当分期扣除或者计入有关资产成本，不得在发生当期直接扣除。第二，企业的不征税收入用于支出所形成的费用或者财产，不得扣除或者计算对应的折旧、摊销扣除。第三，除《企业所得税法》及《企业所得税法实施条例》另有规定外，企业实际发生的成本、费用、税金、损失和其他支出，不得重复扣除。

1. 成本

成本，是指企业在生产经营活动中发生的销售成本、销货成本、业务支出以及其他耗费，即企业销售商品（产品、材料、下脚料、废料、废旧物资等）、提供劳务、转让固定资产、无形资产（包括技术转让）的成本。

2. 费用

费用，是指企业每一个纳税年度为生产、经营商品和提供劳务等所发生的销售（经营）费用、管理费用和财务费用。已经计入成本的有关费用除外。

销售费用，是指应由企业负担的为销售商品而发生的费用，包括广告费、运输费、装卸费、包装费、展览费、保险费、销售佣金（能直接认定的进口佣金调整商品进价成本）、代销手续费、经营性租赁费及销售部门发生的差旅费、工资、福利费等费用。

管理费用，是指企业的行政管理部门为管理组织经营活动提供各项支援性服务而发生的费用。

财务费用，是指企业筹集经营性资金而发生的费用，包括利息净支出、汇兑净损失、金融机构手续费以及其他非资本化支出。

3. 税金

税金，是指企业发生的除企业所得税和允许抵扣的增值税以外的各项税金及其附加，即企业按规定缴纳的消费税、城市维护建设税、关税、资源税、土地增值税、房产税、车船税、城镇土地使用税、印花税、契税、教育费附加、地方教育附加等税金及附加。这些已纳税金准予在税前扣除，准许扣除的方式有两种：一是在发生当期扣除；二是在发生当期计入相关资产的成本中，在以后各期分摊扣除。

4. 损失

损失，是指企业在生产经营活动中发生的固定资产和存货的盘亏、毁损、报废损失，转让财产损失，呆账损失，坏账损失，自然灾害等不可抗力因素造成的损失以及其他损失。企业发生的损失，减除责任人赔偿和保险赔款后的余额，依照国务院财政、税务主管部门的规定扣除。

企业已经作为损失处理的资产，在以后纳税年度又全部收回或者部分收回时，应当计入当期收入。

5. 其他支出

其他支出，是指除成本、费用、税金、损失外，企业在生产经营活动中发生的与生产经营活动有关的、合理的支出。

（三）扣除项目及其标准

在计算应纳税所得额时，下列项目可按照实际发生额或规定的标准扣除。

1. 工资、薪金支出

企业发生的合理的工资、薪金支出准予据实扣除。工资、薪金支出是企业每一纳税年度支付给本企业任职或与其有雇佣关系的员工的所有现金或非现金形式的劳动报酬，包括基本工资、奖金、津贴、补贴、年终加薪、加班工资，以及与任职或者是受雇有关的其他支出。

2. 职工福利费、工会经费、职工教育经费

企业发生的职工福利费、工会经费、职工教育经费按标准扣除，未超过标准的按实际数扣除，超过标准的只能按标准扣除。

（1）企业发生的职工福利费支出，不超过工资、薪金总额14%的部分准予扣除。

企业职工福利费，包括以下内容：

①尚未实行分离办社会职能的企业，其内设福利部门所发生的设备、设施和人员费用，包括职工食堂、职工浴室、理发室、医务所、托儿所、疗养院等集体福利部门的设

备、设施及维修保养费用和福利部门工作人员的工资、薪金，社会保险费，住房公积金，劳务费等。

②为职工卫生保健、生活、住房、交通等所发放的各项补贴和非货币性福利，包括企业向职工发放的因公外地就医费用、未实行医疗统筹企业职工医疗费用、职工供养直系亲属医疗补贴、供暖费补贴、职工防暑降温费、职工困难补贴、救济费、职工食堂经费补贴、职工交通补贴等。

③按照其他规定发生的其他职工福利费，包括丧葬补助费、抚恤费、安家费、探亲假路费等。

（2）企业拨缴的工会经费，不超过工资、薪金总额2%的部分准予扣除。

（3）除国务院财政、税务主管部门另有规定外，企业发生的职工教育经费支出，自2018年1月1日起不超过工资、薪金总额8%的部分，准予在计算企业所得税应纳税所得额时扣除；超过部分，准予在以后纳税年度结转扣除。

软件生产企业发生的职工教育经费中的职工培训费用，根据《财政部国家税务总局关于企业所得税若干优惠政策的通知》（财税〔2012〕27号）规定，可以全额在企业所得税税前扣除。软件生产企业应准确划分职工教育经费中的职工培训费支出，对于不能准确划分的，以及准确划分后职工教育经费中扣除职工培训费用的余额，一律按照工资、薪金总额8%的比例扣除。

3. 社会保险费

企业依照国务院有关主管部门或者省级人民政府规定的范围和标准为职工缴纳的五险一金，即基本养老保险费、基本医疗保险费、失业保险费、工伤保险费、生育保险费等基本社会保险费和住房公积金，准予扣除。

自2008年1月1日起，企业根据国家有关政策规定，为在本企业任职或者受雇的全体员工支付的补充养老保险费、补充医疗保险费，分别在不超过职工工资总额5%标准内的部分，在计算应纳税所得额时准予扣除，超过的部分，不予扣除。

4. 利息费用

非金融企业向金融企业借款的利息支出、金融企业的各项存款利息支出和同业拆借利息支出、企业经批准发行债券的利息支出可据实扣除。

非金融企业向非金融企业借款的利息支出，不超过按照金融企业同期同类贷款利率计算的数额的部分可据实扣除，超过部分不予扣除。

5. 借款费用

企业在生产经营活动中发生的合理的不需要资本化的借款费用，准予扣除。

企业为购置、建造固定资产、无形资产和经过12个月以上的建造才能达到预定可销售状态的存货发生借款的，在有关资产购置、建造期间发生的合理的借款费用，应予以资本化，作为资本性支出计入有关资产的成本；有关资产交付使用后发生的借款利息，可在发生当期扣除。

企业通过发行债券、取得贷款、吸收保户储金等方式融资而发生的合理的费用支出，符合资本化条件的，应计入相关资产成本；不符合资本化条件的，应作为财务费用，准予在企业所得税税前据实扣除。

6. 汇兑损失

企业在货币交易中，以及纳税年度终了时将人民币以外的货币性资产、负债按照期末即期人民币汇率中间价折算为人民币时产生的汇兑损失，除已经计入有关资产成本，以及与向所有者进行利润分配相关的部分外，准予扣除。

7. 业务招待费

企业发生的与生产经营活动有关的业务招待费支出，按照发生额的60%扣除，但最高不得超过当年销售（营业）收入的5‰。

对从事股权投资业务的企业（包括集团公司总部、创业投资企业等），其从被投资企业所分配的股息、红利及股权转让收入，可以按规定的比例计算业务招待费扣除限额。

企业在筹建期间，发生的与筹办活动有关的业务招待费支出，可按实际发生额的60%计入企业筹办费，并按有关规定在税前扣除。

8. 广告费和业务宣传费

企业发生的符合条件的广告费和业务宣传费支出，除国务院财政、税务主管部门另有规定外，不超过当年销售（营业）收入15%的部分，准予扣除；超过部分，准予结转以后纳税年度扣除。

自2021年1月1日起至2025年12月31日止，对化妆品制造或销售、医药制造和饮料制造（不含酒类制造）企业发生的广告费和业务宣传费支出，不超过当年销售（营业）收入30%的部分，准予扣除；超过部分，准予在以后纳税年度结转扣除。

企业在筹建期间，发生的广告费和业务宣传费，可按实际发生额计入企业筹办费，并按上述规定在税前扣除。

烟草企业的烟草广告费和业务宣传费支出，一律不得在计算应纳税所得额时扣除。

9. 环境保护专项资金

企业依照法律、行政法规有关规定提取的用于环境保护、生态恢复等方面的专项资金，准予扣除。上述专项资金提取后改变用途的，不得扣除。

10. 保险费

企业参加财产保险，按照规定缴纳的保险费，准予扣除。

除企业依照国家有关规定为特殊工种职工支付的人身安全保险费和国务院财政、税务主管部门规定可以扣除的其他商业保险费外，企业为投资者或者职工支付的商业保险费，不得扣除。

企业参加雇主责任险、公众责任险等责任保险，按照规定缴纳的保险费，准予在企业所得税税前扣除。

企业职工因公出差乘坐交通工具发生的人身意外保险费支出，准予企业在计算应纳税所得额时扣除。

11. 租赁费

企业根据生产经营活动的需要租入固定资产支付的租赁费，按照以下方法扣除。

（1）以经营租赁方式租入固定资产发生的租赁费支出，按照租赁期限均匀扣除。经营性租赁是指所有权不转移的租赁。

（2）以融资租赁方式租入固定资产发生的租赁费支出，按照规定构成融资租入固定资产价值的部分应当提取折旧费用，分期扣除。融资租赁是指在实质上转移与一项资产所有权有关的全部风险和报酬的一种租赁。

12. 劳动保护费

企业发生的合理的劳动保护支出，准予扣除。自 2011 年 7 月 1 日起，企业根据其工作性质和特点，由企业统一制作并要求员工工作时统一着装所发生的工作服饰费用，根据《企业所得税法实施条例》第二十七条的规定，可以作为企业合理的支出给予税前扣除。

13. 公益性捐赠支出

公益性捐赠，是指企业通过公益性社会团体或者县级（含县级）以上人民政府及其部门，用于《中华人民共和国公益事业捐赠法》（以下简称《公益事业捐赠法》）规定的公益事业的捐赠。

企业发生的公益性捐赠支出，不超过年度利润总额 12% 的部分，准予扣除。超过年度利润总额 12% 的部分，准予以后 3 年内在计算应纳税所得额时结转扣除。年度利润总额，是指企业依照国家统一会计制度的规定计算的年度会计利润。

企业发生的公益性捐赠支出未在当年税前扣除的部分，自 2017 年 1 月 1 日起准予向以后年度结转扣除，但结转年限自捐赠发生年度的次年起计算最长不得超过 3 年。企业在对公益性捐赠支出计算扣除时，应先扣除以前年度结转的捐赠支出，再扣除当年发生的捐赠支出。

自 2019 年 1 月 1 日至 2025 年 12 月 31 日，企业通过公益性社会组织或者县级（含县级）以上人民政府及其组成部门和直属机构，用于目标脱贫地区的扶贫捐赠支出，准予在计算企业所得税应纳税所得额时据实扣除。在政策执行期限内，目标脱贫地区实现脱贫的，可继续适用上述政策。"目标脱贫地区"包括 832 个国家扶贫开发工作重点县、集中连片特困地区县（新疆阿克苏地区 6 县 1 市享受片区政策）和建档立卡贫困村。

企业同时发生扶贫捐赠支出和其他公益性捐赠支出，在计算公益性捐赠支出年度扣除限额时，符合上述条件的扶贫捐赠支出不计算在内。

14. 有关资产的费用

企业转让各类固定资产发生的费用，允许扣除。企业按规定计算的固定资产折旧费、无形资产和长期待摊费用的摊销费，准予扣除。

15. 总机构分摊的费用

非居民企业在中国境内设立的机构、场所，就其中国境外总机构发生的与该机构、场所生产经营有关的费用，能够提供总机构出具的费用汇集范围、定额、分配依据和方法等证明文件，并合理分摊的，准予扣除。

16. 资产损失

企业向税务机关申报扣除资产损失，仅需填报企业所得税年度纳税申报表《资产损失税前扣除及纳税调整明细表》，不再报送资产损失相关资料，相关资料由企业留存备查。

17. 手续费及佣金支出

（1）企业发生的与生产经营有关的手续费及佣金支出，不超过以下规定计算限额以内的部分，准予扣除；超过部分，不得扣除。

①保险企业，自 2019 年 1 月 1 日起，发生与其经营活动有关的手续费及佣金支出，不超过当年全部保费收入扣除退保金等后余额的 18%（含本数）的部分，在计算应纳税所得额时准予扣除；超过部分，允许结转以后年度扣除。

②其他企业，按与具有合法经营资格中介服务机构或个人（不含交易双方及其雇员、代理人和代表人等）所签订服务协议或合同确认的收入金额的 5% 计算限额。

（2）企业应与具有合法经营资格的中介服务企业或个人签订代办协议或合同，并按国家有关规定支付手续费及佣金。除委托个人代理外，企业以现金等非转账方式支付的手续费及佣金不得在税前扣除。企业为发行权益性证券支付给有关证券承销机构的手续费及佣金不得在税前扣除。

（3）企业不得将手续费及佣金支出计入回扣、业务提成、返利、进场费等费用。

（4）企业已计入固定资产、无形资产等相关资产的手续费及佣金支出，应当通过折旧、摊销等方式分期扣除，不得在发生当期直接扣除。

（5）企业支付的手续费及佣金不得直接冲减服务协议或合同金额，并如实入账。

（6）从事代理服务、主营业务收入为手续费、佣金的企业（如证券、期货、保险代理等企业），其为取得该类收入而实际发生的营业成本（包括手续费及佣金支出），准予在企业所得税税前据实扣除。

18. 其他支出项目

依照有关法律、行政法规和国家有关税法规定准予扣除的其他项目。如会员费、合理的会议费、差旅费、违约金、诉讼费用等。

四、不得扣除的项目

在计算应纳税所得额时，下列支出不得扣除。

（1）向投资者支付的股息、红利等权益性投资收益款项。

（2）企业所得税税款。

（3）税收滞纳金，是指纳税人违反税收法规，被税务机关处以的滞纳金。

（4）罚金、罚款和被没收财物的损失，是指纳税人违反国家有关法律、法规规定，被有关部门处以的罚款，以及被司法机关处以的罚金和被没收的财物。

（5）超过规定标准的捐赠支出。

（6）赞助支出，是指企业发生的与生产经营活动无关的各种非广告性质支出。

（7）未经核定的准备金支出，是指不符合国务院财政、税务主管部门规定的各项资产减值准备、风险准备等准备金支出。

（8）企业之间支付的管理费、企业内营业机构之间支付的租金和特许权使用费，以及非银行企业内营业机构之间支付的利息。

（9）与取得收入无关的其他支出。

五、亏损弥补

亏损，是指企业依照《企业所得税法》及《企业所得税法实施条例》的规定，将每一纳税年度的收入总额减除不征税收入、免税收入和各项扣除后小于零的数额。税法规定，企业某一纳税年度发生的亏损可以用下一年度的所得弥补，下一年度的所得不足以弥补的，可以逐年延续弥补，但最长不得超过5年。但是，企业在汇总计算缴纳企业所得税时，其境外营业机构的亏损不得抵减境内营业机构的盈利。

自2018年1月1日起，当年具备高新技术企业或科技型中小企业资格（以下统称资格）的企业，其具备资格年度之前5个年度发生的尚未弥补完的亏损，准予结转以后年度弥补，最长结转年限由5年延长至10年。

企业筹办期间不计算为亏损年度，企业自开始生产经营的年度，为开始计算企业损益的年度。企业从事生产经营之前进行筹办活动期间发生的筹办费用支出，不得计算为当期的亏损，企业可以在开始经营之日的当年一次性扣除，也可以按照税法有关长期待摊费用的规定处理，但一经选定，不得改变。

任务三 资产的税务处理

资产是由于资本投资而形成的财产，对于资本性支出以及无形资产受让、开办、开发费用，不允许作为成本、费用从纳税人的收入总额中一次性扣除，只能采取分次计提折旧或分次摊销的方式予以扣除。即纳税人经营活动中使用的固定资产的折旧费用、无形资产和长期待摊费用的摊销费用可以扣除。税法规定，纳入税务处理范围的资产形式主要有固定资产、生物资产、无形资产、长期待摊费用、投资资产、存货等，均以历史成本为计税基础。历史成本是指企业取得该项资产时实际发生的支出。企业持有各项资产期间资产增值或者减值，除国务院财政、税务主管部门规定可以确认损益外，不得调整该资产的计税基础。

一、固定资产的税务处理

固定资产，是指企业为生产产品、提供劳务、出租或者经营管理而持有的、使用时间超过 12 个月的非货币性资产，包括房屋、建筑物、机器、机械、运输工具以及其他与生产经营活动有关的设备、器具、工具等。

（一）固定资产计税基础

外购的固定资产，以购买价款和支付的相关税费以及直接归属于使该资产达到预定用途发生的其他支出为计税基础。

自行建造的固定资产，以竣工结算前发生的支出为计税基础。

融资租入的固定资产，以租赁合同约定的付款总额和承租人在签订租赁合同过程中发生的相关费用为计税基础。租赁合同未约定付款总额的，以该资产的公允价值和承租人在签订租赁合同过程中发生的相关费用为计税基础。

盘盈的固定资产，以同类固定资产的重置完全价值为计税基础。

通过捐赠、投资、非货币性资产交换、债务重组等方式取得的固定资产，以该资产的公允价值和支付的相关税费为计税基础。

改建的固定资产，除已足额提取折旧的固定资产和租入的固定资产以外的其他固定资产，以改建过程中发生的改建支出增加计税基础。

（二）固定资产折旧的范围

在计算应纳税所得额时，企业按照规定计算的固定资产折旧，准予扣除。下列固定资产不得计算折旧扣除。

（1）房屋、建筑物以外未投入使用的固定资产。

（2）以经营租赁方式租入的固定资产。

（3）以融资租赁方式租出的固定资产。

（4）已足额提取折旧仍继续使用的固定资产。

（5）与经营活动无关的固定资产。

（6）单独估价作为固定资产入账的土地。

（7）其他不得计算折旧扣除的固定资产。

（三）固定资产折旧的计提方法

企业应当自固定资产投入使用月份的次月起计算折旧；停止使用的固定资产，应当自停止使用月份的次月起停止计算折旧。

企业应当根据固定资产的性质和使用情况，合理确定固定资产的预计净残值。固定资产的预计净残值一经确定，不得变更。

固定资产按照直线法计算的折旧，准予扣除。

（四）固定资产折旧的计提年限

除国务院财政、税务主管部门另有规定外，固定资产计算折旧的最低年限如下。

（1）房屋、建筑物，为 20 年。

（2）飞机、火车、轮船、机器、机械和其他生产设备，为10年。

（3）与生产经营活动有关的器具、工具、家具等，为5年。

（4）飞机、火车、轮船以外的运输工具，为4年。

（5）电子设备，为3年。

从事开采石油、天然气等矿产资源的企业，在开始进行商业性生产前发生的费用和有关固定资产的折耗、折旧方法，由国务院财政、税务主管部门另行规定。

（五）固定资产折旧的处理

企业固定资产会计折旧年限如果短于税法规定的最低折旧年限，其按会计折旧年限计提的折旧高于按税法规定的最低折旧年限计提的折旧部分，应调增当期应纳税所得额；企业固定资产会计折旧年限已期满且会计折旧已提足，但税法规定的最低折旧年限尚未到期且税收折旧尚未足额扣除，其未足额扣除的部分准予在剩余的税收折旧年限继续按规定扣除。

企业固定资产会计折旧年限如果长于税法规定的最低折旧年限，其折旧应按会计折旧年限计算扣除，税法另有规定的除外。

企业按会计规定提取的固定资产减值准备，不得税前扣除，其折旧仍按税法确定的固定资产计税基础计算扣除。

企业按税法规定实行加速折旧的，其按加速折旧办法计算的折旧额可全额在税前扣除。

（六）固定资产改扩建的税务处理

自2011年7月1日起，企业对房屋、建筑物等固定资产在未足额提取折旧前进行改扩建的，如属于推倒重置的，该资产原值减除提取折旧后的净值，应并入重置后的固定资产计税成本，并在该固定资产投入使用后的次月起，按照税法规定的折旧年限，一并计提折旧；如属于提升功能、增加面积的，该固定资产的改扩建支出，应并入该固定资产计税基础，并从改扩建完工投入使用后的次月起，重新按税法规定的该固定资产折旧年限计提折旧，如该改扩建后的固定资产尚可使用的年限低于税法规定的最低年限的，可以按尚可使用的年限计提折旧。

二、生物资产的税务处理

生物资产，是指有生命的动物和植物。生物资产分为消耗性生物资产、生产性生物资产和公益性生物资产。消耗性生物资产，是指为出售而持有的或在将来收获为农产品的生物资产，包括生长中的农田作物、蔬菜、用材林及存栏待售的牲畜等。生产性生物资产，是指为产出农产品、提供劳务或出租等目的而持有的生物资产，包括经济林、薪炭林、产畜和役畜等。公益性生物资产，是指以防护、环境保护为主要目的的生物资产，包括防风固沙林、水土保持林和水源涵养林等。

（一）生物资产的计税基础

外购的生产性生物资产，以购买价款和支付的相关税费为计税基础。

通过捐赠、投资、非货币性资产交换、债务重组等方式取得的生产性生物资产，以该资产的公允价值和支付的相关税费为计税基础。

（二）生物资产的折旧方法和折旧年限

生产性生物资产按照直线法计算的折旧，准予扣除。企业应当自生产性生物资产投入使用月份的次月起计算折旧；停止使用的生产性生物资产，应当自停止使用月份的次月起停止计算折旧。

企业应当根据生产性生物资产的性质和使用情况，合理确定生产性生物资产的预计净残值。生产性生物资产的预计净残值一经确定，不得变更。

生产性生物资产计算折旧的最低年限如下。

（1）林木类生产性生物资产，为10年。

（2）畜类生产性生物资产，为3年。

三、无形资产的税务处理

无形资产，是指企业长期使用，但没有实物形态的资产，包括专利权、商标权、著作权、土地使用权、非专利技术、商誉等。

（一）无形资产的计税基础

外购的无形资产，以购买价款和支付的相关税费及直接归属于使该资产达到预定用途发生的其他支出为计税基础。

自行开发的无形资产，以开发过程中该资产符合资本化条件后至达到预定用途前发生的支出为计税基础。

通过捐赠、投资、非货币性资产交换、债务重组等方式取得的无形资产，以该资产的公允价值和支付的相关税费为计税基础。

（二）无形资产摊销的范围

在计算应纳税所得额时，企业按照规定计算的无形资产摊销费用，准予扣除。下列无形资产不得计算摊销费用扣除。

（1）自行开发的支出已在计算应纳税所得额时扣除的无形资产。

（2）自创商誉。

（3）与经营活动无关的无形资产。

（4）其他不得计算摊销费用扣除的无形资产。

（三）无形资产的摊销方法及年限

无形资产的摊销，采取直线法计算。

无形资产的摊销年限不得低于10年。作为投资或者受让的无形资产，有关法律规定或者合同约定了使用年限的，可以按照规定或者约定的使用年限分期摊销。

外购商誉的支出，在企业整体转让或者清算时，准予扣除。

四、长期待摊费用的税务处理

长期待摊费用，是指企业发生的应在1个年度以上或几个年度进行摊销的费用。在计算应纳税所得额时，企业发生的下列支出作为长期待摊费用，按照规定摊销的，准予扣除。

（1）已足额提取折旧的固定资产的改建支出。

（2）租入固定资产的改建支出。

（3）固定资产的大修理支出。

（4）其他应当作为长期待摊费用的支出。

企业的固定资产修理支出可在发生当期直接扣除。

企业的固定资产改良支出，如果有关固定资产尚未提足折旧，可增加固定资产价值；如果有关固定资产已提足折旧，可作为长期待摊费用，在规定的期间内平均摊销。

固定资产的改建支出，是指改变房屋或者建筑物结构、延长使用年限等发生的支出。已足额提取折旧的固定资产的改建支出，按照固定资产预计尚可使用年限分期摊销；租入固定资产的改建支出，按照合同约定的剩余租赁期限分期摊销；改建的固定资产延长使用年限的，除已足额提取折旧的固定资产、租入固定资产的改建支出外，其他的固定资产发生改建支出，应当适当延长折旧年限。

大修理支出，按照固定资产尚可使用年限分期摊销。

《企业所得税法》所指固定资产的大修理支出，是指同时符合下列条件的支出。

（1）修理支出达到取得固定资产时的计税基础50%以上；

（2）修理后固定资产的使用年限延长2年以上。

其他应当作为长期待摊费用的支出，自支出发生月份的次月起，分期摊销，摊销年限不得低于3年。

五、存货的税务处理

存货，是指企业持有以备出售的产品或者商品、处在生产过程中的在产品、在生产或者提供劳务过程中耗用的材料和物料等。

（一）存货的计税基础

通过支付现金方式取得的存货，以购买价款和支付的相关税费为成本。

通过支付现金以外的方式取得的存货，以该存货的公允价值和支付的相关税费为成本。

生产性生物资产收获的农产品，以产出或者采收过程中发生的材料费、人工费和分摊的间接费用等必要支出为成本。

（二）存货的成本计算方法

企业使用或者销售的存货的成本计算方法，可以在先进先出法、加权平均法、个别计价法中选用一种。计价方法一经选用，不得随意变更。

企业转让以上资产，在计算企业应纳税所得额时，资产的净值允许扣除。其中，资产的净值是指有关资产、财产的计税基础减除已经按照规定扣除的折旧、折耗、摊销、准备金等后的余额。

除国务院财政、税务主管部门另有规定外，企业在重组过程中，应当在交易发生时确认有关资产的转让所得或者损失，相关资产应当按照交易价格重新确定计税基础。

六、投资资产的税务处理

投资资产，是指企业对外进行权益性投资和债权性投资而形成的资产。

（一）投资资产的成本

通过支付现金方式取得的投资资产，以购买价款为成本。

通过支付现金以外的方式取得的投资资产，以该资产的公允价值和支付的相关税费为成本。

（二）投资资产成本的扣除方法

企业对外投资期间，投资资产的成本在计算应纳税所得额时不得扣除，企业在转让或者处置投资资产时，投资资产的成本准予扣除。

（三）投资企业撤回或减少投资的税务处理

自 2011 年 7 月 1 日起，投资企业从被投资企业撤回或减少投资，其取得的资产中，相当于初始出资的部分，应确认为投资收回；相当于被投资企业累计未分配利润和累计盈余公积按减少实收资本比例计算的部分，应确认为股息所得；其余部分确认为投资资产转让所得。

被投资企业发生的经营亏损，由被投资企业按规定结转弥补。投资企业不得调整减低其投资成本，也不得将其确认为投资损失。

七、税法规定与会计规定差异的处理

税法规定与会计规定差异的处理，是指在计算应纳税所得额时，企业会计规定与税法规定不一致的，应当依照税法规定予以调整。即企业在平时进行会计核算时，可以按会计制度的有关规定进行账务处理，但在申报纳税时，对税法规定和会计制度规定有差异的，要按税法的规定进行纳税调整。

根据《企业所得税法》第二十一条的规定，对企业依据财务会计制度规定，并实际在财务会计处理上已确认的支出，凡没有超过《企业所得税法》和有关税收法规规定的税前扣除范围和标准的，可按企业实际会计处理确认的支出，在企业所得税税前扣除，计算其应纳税所得额。

任务四　税收优惠

税收优惠，是指国家对某一部分特定企业和课税对象给予减轻或免除税收负担的一种措施。税法规定的企业所得税的税收优惠方式包括免税、减税、加计扣除、加速折旧、减计收入、税额抵免等。

一、免征与减征优惠

企业的下列所得，可以免征或减征企业所得税。企业如果从事国家限制和禁止发展的项目，不得享受企业所得税优惠。

（一）从事农、林、牧、渔业项目的所得

企业从事农、林、牧、渔业项目的所得，包括免征和减征两部分。

1. 企业从事下列项目的所得，免征企业所得税

（1）蔬菜、谷物、薯类、油料、豆类、棉花、麻类、糖料、水果、坚果的种植。

（2）农作物新品种的选育。

（3）中药材的种植。

（4）林木的培育和种植。

（5）牲畜、家禽的饲养。

（6）林产品的采集。

（7）灌溉、农产品初加工、兽医、农技推广、农机作业和维修等农、林、牧、渔服务业项目。

（8）远洋捕捞。

2. 企业从事下列项目的所得，减半征收企业所得税

（1）花卉、茶及其他饮料作物和香料作物的种植。

（2）海水养殖、内陆养殖。

（二）从事国家重点扶持的公共基础设施项目投资经营的所得

《企业所得税法》所称国家重点扶持的公共基础设施项目，是指《公共基础设施项目企业所得税优惠目录》规定的港口码头、机场、铁路、公路、城市公共交通、电力、水利等项目。

企业从事国家重点扶持的公共基础设施项目的投资经营的所得，自项目取得第一笔生产经营收入所属纳税年度起，第1年至第3年免征企业所得税，第4年至第6年减半征收（以下简称"三免三减半"）企业所得税。

企业承包经营、承包建设和内部自建自用上述规定的项目，不得享受上述规定的企业所得税优惠。

（三）从事符合条件的环境保护、节能节水项目的所得

环境保护、节能节水项目的所得，自项目取得第一笔生产经营收入所属纳税年度

起，享受企业所得税"三免三减半"优惠。

符合条件的环境保护、节能节水项目，包括公共污水处理、公共垃圾处理、沼气综合开发利用、节能减排技术改造、海水淡化等。项目的具体条件和范围由国务院财政、税务主管部门同国务院有关部门制定，报国务院批准后公布施行。

但是以上规定享受减免税优惠的项目，在减免税期限内转让的，受让方自受让之日起，可以在剩余期限内享受规定的减免税优惠；减免税期限届满后转让的，受让方不得就该项目重复享受减免税优惠。

（四）符合条件的技术转让所得

《企业所得税法》所称符合条件的技术转让所得免征、减征企业所得税，是指一个纳税年度内，居民企业转让技术所得不超过 500 万元的部分，免征企业所得税；超过 500 万元的部分，减半征收企业所得税。

技术转让中所称技术的范围，包括居民企业转让专利技术、计算机软件著作权、集成电路布图设计权、植物新品种、生物医药新品种、5 年（含）以上非独占许可使用权，以及财政部和国家税务总局确定的其他技术。

二、降低税率与定期减免税

（一）高新技术企业

国家需要重点扶持的高新技术企业减按 15% 的税率征收企业所得税。

（二）技术先进型服务企业

自 2017 年 1 月 1 日起，在全国范围内对经认定的技术先进型服务企业，减按 15% 的税率征收企业所得税。

（三）小型微利企业

对小型微利企业减按 25% 计算应纳税所得额，按 20% 的税率缴纳企业所得税。该政策延续执行至 2027 年 12 月 31 日。小型微利企业无论按查账征收方式还是按核定征收方式缴纳企业所得税，均可享受该优惠政策。

小型微利企业是指从事国家非限制和禁止行业，且同时符合年度应纳税所得额不超过 300 万元、从业人数不超过 300 人、资产总额不超过 5000 万元三个条件的企业。

从业人数，包括与企业建立劳动关系的职工人数和企业接受的劳务派遣用工人数。所称从业人数和资产总额指标，应按企业全年的季度平均值确定。具体计算公式如下：

季度平均值＝（季初值＋季末值）÷2

全年季度平均值＝全年各季度平均值之和÷4

年度中间开业或者终止经营活动的，以其实际经营期作为一个纳税年度确定上述相关指标。

三、加计扣除优惠

加计扣除是指对企业支出项目按规定的比例给予税前扣除的基础上再给予追加扣除。

（一）研究开发费用加计扣除

企业为开发新技术、新产品、新工艺发生的研究开发费用，未形成无形资产计入当期损益的，在按照规定据实扣除的基础上，再按照研究开发费用的50%加计扣除；形成无形资产的，按照无形资产成本的150%摊销。适用这一政策的企业是指除制造业以外的企业，且不属于烟草制造业、住宿和餐饮业、批发和零售业、房地产业、租赁和商务服务业、娱乐业。

制造业企业开展研发活动中实际发生的研发费用，未形成无形资产计入当期损益的，在按规定据实扣除的基础上，自2023年1月1日起，再按照实际发生额的100%在税前加计扣除；形成无形资产的，自2023年1月1日起，按照无形资产成本的200%在税前摊销。

（二）企业安置残疾人员所支付工资加计扣除

企业安置残疾人员所支付工资费用的加计扣除，是指企业安置残疾人员的，在按照支付给残疾职工工资据实扣除的基础上，按照支付给残疾职工工资的100%加计扣除。企业安置国家鼓励安置的其他就业人员所支付的工资的加计扣除办法，由国务院另行规定。

四、创业投资企业优惠

创业投资企业优惠，是指创业投资企业采取股权投资方式直接投资于初创科技型企业满2年的，可以按照其投资额的70%在股权持有满2年的当年抵扣该创业投资企业的应纳税所得额；当年不足抵扣的，可以在以后纳税年度结转抵扣。

五、加速折旧优惠

企业的固定资产由于技术进步等原因，确需加速折旧的，可以缩短折旧年限或者采取加速折旧的方法。可采用以上折旧方法的固定资产是指：

（1）由于技术进步，产品更新换代较快的固定资产。

（2）常年处于强震动、高腐蚀状态的固定资产。

采取缩短折旧年限方法的，最低折旧年限不得低于税法规定折旧年限的60%；采取加速折旧方法的，可以采取双倍余额递减法或者年数总和法。

企业在2018年1月1日至2027年12月31日期间新购进的设备、器具（指除房屋、建筑物以外的固定资产），单位价值不超过500万元的，允许一次性计入当期成本费用在计算应纳税所得额时扣除，不再分年度计算折旧。

六、减计收入优惠

企业综合利用资源，生产符合国家产业政策规定的产品所取得的收入，可以在计算应纳税所得额时减计收入。

减计收入，是指企业以《资源综合利用企业所得税优惠目录》规定的资源作为主要原材料，生产国家非限制和禁止并符合国家和行业相关标准的产品取得的收入，减按90%计入收入总额。

七、税额抵免优惠

税额抵免，是指企业购置并实际使用《环境保护专用设备企业所得税优惠目录（2017年版）》《节能节水专用设备企业所得税优惠目录（2017年版）》《安全生产专用设备企业所得税优惠目录》规定的环境保护、节能节水、安全生产等专用设备的，该专用设备的投资额的10%可以从企业当年的应纳税额中抵免；当年不足抵免的，可以在以后5个纳税年度结转抵免。

八、民族自治地方的优惠

民族自治地方的自治机关对本民族自治地方的企业应缴纳的企业所得税中属于地方分享的部分，可以决定减征或者免征。自治州、自治县决定减征或者免征的，须报省、自治区、直辖市人民政府批准。

九、非居民企业优惠

非居民企业减按10%的税率征收企业所得税。这里的非居民企业，是指在中国境内未设立机构、场所的，或者虽设立机构、场所但取得的所得与其所设机构、场所没有实际联系的企业。

任务五　应纳税额的计算

一、居民企业应纳税额的计算

居民企业应缴纳所得税额等于应纳税所得额乘以适用税率，减除依照税法关于税收优惠的规定减免和抵免的税额后的余额，基本计算公式为：

企业所得税应纳税额的计算

应纳税额＝应纳税所得额×适用税率－减免税额－抵免税额

根据计算公式可以看出，应纳税额的多少，主要取决于应纳税所得额和适用税率两个因素。在实际过程中，应纳税所得额的计算一般有两种方法。

（一）直接计算法

在直接计算法下，企业每一纳税年度的收入总额减除不征税收入、免税收入、各项扣除以及允许弥补的以前年度亏损后的余额为应纳税所得额。计算公式为：

应纳税所得额＝收入总额－不征税收入－免税收入－各项扣除金额－允许弥补的以前年度亏损

（二）间接计算法

在间接计算法下，会计利润总额加上或减去按照税法规定调整的项目金额后，即为应纳税所得额。计算公式为：

应纳税所得额＝会计利润总额±纳税调整项目金额

纳税调整项目金额包括两方面的内容:一是税法规定范围与会计规定不一致的应予以调整的金额;二是税法规定扣除标准与会计规定不一致的应予以调整的金额。

【例题 4-1】某企业为居民企业,适用企业所得税税率为 25%,2023 年发生经营业务如下:

(1)取得产品销售收入 5000 万元;

(2)应结转产品销售成本 3200 万元;

(3)发生销售费用 970 万元(其中广告费 800 万元),管理费用 380 万元(其中业务招待费 30 万元);财务费用 50 万元;

(4)税金及附加 70 万元;

(5)营业外收入 100 万元,营业外支出 60 万元(含通过公益性社会团体向贫困山区捐款 50 万元,支付税收滞纳金 10 万元);

(6)计入成本、费用中的实发工资总额 300 万元、拨缴职工工会经费 7 万元、发生职工福利费 45 万元、发生职工教育经费 30 万元。

要求:计算该企业 2023 年度实际应缴纳的企业所得税。

【解析】

会计利润总额 =5000 − 3200 − 970 − 380 − 50 − 70+100 − 60=370(万元)

广告费和业务宣传费调增所得额 =800 − 5000×15%=50(万元)

5000×5‰ =25(万元)> 30×60%=18(万元)

业务招待费调增所得额 =30 − 30×60%=12(万元)

捐赠支出应调增所得额 =50 − 370×12%=5.6(万元)

工会经费应调增所得额 =7 − 300×2%=1(万元)

职工福利费应调增所得额 =45 − 300×14%=3(万元)

职工教育经费应调增所得额 =30 − 300×8%=6(万元)

应纳税所得额 =370+50+12+5.6+1+3+6+10=457.6(万元)

该企业 2023 年应缴纳企业所得税 =457.6×25%=114.4(万元)

二、居民企业核定征收应纳税额的计算

为了加强企业所得税征收管理,规范核定征收企业所得税工作,保障国家税款及时足额入库,维护纳税人合法权益,根据《企业所得税法》及《企业所得税法实施条例》、《税收征收管理法》及《税收征收管理法实施细则》的有关规定,核定征收企业所得税的有关规定如下。

(一)核定征收企业所得税的范围

核定征收办法适用于居民企业纳税人,纳税人具有下列情形之一的,税务机关可核定征收企业所得税。

(1)依照法律、行政法规的规定可以不设置账簿的。

（2）依照法律、行政法规的规定应当设置但未设置账簿的。

（3）擅自销毁账簿或者拒不提供纳税资料的。

（4）虽设置账簿，但账目混乱或者成本资料、收入凭证、费用凭证残缺不全，难以查账的。

（5）发生纳税义务，未按照规定的期限办理纳税申报，经税务机关责令限期申报，逾期仍不申报的。

（6）申报的计税依据明显偏低，又无正当理由的。

特殊行业、特殊类型的纳税人和一定规模以上的纳税人不适用核定征收办法。上述特定纳税人由国家税务总局另行明确。

（二）核定征收的办法

税务机关应根据纳税人具体情况，对核定征收企业所得税的纳税人，核定应税所得率或者核定应纳所得税额。

1. 具有下列情形之一的，核定其应税所得率

（1）能正确核算（查实）收入总额，但不能正确核算（查实）成本费用总额的。

（2）能正确核算（查实）成本费用总额，但不能正确核算（查实）收入总额的。

（3）通过合理方法，能计算和推定纳税人收入总额或成本费用总额的。

纳税人不属于以上情形的，核定其应纳所得税额。

2. 税务机关采用下列方法核定征收企业所得税

（1）参照当地同类行业或者类似行业中经营规模和收入水平相近的纳税人的税负水平核定。

（2）按照应税收入额或成本费用支出额定率核定。

（3）按照耗用的原材料、燃料、动力等推算或测算核定。

（4）按照其他合理方法核定。

采用前款所列一种方法不足以正确核定应纳税所得额或应纳税额的，可以同时采用两种以上的方法核定。采用两种以上方法测算的应纳税额不一致时，可按测算的应纳税额从高核定。

采用应税所得率方式核定征收企业所得税的，应纳所得税额计算公式为：

应纳所得税额＝应纳税所得额×适用税率

应纳税所得额＝应税收入额×应税所得率

或：应纳税所得额＝成本（费用）支出额÷（1－应税所得率）×应税所得率

应税所得率按表4-1规定的幅度标准确定。

表 4-1　应税所得率的幅度标准

单位：%

行业	应税所得率
农、林、牧、渔业	3～10
制造业	5～15
批发和零售贸易业	4～15
交通运输业	7～15
建筑业	8～20
饮食业	8～25
娱乐业	15～30
其他行业	10～30

纳税人的生产经营范围、主营业务发生重大变化，或者应纳税所得额或应纳税额增减变化达到20%的，应及时向税务机关申报调整已确定的应纳税额或应税所得率。

三、非居民企业应纳税额的计算

对于在中国境内未设立机构、场所的，或者虽设立机构、场所但取得的所得与其所设机构、场所没有实际联系的非居民企业的所得，按照下列方法计算应纳税所得额。

股息、红利等权益性投资收益和利息、租金、特许权使用费所得，以收入全额为应纳税所得额。

营业税改征增值税试点中的非居民企业，应以不含增值税的收入全额作为应纳税所得额。

转让财产所得，以收入全额减除财产净值后的余额为应纳税所得额。财产净值是指财产的计税基础减除已经按照规定扣除的折旧、折耗、摊销、准备金等后的余额。

四、非居民企业所得税核定征收办法

非居民企业因会计账簿不健全，资料残缺难以查账，或者其他原因不能准确计算并据实申报其应纳税所得额的，税务机关有权采取以下方法核定其应纳税所得额。

（一）按收入总额核定

按收入总额核定应纳税所得额，适用于能够正确核算收入或通过合理方法推定收入总额，但不能正确核算成本费用的非居民企业。其计算公式为：

应纳税所得额＝收入总额×经税务机关核定的利润率

（二）按成本费用核定

按成本费用核定应纳税所得额，适用于能够正确核算成本费用，但不能正确核算收入总额的非居民企业。其计算公式为：

应纳税所得额＝成本费用总额÷（1－经税务机关核定的利润率）×经税务机关核定的利润率

（三）按经费支出换算收入核定

按经费支出换算收入核定应纳税所得额，适用于能够正确核算经费支出总额，但不能正确核算收入总额和成本费用的非居民企业。其计算公式为：

应纳税所得额＝经费支出总额÷（1－经税务机关核定的利润率）×经税务机关核定的利润率

税务机关可按照以下标准确定非居民企业的利润率。

（1）从事承包工程作业、设计和咨询劳务的，利润率为 15%～30%。

（2）从事管理服务的，利润率为 30%～50%。

（3）从事其他劳务或劳务以外经营活动的，利润率不低于 15%。

税务机关有根据认为非居民企业的实际利润率明显高于上述标准的，可以按照比上述标准更高的利润率核定其应纳税所得额。

任务六　征收管理

一、纳税地点

除税收法律、行政法规另有规定外，居民企业以企业登记注册地为纳税地点；但登记注册地在境外的，以实际管理机构所在地为纳税地点。企业注册登记地是指企业依照国家有关规定登记注册的住所地。

居民企业在中国境内设立不具有法人资格的营业机构的，应当汇总计算并缴纳企业所得税。企业汇总计算并缴纳企业所得税时，应当统一核算应纳税所得额，具体办法由国务院财政、税务主管部门另行制定。

非居民企业在中国境内设立机构、场所的，应当就其所设机构、场所取得的来源于中国境内的所得，以及发生在中国境外但与其所设机构、场所有实际联系的所得，以机构、场所所在地为纳税地点。非居民企业在中国境内设立两个或者两个以上机构、场所的，符合国务院税务主管部门规定条件的，可以选择由其主要机构、场所汇总缴纳企业所得税。

非居民企业在中国境内未设立机构、场所的，或者虽设立机构、场所但取得的所得与其所设机构、场所没有实际联系的所得，以扣缴义务人所在地为纳税地点。

除国务院另有规定外，企业之间不得合并缴纳企业所得税。

二、纳税期限

企业所得税按年计征，分月或者分季预缴，年终汇算清缴，多退少补。

企业所得税的纳税年度，自公历 1 月 1 日起至 12 月 31 日止。企业在一个纳税年度的中间开业，或者终止经营活动，使该纳税年度的实际经营期不足 12 个月的，应当以其实际经营期为 1 个纳税年度。企业清算时，应当以清算期间作为 1 个纳税年度。

企业可自年度终了之日起 5 个月内，向税务机关报送年度企业所得税纳税申报表，并汇算清缴，结清应缴应退税款。

企业在年度中间终止经营活动的，应当自实际经营终止之日起 60 日内，向税务机关办理当期企业所得税汇算清缴。

三、纳税申报

按月或按季预缴的，应当自月份或者季度终了之日起 15 日内，向税务机关报送预缴企业所得税纳税申报表，预缴税款。

企业在报送企业所得税纳税申报表时，应当按照规定附送财务会计报告和其他有关资料。

企业应当在办理注销登记前，就其清算所得向税务机关申报并依法缴纳企业所得税。

依照《企业所得税法》缴纳的企业所得税，以人民币计算。所得以人民币以外的货币计算的，应当折合成人民币计算并缴纳税款。

企业在纳税年度内无论盈利或者亏损，都应当依照《企业所得税法》第五十四条规定的期限，向税务机关报送预缴企业所得税纳税申报表、年度企业所得税纳税申报表、财务会计报告和税务机关规定应当报送的其他有关资料。

四、源泉扣缴

（一）扣缴义务人

对非居民企业在中国境内未设立机构、场所的，或者虽设立机构、场所但取得的所得与其所设机构、场所没有实际联系的所得应缴纳的企业所得税，实行源泉扣缴，以支付人为扣缴义务人。税款由扣缴义务人在每次支付或者到期应支付时，从支付或者到期应支付的款项中扣缴。

（二）扣缴方法

扣缴义务人每次代扣的税款，应当自代扣之日起 7 日内缴入国库，并向所在地的税务机关报送扣缴企业所得税报告表。

应当扣缴的所得税，扣缴义务人未依法扣缴或者无法履行扣缴义务的，由企业在所得发生地缴纳。企业未依法缴纳的，税务机关可以从该企业在中国境内其他收入项目的支付人应付的款项中，追缴该企业的应纳税款。税务机关在追缴该企业应纳税款时，应当将追缴理由、追缴数额、缴纳期限和缴纳方式等告知该企业。

任务七　企业所得税纳税申报

一、企业所得税纳税申报资料

实行查账征收企业所得税的居民纳税人在月（季）度预缴企业所得税时，应填报"A200000 中华人民共和国企业所得税月（季）度预缴纳税申报表（A类）"及其附表；实行查账征收企业所得税的居民纳税人在年度企业所得税汇算清缴时，应填写"A100000 中华人民共和国企业所得税年度纳税申报表（A类）"及其附表。

实行核定征收管理办法缴纳企业所得税的纳税人在月（季）度申报缴纳企业所得税

时，应填报"中华人民共和国企业所得税月（季）度预缴和年度纳税申报表（B类）"。

二、企业所得税纳税申报举例

【例题 4-2】北京志鸣电气有限公司 2023 年 10 月 12 日对 2023 年第三季度的预缴企业所得税进行纳税申报，填写 2023 年第三季度的"A200000 中华人民共和国企业所得税月（季）度预缴纳税申报表（A类）"及其附表。第三季度利润表如表 4-2 所示。

表 4-2　利润表

编制单位：北京志鸣电气有限公司　　　　　　2023 年 7—9 月　　　　　　单位：元

项目	行次	本期合计	本年累计
一、营业收入	1	6101280.00	19267200.00
减：营业成本	2	4392921.60	13872384.00
税金及附加	3	17063.56	53884.92
其中：消费税	4		
城市维护建设税	5	7962.99	25146.29
资源税	6		
土地增值税	7		
城镇土地使用税、房产税、车船税、印花税	8	3412.72	10776.99
教育费附加、矿产资源补偿费、排污费	9	5687.85	17961.64
销售费用	10	549115.20	1734048.00
其中：商品维修费	11		
广告费和业务宣传费	12		86000.00
管理费用	13	488102.40	1936353.60
其中：开办费	14		
业务招待费	15	68000.00	318000.00
研究费用	16		
财务费用	17	24405.12	77068.80
其中：利息费用（收入以"—"号填列）	18	24405.12	77068.80
加：投资收益（损失以"—"号填列）	19		
二、营业利润（亏损以"—"号填列）	20	629672.12	1593460.68
加：营业外收入	21	12561.00	13161.00
其中：政府补助	22		
减：营业外支出	23	4680.00	6040.00
其中：坏账损失	24		
无法收回的长期债券投资损失	25		
无法收回的长期股权投资损失	26		
自然灾害等不可抗力因素造成的损失	27		
税收滞纳金	28		
三、利润总额（亏损总额以"—"号填列）	29	637553.12	1600581.68
减：所得税费用	30	31877.65	80029.08
四、净利润（净亏损以"—"号填列）	31	605675.47	1520552.60

【解析】

根据北京志鸣电气有限公司 2023 年第三季度利润表相关数据，填列"A200000 中华人民共和国企业所得税月（季）度预缴纳税申报表（A 类）"第 1 至 3 栏，并计算第 9 和第 11 栏。即：

第 1 栏"营业收入"的"本年累计金额"=19267200（元）

第 2 栏"营业成本"的"本年累计金额"=13872384（元）

第 3 栏"利润总额"的"本年累计金额"=1600581.68（元）

第 9 栏"实际利润额（3+4－5－6－7－8）/按照上一纳税年度应纳税所得额平均额确定的应纳税所得额"的"本年累计金额"=1600581.68（元）

第 11 栏"应纳所得税额"的"本年累计金额"=1600581.68×25%=400145.42（元）

北京志鸣电气有限公司同时符合年度应纳税所得额不超过 300 万元、从业人数不超过 300 人、资产总额不超过 5000 万元三个条件，适用小型微利企业税收优惠政策，即自 2023 年 1 月 1 日至 2027 年 12 月 31 日，对小型微利企业减按 25% 计算应纳税所得额，按 20% 的税率缴纳企业所得税。

因此，北京志鸣电气有限公司享受到的减免所得税额=1600581.68×25%－1600581.68×25%×20%=320116.34（元）

该项需通过填列"A201030 减免所得税优惠明细表"中的第 1 栏"一、符合条件的小型微利企业减免企业所得税"的本年累计金额后，保存后再传递到"A200000 中华人民共和国企业所得税月（季）度预缴纳税申报表（A 类）"中的第 12 栏。

第 13 栏"实际已缴纳所得税额"为前两个季度已缴纳的企业所得税额，通过查询前期纳税申报表可知（假定本例中为 48151.43 元）。

第 15 栏"本期应补（退）所得税额（11－12－13－14－L15）/税务机关确定的本期应纳所得税额"=400145.42－320116.34－48151.43=31877.65（元）。

至此，北京志鸣电气有限公司 2023 年第 3 季度预缴企业所得税申报已完成。申报结果见二维码。

北京志鸣电气有限公司申报结果

项目五 个人所得税

学习目标

知识目标：

1. 了解个人所得税的设立目的与发展历史；
2. 掌握个人所得税的纳税人；
3. 掌握个人所得税的征税范围；
4. 了解个人所得税的税率；
5. 掌握个人所得税应纳税所得额的确定；
6. 熟悉应纳税额计算中的特殊问题处理。

技能目标：

1. 会计算居民个人综合所得的应纳税额；
2. 会计算非居民个人分类所得的应纳税额；
3. 会计算个体工商户、个人独资企业和合伙企业的应纳税额；
4. 会计算利息、股息、红利的应纳税额；
5. 会计算财产租赁所得、财产转让所得的应纳税额；
6. 会计算偶然所得的应纳税额；
7. 能完成个人所得税自行申报纳税、全员全额扣缴申报纳税。

素养目标：

1. 引导学生知晓个人所得税对于缓和贫富差距、促进共同富裕的重要意义；
2. 倡导依法纳税、诚信申报是每一个纳税人的责任；
3. 树立良好的职业操守。

学习导图

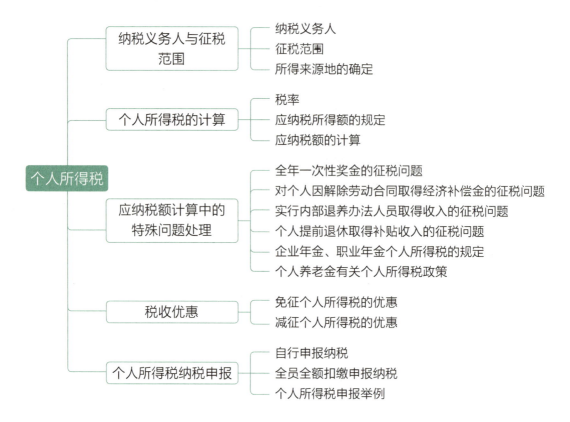

项目导入

个人所得税法是指国家制定的用以调整个人所得征收缴纳之间权利与义务关系的法律规范。1980 年 9 月 10 日，第五届全国人民代表大会第三次会议制定了《个人所得税法》。《个人所得税法》多年来经过了七次修改，目前适用的基本规范是 2018 年 8 月 31 日，由第十三届全国人民代表大会常务委员会第五次会议修改通过，并于 2019 年 1 月 1 日起施行的《个人所得税法》。

个人所得税主要是以自然人取得的各类应税所得为征税对象而征收的一种所得税，是政府利用税收对个人收入进行调节的一种手段。个人所得税的纳税人不仅包括个人还包括具有自然人性质的企业。从世界范围来看，个人所得税存在着三种税制模式：分类征收制、综合征收制与混合征收制。分类征收制，就是对纳税人不同来源、性质的所得项目，分别规定不同的税率征税；综合征收制，是对纳税人全年的各项所得加以汇总，就其总额进行征税；混合征收制，是对纳税人不同来源、性质的所得先分别按照不同的税率征税，然后将全年的各项所得进行汇总征税。三种不同的征收模式各有其优缺点。目前，我国个人所得税已初步建立分类与综合相结合的征收模式，即混合征收制，其在组织财政收入、提高公民纳税意识，尤其在调节个人收入分配差距方面具有重要作用。

任务实施

任务一 纳税义务人与征税范围

一、纳税义务人

个人所得税的纳税义务人，包括中国公民、个体工商户、个人独资企业、合伙企业投资者、在中国有所得的外籍人员（包括无国籍人员，下同）和香港、澳门、台湾同胞。上述纳税义务人依据住所和居住时间两个标准，区分为居民个人和非居民个人，分别承担不同的纳税义务。

个人所得税

（一）居民个人

居民个人承担无限纳税义务。其所取得的应纳税所得，无论是来源于中国境内还是中国境外，都要在中国缴纳个人所得税。根据《个人所得税法》规定，居民个人是指在中国境内有住所，或者无住所而一个纳税年度在中国境内居住累计满 183 天的个人。

（二）非居民个人

非居民个人，是指不符合居民个人判定标准（条件）的纳税义务人。非居民个人承担有限纳税义务，即仅就其来源于中国境内的所得，向中国缴纳个人所得税。《个人所得税法》规定，非居民个人是"在中国境内无住所又不居住，或者无住所而一个纳税年度内在境内居住累计不满 183 天的个人"。

二、征税范围

居民个人取得下列第（一）至（四）项所得（以下称综合所得），按纳税年度合并计算个人所得税；非居民个人取得下列第（一）至（四）项所得，按月或者按次分项计算个人所得税。纳税人取得下列第（五）至（九）项所得，分别计算个人所得税。

（一）工资、薪金所得

工资、薪金所得，是指个人因任职或者受雇而取得的工资、薪金、奖金、年终加薪、劳动分红、津贴、补贴以及与任职或者受雇有关的其他所得。

1. 工资、薪金所得的涵盖范围

一般来说，工资、薪金所得属于非独立个人劳动所得。所谓非独立个人劳动，是指个人所从事的是由他人指定、安排并接受管理的劳动，工作或服务于公司、工厂、行政事业单位的人员（私营企业主除外）均为非独立劳动者。他们从上述单位取得的劳动报酬，是以工资、薪金的形式体现的。

此外，还有一些所得的发放也被视为取得工资、薪金所得。例如，公司职工取得的用于购买企业国有股权的劳动分红，按"工资、薪金所得"项目计征个人所得税；出租汽车经营单位对出租车驾驶员采取单车承包或承租方式运营，出租车驾驶员从事客货营运取得的收入，按"工资、薪金所得"项目征税。

2. 个人取得的津贴、补贴，不计入工资、薪金所得项目

根据我国目前个人收入的构成情况，《个人所得税法》规定对于一些不属于工资、薪金性质的补贴、津贴或者不属于纳税人本人工资、薪金所得项目的收入，不予征税。这些项目包括以下内容。

（1）独生子女补贴。

（2）执行公务员工资制度未纳入基本工资总额的补贴、津贴差额和家属成员的副食品补贴。

（3）托儿补助费。

（4）差旅费津贴、误餐补助。其中，误餐补助是指按照财政部规定，个人因公在城区、郊区工作，不能在工作单位或返回就餐的，根据实际误餐顿数，按规定的标准领取的误餐费。需要注意的是：单位以误餐补助名义发给职工的补助、津贴不能包括在内。

（5）外国来华留学生，领取的生活津贴费、奖学金，不属于工资、薪金范畴，不征收个人所得税。

3. 关于个人取得公务交通、通信补贴收入的征税问题

个人因公务用车和通信制度改革而取得的公务用车、通信补贴收入，扣除一定标准的公务费用后，按照"工资、薪金所得"项目计征个人所得税。按月发放的，并入当月"工资、薪金所得"计征个人所得税；不按月发放的，分解到所属月份并与该月份"工资、薪金所得"合并后计征个人所得税。

（二）劳务报酬所得

劳务报酬所得，是指个人独立从事各种非雇佣的劳务所取得的所得。劳务，包括设计、装潢、安装、制图、化验、测试、医疗、法律、会计、咨询、讲学、翻译、审稿、书画、雕刻、影视、录音、录像、演出、表演、广告、展览、技术服务、介绍服务、经纪服务、代办服务、其他劳务等。

在实际操作过程中，还可能出现难以判定一项所得是属于工资、薪金所得还是属于劳务报酬所得的情况。这两者的区别在于：工资、薪金所得是属于非独立个人劳务活动，即在机关、团体、学校、部队、企业、事业单位及其他组织中任职、受雇而得到的报酬；而劳务报酬所得，则是个人独立从事各种技艺、提供各项劳务取得的报酬。

（三）稿酬所得

稿酬所得，是指个人因其作品以图书、报刊形式出版、发表而取得的所得。将稿酬所得独立划归一个征税项目，而将不以图书、报刊形式出版、发表的翻译、审稿、书画所得归为劳务报酬所得，主要是考虑了出版、发表作品的特殊性。第一，它是一种依靠较高智力创作的精神产品；第二，它具有普遍性；第三，它与社会主义物质文明和精神文明密切相关；第四，它的报酬相对偏低。因此，稿酬所得应当与一般劳务报酬相区别，并给予适当优惠照顾。

（四）特许权使用费所得

特许权使用费所得，是指个人提供专利权、商标权、著作权、非专利技术以及其他特许权的使用权取得的所得。提供著作权的使用权取得的所得，不包括稿酬所得。

（五）经营所得

经营所得，是指：

（1）个体工商户从事生产、经营活动取得的所得，个人独资企业投资人、合伙企业的个人合伙人来源于境内注册的个人独资企业、合伙企业生产、经营的所得。

（2）个人依法从事办学、医疗、咨询以及其他有偿服务活动取得的所得。

（3）个人对企业、事业单位承包经营、承租经营以及转包、转租取得的所得。

（4）个人从事其他生产、经营活动取得的所得。

例如，个人因从事彩票代销业务而取得的所得，或者从事个体出租车运营的出租车驾驶员取得的收入，都应按照"经营所得"项目计征个人所得税。这里所说的从事个体出租车运营，包括：出租车属个人所有，但挂靠出租汽车经营单位或企事业单位，驾驶员向挂靠单位缴纳管理费的，或出租汽车经营单位将出租车所有权转移给驾驶员的。

（六）利息、股息、红利所得

利息、股息、红利所得，是指个人拥有债权、股权而取得的利息、股息、红利所得。

除个人独资企业、合伙企业以外的其他企业的个人投资者，以企业资金为本人、家庭成员及其相关人员支付与企业生产经营无关的消费性支出及购买汽车、住房等财产性支出，视为企业对个人投资者的红利分配，依照"利息、股息、红利所得"项目计征个人所得税。企业的上述支出不允许在所得税前扣除。

纳税年度内个人投资者从其投资企业（个人独资企业、合伙企业除外）借款，在该纳税年度终了后既不归还又未用于企业生产经营的，其未还的借款可视为企业对个人投资者的红利分配，依照"利息、股息、红利所得"项目计征个人所得税。

（七）财产租赁所得

财产租赁所得，是指个人出租不动产、机器设备、车船以及其他财产取得的所得。

个人取得的财产转租收入，属于"财产租赁所得"的征税范围，由财产转租人缴纳个人所得税。

（八）财产转让所得

财产转让所得，是指个人转让有价证券、股权、合伙企业中的财产份额、不动产、机器设备、车船以及其他财产取得的所得。

（九）偶然所得

偶然所得，是指个人得奖、中奖、中彩以及其他偶然性质的所得。得奖是指参加各种有奖竞赛活动，取得名次得到的奖金；中奖、中彩是指参加各种有奖活动，如有奖销售、有奖储蓄或者购买彩票，经过规定程序，抽中、摇中号码而取得的奖金。偶然所得应缴纳的个人所得税税款，一律由发奖单位或机构代扣代缴。

三、所得来源地的确定

除国务院财政、税务主管部门另有规定外，下列所得，不论支付地点是否在中国境内，均为来源于中国境内的所得：

（1）因任职、受雇、履约等而在中国境内提供劳务取得的所得。

（2）将财产出租给承租人在中国境内使用而取得的所得。

（3）转让中国境内的不动产等财产或者在中国境内转让其他财产取得的所得。

（4）许可各种特许权在中国境内使用而取得的所得。

（5）从中国境内企业、事业单位、其他组织以及居民个人取得的利息、股息、红利所得。

任务二　个人所得税的计算

一、税率

（一）综合所得适用税率

综合所得适用七级超额累进税率，税率为 3% ～ 45%（见表5-1）。

1. 综合所得项目的预扣预
缴及年度汇算清缴（上）
2. 综合所得项目的预扣预
缴及年度汇算清缴（下）

表 5-1　综合所得个人所得税税率

级数	全年应纳税所得额	税率 /%
1	不超过 36000 元的	3
2	超过 36000 元至 144000 元的部分	10
3	超过 144000 元至 300000 元的部分	20
4	超过 300000 元至 420000 元的部分	25
5	超过 420000 元至 660000 元的部分	30
6	超过 660000 元至 960000 元的部分	35
7	超过 960000 元的部分	45

注：1. 本表所称全年应纳税所得额是指依照税法的规定，居民个人取得综合所得以每一纳税年度收入额减除费用 60000 元，以及专项扣除、专项附加扣除和依法确定的其他扣除后的余额。

2. 非居民个人取得工资、薪金所得，劳务报酬所得，稿酬所得和特许权使用费所得，依照本表按月换算后计算应纳税额。

居民个人每一纳税年度内取得的综合所得包括：工资、薪金所得，劳务报酬所得，稿酬所得和特许权使用费所得。

（二）经营所得适用税率

经营所得适用五级超额累进税率，税率为 5% ～ 35%（见表5-2）。

表 5-2　经营所得个人所得税税率

级数	全年应纳税所得额	税率（%）
1	不超过 30000 元的	5
2	超过 30000 元至 90000 元的部分	10
3	超过 90000 元至 300000 元的部分	20
4	超过 300000 元至 500000 元的部分	30
5	超过 500000 元的部分	35

注：本表所称全年应纳税所得额是指依照《个人所得税法》第六条的规定，以每一纳税年度的收入总额减除成本、费用以及损失后的余额。

这里值得注意的是，由于目前实行承包（租）经营的形式较多，分配方式也不相同，因此，承包、承租人按照承包、承租经营合同（协议）规定取得所得的适用税率也不一致。

承包、承租人对企业经营成果不拥有所有权，仅是按合同（协议）规定取得一定所得的，其所得按"工资、薪金所得"项目征税，纳入年度综合所得，适用 3% ～ 45% 的七级超额累进税率。

承包、承租人按合同（协议）的规定只向发包、出租方缴纳一定费用后，企业经营成果归其所有的，承包、承租人取得的所得，按"对企事业单位的承包经营、承租经营所得"项目，适用 5% ～ 35% 的五级超额累进税率征税。

（三）其他所得适用税率

利息、股息、红利所得，财产租赁所得，财产转让所得和偶然所得适用比例税率，税率为 20%。

二、应纳税所得额的规定

由于个人所得税的应税项目不同，并且取得某项所得所需费用也不相同，因此计算个人应纳税所得额，需按不同应税项目分项计算。以某项应税项目的收入额减去税法规定的该项目费用减除标准后的余额，为该应税项目应纳税所得额。

（一）每次收入的确定

《个人所得税法》对纳税义务人的征税方法有三种：一是按年计征，如经营所得，居民个人取得的综合所得；二是按月计征，如非居民个人取得的工资、薪金所得；三是按次计征，如利息、股息、红利所得，财产租赁所得，偶然所得，非居民个人取得的劳务报酬所得，稿酬所得，特许权使用费所得。在按次征收的情况下，由于扣除费用依据每次应纳税所得额的大小，分别规定了定额和定率两种标准。因此，无论是从正确贯彻税法的立法精神、维护纳税义务人的合法权益方面来看，还是从避免税收漏洞、防止税款流失、保证国家税收收入方面来看，如何准确划分"次"，都是十分重要的。《个人所得税法实施条例》中对前述 6 项所得的"次"作出了明确规定。

（1）非居民个人取得劳务报酬所得、稿酬所得、特许权使用费所得，根据不同所得项目的特点，分别规定为：

①属于一次性收入的，以取得该项收入为一次。

就劳务报酬所得来看，从事设计、安装、装潢、制图、化验、测试等劳务，往往是接受客户的委托，按照客户的要求，完成一次劳务后取得收入。因此，这些收入属于一次性收入，应以每次提供劳务取得的收入为一次。但需要注意的是，如果一次性劳务报酬收入是以分月支付的方式取得的，就适用"同一事项连续取得收入，以1个月内取得的收入为一次"的规定。

就稿酬来看，以每次出版、发表取得的收入为一次，不论出版单位是预付还是分笔支付稿酬，或者加印该作品后再付稿酬，均应合并其稿酬所得按一次计征个人所得税。具体又可细分为：同一作品再版取得的所得，应视作另一次稿酬所得计征个人所得税。同一作品先在报刊上连载，然后再出版，或先出版，再在报刊上连载的，应视为两次稿酬所得征税。即连载作为一次，出版作为另一次。同一作品在报刊上连载取得收入的，以连载完成后取得的所有收入合并为一次，计征个人所得税。同一作品在出版和发表时，以预付稿酬或分次支付稿酬等形式取得的稿酬收入，应合并计算为一次。同一作品出版、发表后，因添加印数而追加稿酬的，应与以前出版、发表时取得的稿酬合并计算为一次，计征个人所得税。在两处或两处以上出版、发表或再版同一作品而取得稿酬所得，则可分别就各处取得的所得或再版所得按分次所得计征个人所得税。作者去世后，对取得其遗作稿酬的个人，按"稿酬所得"项目征收个人所得税。

就特许权使用费来看，以某项使用权的一次转让所取得的收入为一次。一个非居民个人，可能不仅拥有一项特许权，每一项特许权的使用权也可能不止一次地向我国境内提供。因此，对特许权使用费所得的"次"的界定，明确为以每一项使用权的每次转让所取得的收入为一次。如果该次转让取得的收入是分笔支付的，则应将各笔收入相加，计征个人所得税。

②属于同一事项连续取得收入的，以1个月内取得的收入为一次。

例如，某外籍歌手（非居民个人）与一歌厅签约，在一定时期内每天到歌厅演唱一次，每次演出后歌厅对其付酬500元。在计算其劳务报酬所得时，应视为同一事项的连续性收入，以其1个月内取得的收入为一次计征个人所得税，而不能以每天取得的收入为一次。

（2）财产租赁所得，以1个月内取得的收入为一次。

（3）利息、股息、红利所得，以支付利息、股息、红利时取得的收入为一次。.

（4）偶然所得，以每次取得该项收入为一次。

（二）应纳税所得额的确定

1.居民个人的综合所得

居民个人取得综合所得，以每年收入额减除费用60000元以及专项扣除、专项附加扣除和依法确定的其他扣除后的余额，为应纳税所得额。

综合所得包括：工资、薪金所得；劳务报酬所得；稿酬所得；特许权使用费所得。

（1）收入额：劳务报酬所得、稿酬所得、特许权使用费所得以收入减除20%的费用后的余额为收入额。稿酬所得的收入额减按70%计算。个人兼有不同的劳务报酬所得，应当分别减除费用，计算缴纳个人所得税。

（2）专项扣除：包括居民个人按照国家规定的范围和标准缴纳的基本养老保险、基本医疗保险、失业保险等社会保险费和住房公积金等。

（3）专项附加扣除：包括子女教育、继续教育、大病医疗、住房贷款利息或者住房租金、赡养老人、3岁以下婴幼儿照护等支出，具体范围、标准和实施步骤由国务院确定，并报全国人民代表大会常务委员会备案。

（4）依法确定的其他扣除：包括个人缴付符合国家规定的企业年金、职业年金，个人购买的符合国家规定的商业健康保险、税收递延型商业养老保险的支出，以及国务院规定可以扣除的其他项目。

专项扣除、专项附加扣除和依法确定的其他扣除，以居民个人一个纳税年度的应纳税所得额为限额；一个纳税年度扣除不完的，不结转以后年度扣除。

2. 非居民个人的所得

非居民个人的工资、薪金所得，以每月收入额减除费用5000元后的余额为应纳税所得额；劳务报酬所得、稿酬所得、特许权使用费所得，以每次收入额为应纳税所得额。

3. 经营所得

经营所得，以每一纳税年度的收入总额减除成本、费用以及损失后的余额，为应纳税所得额。

所称成本、费用，是指生产、经营活动中发生的各项直接支出和分配计入成本的间接费用以及销售费用、管理费用、财务费用；所称损失，是指生产、经营活动中发生的固定资产和存货的盘亏、毁损、报废损失，转让财产损失，坏账损失，自然灾害等不可抗力因素造成的损失以及其他损失。

取得经营所得的个人，没有综合所得的，在计算其每一纳税年度的应纳税所得额时，应当减除费用60000元、专项扣除、专项附加扣除以及依法确定的其他扣除。专项附加扣除在办理汇算清缴时减除。

纳税人从事生产、经营活动，未提供完整、准确的纳税资料，不能正确计算应纳税所得额的，由主管税务机关核定其应纳税所得额或者应纳税额。

4. 财产租赁所得

财产租赁所得，每次收入不超过4000元的，减除费用800元；4000元以上的，减除20%的费用，其余额为应纳税所得额。

5. 财产转让所得

财产转让所得，以转让财产的收入额减除财产原值和合理费用后的余额，为应纳税所得额。财产原值，按照下列方法计算：①有价证券，为买入价及买入时按照规定缴纳的有关费用；②建筑物，为建造费或者购进价格及其他有关费用；③土地使用权，为取得土地使用权所支付的金额、开发土地的费用及其他有关费用；④机器设备、车船，为购进价格、运输费、安装费以及其他有关费用；⑤其他财产，参照以上方法确定。

纳税义务人未提供完整、准确的财产原值凭证，不能正确计算财产原值的，由主管税务机关核定其财产原值。合理费用，是指卖出财产时按照规定支付的有关费用。

6. 利息、股息、红利所得和偶然所得

利息、股息、红利所得和偶然所得，以每次收入额为应纳税所得额。

（三）专项附加减除标准

专项附加扣除是本次《个人所得税法》修订后引入的新的费用扣除标准，遵循公平合理、利于民生、简便易行的原则，目前包含了子女教育、继续教育、大病医疗、住房贷款利息、住房租金、赡养老人、3 岁以下婴幼儿照护 7 项支出，并将根据教育、医疗、住房、养老等民生支出变化情况，适时调整专项附加扣除的范围和标准。取得综合所得和经营所得的居民个人可以享受专项附加扣除。

1. 子女教育

纳税人年满 3 岁的子女接受学前教育和学历教育的相关支出，按照每个子女每月2000 元（每年 24000 元）的标准定额扣除。

学前教育包括年满 3 岁至小学入学前教育；学历教育包括义务教育（小学、初中教育）、高中阶段教育（普通高中、中等职业、技工教育）、高等教育（大学专科、大学本科、硕士研究生、博士研究生教育）。

父母可以选择由其中一方按扣除标准的 100% 扣除，也可以选择由双方分别按扣除标准的 50% 扣除，具体扣除方式在一个纳税年度内不能变更。

纳税人子女在中国境外接受教育的，纳税人应当留存境外学校录取通知书、留学签证等相关教育的证明资料备查。

2. 继续教育

纳税人在中国境内接受学历（学位）继续教育的支出，在学历（学位）教育期间按照每月 400 元（每年 4800 元）定额扣除。同一学历（学位）继续教育的扣除期限不能超过 48 个月（4 年）。纳税人接受技能人员职业资格继续教育、专业技术人员职业资格继续教育支出，在取得相关证书的当年，按照 3600 元定额扣除。

个人接受本科及以下学历（学位）继续教育，符合税法规定扣除条件的，可以选择由其父母扣除，也可以选择由本人扣除。

纳税人接受技能人员职业资格继续教育、专业技术人员职业资格继续教育的，应当留存相关证书等资料备查。

3. 大病医疗

在一个纳税年度内，纳税人发生的与基本医保相关的医药费用支出，扣除医保报销后个人负担（指医保目录范围内的自付部分）累计超过 15000 元的部分，由纳税人在办理年度汇算清缴时，在 80000 元限额内据实扣除。

纳税人发生的医药费用支出可以选择由本人或者其配偶扣除；未成年子女发生的医药费用支出可以选择由其父母一方扣除。纳税人及其配偶、未成年子女发生的医药费用支出，应按前述规定分别计算扣除额。

纳税人应当留存医药服务收费及医保报销相关票据原件（或复印件）等资料备查。医疗保障部门应当向患者提供在医疗保障信息系统记录的本人年度医药费用信息查询服务。

4. 住房贷款利息

纳税人本人或配偶，单独或共同使用商业银行或住房公积金个人住房贷款为本人或其配偶购买中国境内住房，发生的首套住房贷款利息支出，在实际发生贷款利息的年度，按照每月 1000 元（每年 12000 元）的标准定额扣除，扣除期限最长不超过 240 个月（20 年）。纳税人只能享受一次首套住房贷款利息扣除。

所称首套住房贷款是指购买住房享受首套住房贷款利率的住房贷款。

经夫妻双方约定，可以选择由其中一方扣除，具体扣除方式确定后，在一个纳税年度内不得变更。

夫妻双方婚前分别购买住房发生的首套住房贷款，其贷款利息支出，婚后可以选择其中一套购买的住房，由购买方按扣除标准的 100% 扣除，也可以由夫妻双方对各自购买的住房分别按扣除标准的 50% 扣除，具体扣除方式在一个纳税年度内不能变更。

纳税人应当留存住房贷款合同、贷款还款支出凭证备查。

5. 住房租金

纳税人在主要工作城市没有自有住房而发生的住房租金支出，可以按照以下标准定额扣除。

（1）直辖市、省会（首府）城市、计划单列市以及国务院确定的其他城市，扣除标准为每月 1500 元（每年 18000 元）。

（2）除上述所列城市外，市辖区户籍人口超过 100 万的城市，扣除标准为每月 1100 元（每年 13200 元）；市辖区户籍人口不超过 100 万的城市，扣除标准为每月 800 元（每年 9600 元）。市辖区户籍人口，以国家统计局公布的数据为准。

夫妻双方主要工作城市相同的，只能由一方扣除住房租金支出。住房租金支出由签订租赁住房合同的承租人扣除。

纳税人及其配偶在一个纳税年度内不得同时分别享受住房贷款利息专项附加扣除和住房租金专项附加扣除。

纳税人应当留存住房租赁合同、协议等有关资料备查。

6. 赡养老人

纳税人赡养一位及以上被赡养人的赡养支出，统一按以下标准定额扣除：纳税人为独生子女的，按照每月 3000 元（每年 36000 元）的标准定额扣除；纳税人为非独生子女的，由其与兄弟姐妹分摊每月 3000 元（每年 36000 元）的扣除额度，每人分摊的额度最高不得超过每月 1500 元（每年 18000 元）。可以由赡养人均摊或者约定分摊，也可以由被赡养人指定分摊。约定或者指定分摊的须签订书面分摊协议，指定分摊优于约定分摊。具体分摊方式和额度在一个纳税年度内不得变更。

所称被赡养人是指年满 60 岁的父母，以及子女均已去世的年满 60 岁的祖父母、外祖父母。

7.3 岁以下婴幼儿照护

纳税人照护 3 岁以下婴幼儿子女的相关支出，按照每个婴幼儿每月 2000 元的标准定额扣除。

父母可以选择由其中一方按扣除标准的 100% 扣除，也可以选择由双方分别按扣除标准的 50% 扣除，具体扣除方式在一个纳税年度内不能变更。

（三）应纳税所得额的其他规定

1. 个人所得的形式

个人所得的形式，包括现金、实物、有价证券和其他形式的经济利益。

所得为实物的，应当按照取得的凭证上所注明的价格计算应纳税所得额，无凭证的实物或者凭证上所注明的价格明显偏低的，参照市场价格核定应纳税所得额；所得为有价证券的，根据票面价格和市场价格核定应纳税所得额；所得为其他形式的经济利益的，参照市场价格核定应纳税所得额。

2. 公益捐赠的扣除

个人将其所得对教育、扶贫、济困等公益慈善事业进行捐赠，捐赠额未超过纳税人申报的应纳税所得额 30% 的部分，可以从其应纳税所得额中扣除；国务院规定对公益慈善事业捐赠实行全额税前扣除的，从其规定。

3. 境外所得的扣除

居民个人从中国境外取得的所得，可以从其应纳税额中抵免已在境外缴纳的个人所得税税额，但抵免额不得超过该纳税人境外所得依照税法规定计算的应纳税额。

三、应纳税额的计算

依照税法规定的适用税率和费用扣除标准，各项所得的应纳税额计算，分别如下。

（一）居民个人综合所得应纳税额的计算

首先，工资、薪金所得全额计入收入额；而劳务报酬所得、特许权使用费所得的收入额为实际取得劳务报酬、特许权使用费收入的 80%。其次，稿酬所得的收入额在扣除 20% 费用的基础上，再减按 70% 计算，即稿酬所得的收入额为实际取得稿酬收入的 56%。最后，居民个人的综合所得，以每一纳税年度的收入额减除费用 60000 元以及专项扣除、专项附加扣除和依法确定的其他扣除后的余额，为应纳税所得额。

居民个人综合所得应纳税额的计算公式为：

应纳税额＝∑（每一级数的全年应纳税所得额×对应级数的适用税率）

＝∑[每一级数（全年收入额－60000元－专项扣除－享受的专项附加扣除－享受的其他扣除）×对应级数的适用税率]

需要注意的是，由于居民个人的全年综合所得在计算应纳个人所得税税额时，适用的是超额累进税率，所以计算比较烦琐。运用速算扣除数计算法，可以简化计算过程。速算扣除数是指在采用超额累进税率征税的情况下，根据超额累进税率表中划分的应纳税所得额级距和税率，先用全额累进方法计算出税额，再减去用超额累进方法计算的应征税额以后的差额。当超额累进税率表中的级距和税率确定以后，各级速算扣除数也固定不变，成为计算应纳税额时的常数。虽然税法中没有提供含有速算扣除数的税率表，但我们可以利用上述原理整理出包含速算扣除数的居民个人全年综合所得个人所得税税率表（见表5-3）。

表5-3　综合所得个人所得税税率（含速算扣除数）

级数	全年应纳税所得额	税率/%	速算扣除数/元
1	不超过36000元的	3	0
2	超过36000元至144000元的部分	10	2520
3	超过144000元至300000元的部分	20	16920
4	超过300000元至420000元的部分	25	31920
5	超过420000元至660000元的部分	30	52920
6	超过660000元至960000元的部分	35	85920
7	超过960000元的部分	45	181920

这样，居民个人综合所得应纳税额的计算公式应为：

应纳税额＝全年应纳税所得额×适用税率－速算扣除数

＝（全年收入额－60000元－专项扣除－享受的专项附加扣除－享受的其他扣除）×适用税率－速算扣除数

【例题5-1】假定某居民个人纳税人为独生子女，2023年交完社保和住房公积金后共取得税前工资收入200000元，劳务报酬10000元，稿酬10000元。该纳税人有两个小孩且均由其扣除子女教育专项附加，纳税人的父母健在且均已年满60岁。

要求：计算其当年应纳个人所得税税额。

【解析】

（1）全年应纳税所得额=[200000+10000×（1－20%）+10000×（1－20%）×70%]－60000－2000×12×2－3000×12=69600（元）

（2）应纳税额=69600×10%－2520=4440（元）

（二）全员全额扣缴申报纳税（预缴税款）

税法规定，扣缴义务人向个人支付应税款项时，应当依照《个人所得税法》规定预扣或者代扣税款，按时缴库，并专项记载备查。

全员全额扣缴申报，是指扣缴义务人应当在代扣税款的次月15日内，向主管税务机关报送其支付所得的所有个人的有关信息、支付所得数额、扣除事项和数额、扣缴税款的具体数额和总额以及其他相关涉税信息资料。这种方法有利于控制税源、防止漏税和逃税。

1. 扣缴义务人和代扣预扣税款的范围

扣缴义务人，是指向个人支付所得的单位或者个人。所称支付，包括现金支付、汇拨支付、转账支付和以有价证券、实物以及其他形式的支付。

实行个人所得税全员全额扣缴申报的应税所得包括：工资、薪金所得；劳务报酬所得；稿酬所得；特许权使用费所得；利息、股息、红利所得；财产租赁所得；财产转让所得；偶然所得。

2. 不同项目所得的扣缴方法

（1）居民个人取得工资、薪金所得的扣缴办法。

扣缴义务人向居民个人支付工资、薪金所得时，应当按照累计预扣法计算预扣税款，并按月办理扣缴申报。居民个人取得除全年一次性奖金以外的其他各种名目奖金，如半年奖、季度奖、加班奖、先进奖、考勤奖等时，也须与当月工资、薪金收入合并，按税法规定缴纳（扣缴）个人所得税。

累计预扣法，是指扣缴义务人在一个纳税年度内预扣预缴税款时，以纳税人在本单位截至当前月份工资、薪金所得累计收入减除累计免税收入、累计减除费用、累计专项扣除、累计专项附加扣除和累计依法确定的其他扣除后的余额为累计预扣预缴应纳税所得额，适用居民个人工资、薪金所得预扣预缴率表（见表5-4），计算累计应预扣预缴税额，再减除累计减免税额和累计已预扣预缴税额，其余额为本期应预扣预缴税额。余额为负值时，暂不退税。纳税年度终了后余额仍为负值时，由纳税人通过办理综合所得年度汇算清缴，税款多退少补。

具体计算公式为：

本期应预扣预缴税额＝（累计预扣预缴应纳税所得额×预扣率－速算扣除数）－累计减免税额－累计已预扣预缴税额

累计预扣预缴应纳税所得额＝累计收入－累计免税收入－累计减除费用－累计专项扣除－累计专项附加扣除－累计依法确定的其他扣除

其中：累计减除费用，按照5000元/月乘以纳税人当年截至本月在本单位的任职受雇月份数计算。

表 5-4 居民个人工资、薪金所得预扣预缴率

级数	累计预扣预缴应纳税所得额	预扣率 /%	速算扣除数 / 元
1	不超过 36000 元的	3	0
2	超过 36000 元至 144000 元的部分	10	2520
3	超过 144000 元至 300000 元的部分	20	16920
4	超过 300000 元至 420000 元的部分	25	31920
5	超过 420000 元至 660000 元的部分	30	52920
6	超过 660000 元至 960000 元的部分	35	85920
7	超过 960000 元的部分	45	181920

居民个人向扣缴义务人提供有关信息并依法要求办理专项附加扣除的，扣缴义务人应当按照规定在工资、薪金所得按月预扣预缴税款时予以扣除，不得拒绝。

年度预扣预缴税额与年度应纳税额不一致的，由居民个人于次年 3 月 1 日至 6 月 30 日向主管税务机关办理综合所得年度汇算清缴，税款多退少补。

【例题 5-2】某居民个人 2023 年每月取得工资收入 30000 元，每月缴纳社保费用和住房公积金 4000 元，该居民个人全年均享受住房贷款利息专项附加扣除。

要求：计算该居民个人的扣缴义务人 2023 年 1 至 3 月每月代扣代缴的税款金额。

【解析】

2023 年 1 月：

累计预扣预缴应纳税所得额 =30000 － 5000 － 4000 － 1000=20000（元）

1 月应预扣预缴税额 =20000×3% － 0=600（元）

2023 年 2 月：

累计预扣预缴应纳税所得额 =30000×2 － 5000×2 － 4000×2 － 1000×2=40000（元）

2 月应预扣预缴税额 =（40000×10% － 2520）－600=1480 － 600=880（元）

2023 年 3 月：

累计预扣预缴应纳税所得额 =30000×3 － 5000×3 － 4000×3 － 1000×3=60000（元）

3 月应预扣预缴税额 =（60000×10% － 2520）－600 － 880=3480 － 600 － 880=2000（元）

此外，自 2020 年 7 月 1 日起，对一个纳税年度内首次取得工资、薪金所得的居民个人，扣缴义务人在预扣预缴个人所得税时，可按照 5000 元/月乘以纳税人当年截至本月月份数计算累计减除费用。

所称首次取得工资、薪金所得的居民个人，是指自纳税年度首月起至新入职时，未取得工资、薪金所得或者未按照累计预扣法预扣预缴过连续性劳务报酬所得个人所得税的居民个人。

（2）居民个人取得劳务报酬所得、稿酬所得、特许权使用费所得的扣缴办法。

扣缴义务人向居民个人支付劳务报酬所得、稿酬所得、特许权使用费所得时，应当按照以下方法按次或者按月预扣预缴税款。

①劳务报酬所得、稿酬所得、特许权使用费所得以收入减除费用后的余额为收入

额；其中，稿酬所得的收入额减按 70% 计算。

②减除费用：预扣预缴税款时，劳务报酬所得、稿酬所得、特许权使用费所得每次收入不超过 4000 元的，减除费用按 800 元计算；每次收入 4000 元以上的，减除费用按收入的 20% 计算。

③应纳税所得额：劳务报酬所得、稿酬所得、特许权使用费所得，以每次收入额为预扣预缴应纳税所得额，计算应预扣预缴税额。劳务报酬所得适用居民个人劳务报酬所得预扣预缴率表（见表 5-5），稿酬所得、特许权使用费所得适用 20% 的比例预扣率。

④预扣预缴税额计算公式为：

劳务报酬所得应预扣预缴税额 = 预扣预缴应纳税所得额 × 预扣率 - 速算扣除数

稿酬所得、特许权使用费所得应预扣预缴税额 = 预扣预缴应纳税所得额 × 20%

表 5-5　居民个人劳务报酬所得预扣预缴率

级数	预扣预缴应纳税所得额	预扣率 /%	速算扣除数 / 元
1	不超过 20000 元的	20	0
2	超过 20000 元至 50000 元的部分	30	2000
3	超过 50000 元的部分	40	7000

居民个人办理年度综合所得汇算清缴时，应当依法计算劳务报酬所得、稿酬所得、特许权使用费所得的收入额，并入年度综合所得计算应纳税款，税款多退少补。

【例题 5-3】歌星刘某为居民个人，2023 年 2 月一次取得表演收入 40000 元。

要求：计算其应预扣预缴个人所得税税额。

【解析】应预扣预缴税额 = 预扣预缴应纳税所得额 ×（1 - 20%）× 预扣率 - 速算扣除数 = 40000 ×（1 - 20%）× 30% - 2000 = 7600（元）

【例题 5-4】某作家为居民个人，2023 年 3 月取得一次未扣除个人所得税的稿酬收入 20000 元。

要求：计算其应预扣预缴的个人所得税税额。

【解析】应预扣预缴税额 = 预扣预缴应纳税所得额 × 预扣率 = 20000 ×（1 - 20%）× 70% × 20% = 2240（元）

（3）居民个人取得除综合所得外其他所得的扣缴办法。

扣缴义务人支付利息、股息、红利所得，财产租赁所得，财产转让所得或者偶然所得时，应当依法按次或者按月代扣代缴税款。

（三）非居民个人取得工资、薪金所得，劳务报酬所得，稿酬所得和特许权使用费所得应纳税额的计算

（1）首先需要明确的是，同居民个人取得的劳务报酬所得、稿酬所得和特许权使用费所得一样，非居民个人取得的这些项目的所得同样适用劳务报酬所得、稿酬所得、特许权使用费所得以收入减除 20% 的费用后的余额为收入额、稿酬所得的收入额减按 70% 计算的规定。

非居民个人的工资、薪金所得，以每月收入额减除费用 5000 元后的余额为应纳税所得额；劳务报酬所得、稿酬所得、特许权使用费所得，以每次收入额为应纳税所得额。

非居民个人从我国境内取得上述所得时，适用的税率见表 5-6。

表 5-6　非居民个人工资、薪金所得,劳务报酬所得,稿酬所得,特许权使用费所得适用税率

级数	应纳税所得额	税率 /%	速算扣除数 / 元
1	不超过 3000 元的	3	0
2	超过 3000 元至 12000 元的部分	10	210
3	超过 12000 元至 25000 元的部分	20	1410
4	超过 25000 元至 35000 元的部分	25	2660
5	超过 35000 元至 55000 元的部分	30	4410
6	超过 55000 元至 80000 元的部分	35	7160
7	超过 80000 元的部分	45	15160

【例题 5-5】某外商投资企业中工作的美国专家（假设为非居民纳税人）2023 年 2 月取得由该企业发放的含税工资收入 10400 元人民币，此外还从别处取得劳务报酬 5000 元人民币。

要求：计算当月其应纳个人所得税税额。

【解析】

（1）该非居民个人当月工资、薪金所得应纳税额 =（10400 － 5000）×10% － 210=330（元）

（2）该非居民个人当月劳务报酬所得应纳税额 =5000×（1 － 20%）×10% － 210=190（元）

（2）非居民个人取得工资、薪金所得，劳务报酬所得，稿酬所得和特许权使用费所得，有扣缴义务人的，由扣缴义务人按月或者按次代扣代缴税款，不办理汇算清缴。

（四）经营所得应纳税额的计算

经营所得应纳税额的计算公式为：

应纳税额 = 全年应纳税所得额 × 适用税率 － 速算扣除数

或：应纳税额 =（全年收入总额 － 成本、费用和损失）× 适用税率 － 速算扣除数

同居民个人综合所得应纳税额的计算一样，利用税法给出的经营所得税率表，换算得到包含速算扣除数的经营所得适用税率表（见表 5-7）。

表 5-7　经营所得个人所得税税率（含速算扣除数）

级数	全年应纳税所得额	税率 /%	速算扣除数 / 元
1	不超过 30000 元的	5	0
2	超过 30000 元至 90000 元的部分	10	1500
3	超过 90000 元至 300000 元的部分	20	10500
4	超过 300000 元至 500000 元的部分	30	40500
5	超过 500000 元的部分	35	65500

1. 个体工商户应纳税额的计算

个体工商户应纳税所得额的计算，以权责发生制为原则，属于当期的收入和费用，不论款项是否收付，均作为当期的收入和费用；不属于当期的收入和费用，即使款项已经在当期收付，均不作为当期的收入和费用。财政部、国家税务总局另有规定的除外。

（1）计税的基本规定。

个体工商户的生产、经营所得，以每一纳税年度的收入总额，减除成本、费用、税金、损失、其他支出和允许弥补的以前年度亏损后的余额，为应纳税所得额。

个体工商户从事生产经营和与生产经营有关的活动（以下简称生产经营）取得的货币形式和非货币形式的各项收入，为收入总额。收入总额包括销售货物收入、提供劳务收入、转让财产收入、利息收入、租金收入、接受捐赠收入、其他收入。其中：其他收入包括个体工商户资产溢余收入、逾期一年以上的未退包装物押金收入、确实无法偿付的应付款项、已作坏账损失处理后又收回的应收款项、债务重组收入、补贴收入、违约金收入、汇兑收益等。

成本，是指个体工商户在生产经营活动中发生的销售成本、销货成本、业务支出和其他耗费。

费用，是指个体工商户在生产经营活动中发生的销售费用、管理费用和财务费用，已经计入成本的有关费用除外。

税金，是指个体工商户在生产经营活动中发生的除个人所得税和允许抵扣的增值税以外的各项税金及其附加。

损失，是指个体工商户在生产经营活动中发生的固定资产和存货的盘亏、毁损、报废损失，转让财产损失，坏账损失，自然灾害等不可抗力因素造成的损失和其他损失。个体工商户发生的损失，减除责任人赔偿和保险赔款后的余额，参照财政部、国家税务总局有关企业资产损失税前扣除的规定扣除。个体工商户已经作为损失处理的资产，在以后纳税年度又全部收回或者部分收回时，应当计入收回当期的收入。

其他支出，是指除成本、费用、税金、损失外，个体工商户在生产经营活动中发生的与生产经营活动有关的、合理的支出。

个体工商户发生的支出应当区分收益性支出和资本性支出。收益性支出在发生当期直接扣除；资本性支出应当分期扣除或者计入有关资产成本，不得在发生当期直接扣除。

上述支出，是指与取得收入直接相关的支出。

除税收法律法规另有规定外，个体工商户实际发生的成本、费用、税金、损失和其他支出，不得重复扣除。

亏损，是指个体工商户依照规定计算的应纳税所得额小于0的数额。

个体工商户的下列支出不得扣除：个人所得税税款；税收滞纳金；罚金、罚款和被没收财物的损失；不符合扣除规定的捐赠支出；赞助支出；用于个人和家庭的支出；与取得生产经营收入无关的其他支出；国家税务总局规定不准扣除的支出。

个体工商户在生产经营活动中，应当分别核算生产经营费用和个人、家庭费用。对于因生产经营与个人、家庭生活混用难以分清的费用，其40%视为与生产经营有关的费用，准予扣除。

个体工商户纳税年度发生的亏损，准予向以后年度结转，用以后年度的生产经营所得弥补，但结转年限最长不得超过5年。

个体工商户使用或者销售存货，按照规定计算的存货成本，准予在计算应纳税所得额时扣除。

个体工商户转让资产，该项资产的净值，准予在计算应纳税所得额时扣除。

个体工商户与企业联营而分得的利润，按"利息、股息、红利所得"项目征收个人所得税。

（2）扣除项目及其标准。

个体工商户实际支付给从业人员的、合理的工资、薪金支出，准予扣除。

个体工商户业主的费用扣除标准，确定为60000元/年。个体工商户业主的工资、薪金支出不得税前扣除。

个体工商户按照国务院有关主管部门或者省级人民政府规定的范围和标准为其业主和从业人员缴纳的基本养老保险费、基本医疗保险费、失业保险费、生育保险费、工伤保险费和住房公积金，准予扣除。

个体工商户为从业人员缴纳的补充养老保险费、补充医疗保险费，分别在不超过从业人员工资总额5%标准内的部分据实扣除；超过部分，不得扣除。个体工商户业主本人缴纳的补充养老保险费、补充医疗保险费，以当地（地级市）上年度社会平均工资的3倍为计算基数，分别在不超过该计算基数5%标准内的部分据实扣除；超过部分，不得扣除。

个体工商户参加财产保险，按照规定缴纳的保险费，准予扣除。

除个体工商户依照国家有关规定为特殊工种从业人员支付的人身安全保险费和财政部、国家税务总局规定可以扣除的其他商业保险费外，个体工商户业主本人或者为从业人员支付的商业保险费，不得扣除。

个体工商户在生产经营活动中发生的合理的不需要资本化的借款费用，准予扣除。个体工商户为购置、建造固定资产、无形资产和经过12个月以上的建造才能达到预定可销售状态的存货发生借款的，在有关资产购置、建造期间发生的合理的借款费用，应当作为资本性支出计入有关资产的成本，依照规定扣除。

个体工商户在生产经营活动中发生的下列利息支出，准予扣除：向金融企业借款的利息支出；向非金融企业和个人借款的利息支出，不超过按照金融企业同期同类贷款利率计算的数额的部分。

个体工商户在货币交易中，以及纳税年度终了时将人民币以外的货币性资产、负债按照期末即期人民币汇率中间价折算为人民币时产生的汇兑损失，除已经计入有关资产成本部分外，准予扣除。

个体工商户向当地工会组织拨缴的工会经费、实际发生的职工福利费支出、职工教育经费支出分别在工资、薪金总额的 2%、14%、2.5% 的标准内据实扣除。工资、薪金总额是指允许在当期税前扣除的工资、薪金支出数额。职工教育经费的实际发生数额超出规定比例当期不能扣除的数额，准予在以后纳税年度结转扣除。个体工商户业主本人向当地工会组织缴纳的工会经费、实际发生的职工福利费支出、职工教育经费支出，以当地（地级市）上年度社会平均工资的 3 倍为计算基数，在上述规定的比例内据实扣除。

个体工商户发生的与生产经营活动有关的业务招待费，按照实际发生额的 60% 扣除，但最高不得超过当年销售（营业）收入的 5‰。业主自申请营业执照之日起至开始生产经营之日止所发生的业务招待费，按照实际发生额的 60% 计入个体工商户的开办费。

个体工商户每一纳税年度发生的与其生产经营活动直接相关的广告费和业务宣传费不超过当年销售（营业）收入 15% 的部分，可以据实扣除；超过部分，准予在以后纳税年度结转扣除。

个体工商户代其从业人员或者他人负担的税款，不得税前扣除。

个体工商户按照规定缴纳的摊位费、行政性收费、协会会费等，按实际发生数额扣除。

个体工商户根据生产经营活动的需要租入固定资产支付的租赁费，按照以下方法扣除：以经营租赁方式租入固定资产发生的租赁费支出，按照租赁期限均匀扣除；以融资租赁方式租入固定资产发生的租赁费支出，按照规定构成融资租入固定资产价值的部分应当提取折旧费用，分期扣除。

个体工商户发生的合理的劳动保护支出，准予扣除。

个体工商户自申请营业执照之日起至开始生产经营之日止所发生的符合规定的费用，除为取得固定资产、无形资产的支出，以及应计入资产价值的汇兑损益、利息支出外，作为开办费，个体工商户可以选择在开始生产经营的当年一次性扣除，也可自生产经营月份起在不短于 3 年期限内摊销扣除，但一经选定，不得改变。开始生产经营之日为个体工商户取得第一笔销售（营业）收入的日期。

个体工商户通过公益性社会团体或者县级以上人民政府及其部门，用于《公益事业捐赠法》规定的公益事业的捐赠，捐赠额不超过其应纳税所得额 30% 的部分可以据实扣除。财政部、国家税务总局规定可以全额在税前扣除的捐赠支出项目，按有关规定执行。

个体工商户直接对受益人的捐赠不得扣除。

个体工商户研究新产品、新技术、新工艺所发生的开发费用，以及研究开发新产品、新技术而购置单台价值在 10 万元以下的测试仪器和试验性装置的购置费准予直接扣除；单台价值在 10 万元以上（含 10 万元）的测试仪器和试验性装置，按固定资产管理，不得在当期直接扣除。

2. 个人独资企业和合伙企业应纳税额的计算

对个人独资企业和合伙企业生产经营所得，其个人所得税应纳税额的计算有以下两种方法。

（1）查账征收。

自2019年1月1日起，个人独资企业和合伙企业投资者的生产经营所得依法计征个人所得税时，个人独资企业和合伙企业投资者本人的费用扣除标准统一确定为60000元/年，即5000元/月。投资者的工资不得在税前扣除。

投资者及其家庭发生的生活费用不允许在税前扣除。投资者及其家庭发生的生活费用与企业生产经营费用混合在一起，并且难以划分的，全部视为投资者个人及其家庭发生的生活费用，不允许在税前扣除。

企业生产经营和投资者及其家庭生活共用的固定资产，难以划分的，由主管税务机关根据企业的生产经营类型、规模等具体情况，核定准予在税前扣除的折旧费用的数额或比例。企业向其从业人员实际支付的合理的工资、薪金支出，允许在税前据实扣除。

企业拨缴的工会经费、发生的职工福利费、职工教育经费支出分别在工资、薪金总额2%、14%、2.5%的标准内据实扣除。

每一纳税年度发生的广告费和业务宣传费用不超过当年销售（营业）收入15%的部分，可据实扣除；超过部分，准予在以后纳税年度结转扣除。

每一纳税年度发生的与其生产经营业务直接相关的业务招待费支出，按照发生额的60%扣除，但最高不得超过当年销售（营业）收入的5‰。

企业计提的各种准备金不得扣除。

投资者兴办两个或两个以上企业的，根据前述规定准予扣除的个人费用，由投资者选择在其中一个企业的生产经营所得中扣除。

企业的年度亏损，允许用本企业下一年度的生产经营所得弥补，下一年度所得不足弥补的，允许逐年延续弥补，但最长不得超过5年。

投资者兴办两个或两个以上企业的，企业的年度经营亏损不能跨企业弥补。

投资者来源于中国境外的生产经营所得，已在境外缴纳所得税的，可以按照《个人所得税法》的有关规定计算扣除已在境外缴纳的所得税。

自2022年1月1日起，持有股权、股票、合伙企业财产份额等权益性投资的个人独资企业、合伙企业，一律适用查账征收方式计征个人所得税。

（2）核定征收。

核定征收方式，包括定额征收、核定应税所得率征收以及其他合理的征收方式。有下列情形之一的，主管税务机关应采取核定征收方式征收个人所得税：

①企业依照国家有关规定应当设置但未设置账簿的。

②企业虽设置账簿，但账目混乱或者成本资料、收入凭证、费用凭证残缺不全，难

以查账的。

③纳税人发生纳税义务，未按照规定的期限办理纳税申报，经税务机关责令限期申报，逾期仍不申报的。

实行核定应税所得率征收方式的，应纳所得税额的计算公式为：

应纳所得税额 = 应纳税所得额 × 适用税率

应纳税所得额 = 收入总额 × 应税所得率

或：应纳税所得额 = 成本费用支出额 ÷（1 - 应税所得率）× 应税所得率

应税所得率应按规定的标准执行见表 5-8。

表 5-8　个人所得税核定征收应税所得率

行业	应税所得率 /%
工业、交通运输业、商业	5 ~ 20
建筑业、房地产开发业	7 ~ 20
饮食服务业	7 ~ 25
娱乐业	20 ~ 40
其他行业	10 ~ 30

企业经营多业的，无论其经营项目是否单独核算，均应根据其主营项目确定其适用的应税所得率。

实行核定征收的投资者，不能享受个人所得税的优惠政策。

实行查账征收方式的个人独资企业和合伙企业改为核定征收方式后，在查账征收方式下认定的年度经营亏损未弥补完的部分，不得再继续弥补。

取得经营所得的个人，没有综合所得的，计算其每一纳税年度的应纳税所得额时，应当减除费用 60000 元、专项扣除、专项附加扣除以及依法确定的其他扣除，专项附加扣除在办理汇算清缴时减除。

（五）财产租赁所得应纳税额的计算

财产租赁所得一般以个人每次取得的收入，定额或定率减除规定费用后的余额为应纳税所得额。每次收入不超过 4000 元，定额减除费用 800 元；每次收入在 4000 元以上，定率减除 20% 的费用。财产租赁所得以 1 个月内取得的收入为一次。

在确定财产租赁的应纳税所得额时，纳税人在出租财产过程中缴纳的税金和教育费附加，可持完税（缴款）凭证，从其财产租赁收入中扣除。准予扣除的项目除了规定费用和有关税费外，还包括能够提供有效、准确凭证，证明由纳税人负担的该出租财产实际开支的修缮费用。允许扣除的修缮费用，以每次 800 元为限。一次扣除不完的，准予在下一次继续扣除，直到扣完为止。

个人出租财产取得的财产租赁收入，在计算缴纳个人所得税时，应依次扣除以下费用：财产租赁过程中缴纳的税金和国家能源交通重点建设基金、国家预算调节基金、教育费附加；由纳税人负担的该出租财产实际开支的修缮费用；税法规定的费用扣除标准。

应纳税所得额的计算公式为：

（1）每次（月）收入不超过 4000 元的：

应纳税所得额=每次（月）收入额－准予扣除项目－修缮费用（800 元为限）－ 800 元

（2）每次（月）收入超过 4000 元的：

应纳税所得额=[每次（月）收入额－准予扣除项目－修缮费用（800 元为限）]×（1 － 20%）

（六）财产转让所得应纳税额的计算

财产转让所得应纳税额的计算公式为：

应纳税额＝应纳税所得额×适用税率＝（收入总额－财产原值－合理费用）×20%

【例题 5-6】某个人建房一幢，造价 360000 元，支付其他费用 50000 元。该个人完成建房后将房屋出售，售价 600000 元，在售房过程中按规定支付交易费等相关税费 35000 元。

要求：计算其应纳个人所得税税额。

【解析】应纳税所得额＝财产转让收入－财产原值－合理费用＝600000 －（360000+50000）－ 35000=155000（元）

应纳税额＝155000×20%=31000（元）

（七）利息、股息、红利所得和偶然所得应纳税额的计算

利息、股息、红利所得和偶然所得应纳税额的计算公式为：

应纳税额＝应纳税所得额×适用税率＝每次收入额×20%

任务三　应纳税额计算中的特殊问题处理

一、全年一次性奖金的征税问题

全年一次性奖金是指行政机关、企事业单位等扣缴义务人根据其全年经济效益和对雇员全年工作业绩的综合考核情况，向雇员发放的一次性奖金。一次性奖金也包括年终加薪、实行年薪制和绩效工资办法的单位根据考核情况兑现的年薪和绩效工资。

居民个人取得全年一次性奖金，在 2027 年 12 月 31 日前，可选择不并入当年综合所得，按以下计税办法，由扣缴义务人发放时代扣代缴，即将居民个人取得的全年一次性奖金，除以 12 个月，按其商数依照按月换算后的综合所得税率表确定适用税率和速算扣除数（见表 5-9）。

表5-9　按月换算后的综合所得税率

级数	月应纳税所得额	税率/%	速算扣除数/元
1	不超过3000元的	3	0
2	超过3000元至12000元的部分	10	210
3	超过12000元至25000元的部分	20	1410
4	超过25000元至35000元的部分	25	2660
5	超过35000元至55000元的部分	30	4410
6	超过55000元至80000元的部分	35	7160
7	超过80000元的部分	45	15160

在一个纳税年度内，对每一个纳税人，该计税办法只允许采用一次。

实行年薪制和绩效工资的单位，居民个人取得年终兑现的年薪和绩效工资按上述方法执行。居民个人取得全年一次性奖金，也可以选择并入当年综合所得计算纳税。

居民个人取得除全年一次性奖金以外的其他各种名目奖金，如半年奖、季度奖、加班奖、先进奖、考勤奖等，一律与当月工资、薪金收入合并，按税法规定缴纳个人所得税。

【例题5-7】假定中国居民个人李某2023年在我国境内1—12月每月的税后工资为5200元，当年度12月31日又一次性领取年终含税奖金60000元。

要求：计算李某取得年终奖金应缴纳的个人所得税。

【解析】

（1）年终奖金适用的税率和速算扣除数为：按12个月分摊后，每月的奖金=60000÷12=5000（元），根据工资、薪金七级超额累进税率的规定，适用的税率和速算扣除数分别为10%、210元。

（2）该笔年终奖应缴纳的个人所得税为：

应纳税额=年终奖金收入×适用的税率－速算扣除数=60000×10%－210=6000－210=5790（元）

二、对个人因解除劳动合同取得经济补偿金的征税问题

根据《财政部国家税务总局关于个人与用人单位解除劳动关系取得的一次性补偿收入征免个人所得税问题的通知》（财税〔2001〕157号）和《国家税务总局关于国有企业职工因解除劳动合同取得一次性补偿收入征免个人所得税问题的通知》（国税发〔2000〕77号），自2001年10月1日起，对个人因解除劳动合同取得经济补偿金按以下规定处理：

企业依照国家有关法律规定宣告破产，企业职工从该破产企业取得的一次性安置费收入，免征个人所得税。

个人因与用人单位解除劳动关系而取得的一次性补偿收入（包括用人单位发放的经济补偿金、生活补助费和其他补助费用），其收入在当地上年职工平均工资3倍数额以

内的部分，免征个人所得税；超过 3 倍数额的部分，不并入当年综合所得，单独适用综合所得税率表（见表 5-1 或表 5-3），计算纳税。个人在解除劳动合同后又再次任职、受雇的，已纳税的一次性补偿收入不再与再次任职、受雇的工资、薪金所得合并计算补缴个人所得税。

个人领取一次性补偿收入时按照国家和地方政府规定的比例实际缴纳的住房公积金、医疗保险费、基本养老保险费、失业保险费，可以在计征其一次性补偿收入的个人所得税时予以扣除。

【例题 5-8】甲公司与员工孙某解除劳动合同，在 2023 年 8 月向孙某支付经济补偿金 500000 元。假定当地 2022 年度城镇非私营单位在岗职工年平均工资为 120000 元。

要求：计算孙某取得该笔经济补偿金应缴纳的个人所得税。

【解析】孙某能够享受的免征个人所得税的收入 =120000×3=360000（元）

应纳税所得额 =500000 － 360000=140000（元），该项所得不并入当年综合所得，单独适用综合所得税率表，故孙某应缴纳的个人所得税 =140000×10% － 2520=11480（元）

三、实行内部退养办法人员取得收入的征税问题

实行内部退养的个人在其办理内部退养手续后至法定离退休年龄之间从原任职单位取得的工资、薪金，不属于离退休工资，应按"工资、薪金所得"项目计征个人所得税。

个人在办理内部退养手续后从原任职单位取得的一次性收入，应按办理内部退养手续后至法定离退休年龄之间的所属月份进行平均，并与领取当月的工资、薪金合并后减除当月费用扣除标准，以余额为基数确定适用税率（见表 5-9），再将当月工资、薪金加上取得的一次性收入，减去费用扣除标准，按适用税率计征个人所得税。

个人在办理内部退养手续后至法定离退休年龄之间重新就业取得的工资、薪金所得，应与其从原任职单位取得的同一月份的工资、薪金合并，并依法自行向主管税务机关申报缴纳个人所得税。

【例题 5-9】2023 年 9 月，公司执行减员增效政策，赵某办理内部退养手续，此时距其法定退休年龄还有 5 年。当月赵某领取工资 8000 元和一次性补贴 240000 元。

要求：计算赵某 2023 年 9 月应缴纳的个人所得税。

【解析】平均分摊收入 =240000÷（5×12）=4000（元）。

分摊收入与领取当月的工资、薪金合并后减除当月费用扣除标准，即 4000+8000 － 5000=7000（元）

查按月换算后的综合所得税率表（表 5-9），确定适用税率 10%、速算扣除数为 210。

故赵某 2023 年 9 月应缴纳的个人所得税 =[8000+240000 － 5000]×10% － 210=24090（元）。

四、个人提前退休取得补贴收入的征税问题

自 2019 年 1 月 1 日起，个人办理提前退休手续而取得的一次性补贴收入，应按照办理提前退休手续至法定离退休年龄之间实际年度数平均分摊，确定适用税率和速算扣除数，单独适用综合所得税率表（见表 5-3），计算纳税。计算公式为：

应纳税额={[（一次性补贴收入 ÷ 办理提前退休手续至法定退休年龄的实际年度数）－费用扣除标准]×适用税率－速算扣除数}×办理提前退休手续至法定退休年龄的实际年度数

【例题 5-10】2023 年 10 月，王某办理提前退休手续，此时距离法定退休年龄还差 4 年，甲公司按照规定给予王某一次性补贴收入 400000 元。

要求：计算王某取得该笔一次性补贴应缴纳的个人所得税。

【解析】平均分摊收入 =400000 ÷ 4=100000（元）。

查综合所得税率表（表 5-3），确定适用税率 10%、速算扣除数为 2520。

故王某应缴纳的个人所得税 =[（400000 ÷ 4 － 60000）×10% － 2520]×4=5920（元）。

五、企业年金、职业年金个人所得税的规定

企业年金，是指根据 2017 年 12 月 18 日人社部和财政部联合颁布《企业年金办法》的规定，企业及其职工在依法参加基本养老保险的基础上，自愿建立的补充养老保险制度。职业年金，是指根据《事业单位职业年金办法》（国办发〔2015〕18 号）的规定，事业单位及其工作人员在依法参加基本养老保险的基础上，建立的补充养老保险制度。

企业年金和职业年金个人所得税的计算征收按以下规定执行。

1. 企业年金和职业年金缴费的个人所得税处理

（1）企业和事业单位（以下统称单位）根据国家有关政策规定的办法和标准，为在本单位任职或者受雇的全体职工缴付的企业年金或职业年金（以下统称年金）单位缴费部分，在计入个人账户时，个人暂不缴纳个人所得税。

（2）个人根据国家有关政策规定缴付的年金个人缴费部分，在不超过本人缴费工资计税基数的 4% 标准内的部分，暂从个人当期的应纳税所得额中扣除。

（3）超过上述第（1）项和第（2）项规定的标准缴付的年金单位缴费和个人缴费部分，应并入个人当期的工资、薪金所得，依法计征个人所得税。税款由建立年金的单位代扣代缴，并向主管税务机关申报解缴。

（4）企业年金个人缴费工资计税基数为本人上一年度月平均工资。月平均工资按国家统计局规定列入工资总额统计的项目计算。月平均工资超过职工工作地所在设区城市上一年度职工月平均工资 300% 以上的部分，不计入个人缴费工资计税基数。

2. 年金基金投资运营收益的个人所得税处理

年金基金投资运营收益分配计入个人账户时，个人暂不缴纳个人所得税。

3. 领取年金的个人所得税处理

（1）个人达到国家规定的退休年龄，领取的企业年金、职业年金，符合《财政部 人力资源社会保障部 国家税务总局关于企业年金、职业年金个人所得税有关问题的通知》（财税〔2013〕103号）规定的，不并入综合所得，全额单独计算应纳税款。其中按月领取的，适用月度税率表（见表5-9）计算纳税；按季领取的，平均分摊计入各月，按每月领取额适用月度税率表计算纳税；按年领取的，适用综合所得税率表（见表5-1或表5-3）计算纳税。

（2）个人因出境定居而一次性领取的年金个人账户资金，或个人死亡后，其指定的受益人或法定继承人一次性领取的年金个人账户余额，适用综合所得税率表（见表5-1或表5-3）计算纳税。对个人除上述特殊原因外一次性领取年金个人账户资金或余额的，适用月度税率表（见表5-9）计算纳税。

（3）个人领取年金时，其应纳税款由受托人代表委托人委托托管人代扣代缴。年金账户管理人应及时向托管人提供个人年金缴费及对应的个人所得税纳税明细。托管人根据受托人指令及账户管理人提供的资料，按照规定计算扣缴个人当期领取年金待遇的应纳税款，并向托管人所在地主管税务机关申报解缴。

六、个人养老金有关个人所得税政策

自2022年1月1日起，对个人养老金实施递延纳税优惠政策。在缴费环节，个人向个人养老金资金账户的缴费，按照12000元/年的限额标准，在综合所得或经营所得中据实扣除；在投资环节，计入个人养老金资金账户的投资收益暂不征收个人所得税；在领取环节，个人领取的个人养老金，不并入综合所得，单独按照3%的税率计算缴纳个人所得税，其缴纳的税款计入"工资、薪金所得"项目。

个人缴费享受税前扣除优惠时，以个人养老金信息管理服务平台出具的扣除凭证为扣税凭据。

取得工资薪金所得、按累计预扣法预扣预缴个人所得税劳务报酬所得的，其缴费可以选择在当年预扣预缴或次年汇算清缴时在限额标准内据实扣除。选择在当年预扣预缴的，应及时将相关凭证提供给扣缴单位。扣缴单位应按照税法有关要求，为纳税人办理税前扣除有关事项。

取得其他劳务报酬、稿酬、特许权使用费等所得或经营所得的，其缴费在次年汇算清缴时在限额标准内据实扣除。

个人按规定领取个人养老金时，由开立个人养老金资金账户所在市的商业银行机构代扣代缴其应缴的个人所得税。

上述税收政策自2022年1月1日起在个人养老金先行城市实施。个人养老金先行城市名单由人力资源社会保障部会同财政部、国家税务总局另行发布。

任务四　税收优惠

《个人所得税法》和《个人所得税法实施条例》及财政部、国家税务总局的若干规定等，都对个人所得项目给予了减税、免税的优惠，主要有以下内容。

一、免征个人所得税的优惠

（1）省级人民政府、国务院部委和中国人民解放军军以上单位，以及外国组织颁发（颁布）的科学、教育、技术、文化、卫生、体育、环境保护等方面的奖金（奖学金）。

（2）国债和国家发行的金融债券利息。

（3）按照国家统一规定发给的补贴、津贴。比如按照国务院规定发给的政府特殊津贴、院士津贴等。

（4）福利费、抚恤金、救济金。福利费，是指根据国家有关规定，从企业、事业单位、国家机关、社会团体提留的福利费或者工会经费中支付给个人的生活补助费；救济金，是指各级人民政府民政部门支付给个人的生活困难补助费。

（5）保险赔款。

（6）军人的转业费、复员费。对退役士兵按照《退役士兵安置条例》规定，取得的一次性退役金和地方政府发放的一次性经济补助，免征个人所得税。

（7）按照国家统一规定发给干部、职工的安家费、退职费、基本养老金或者退休费、离休费、离休生活补助费。

（8）依照我国有关法律规定应予免税的各国驻华使馆、领事馆的外交代表、领事官员和其他人员的所得。

（9）中国政府参加的国际公约和签订的协议中规定免税的所得。

（10）对乡、镇（含乡、镇）以上人民政府或经县（含县）以上人民政府主管部门批准成立的有机构、有章程的见义勇为基金或者类似性质组织，奖励见义勇为者的奖金或奖品，经主管税务机关核准，免征个人所得税。

（11）企业和个人按照省级以上人民政府规定的比例缴付的住房公积金、医疗保险金、基本养老保险金、失业保险金，允许在个人应纳税所得额中扣除，免予征收个人所得税。超过规定的比例缴付的部分应并入个人当期的工资、薪金收入，计征个人所得税。

个人领取原提存的住房公积金、医疗保险金、基本养老保险金时，免予征收个人所得税。

对按照国家或省级地方政府规定的比例缴付的住房公积金、医疗保险金、基本养老保险金和失业保险金存入银行个人账户所取得的利息收入，免征个人所得税。

（12）对个人取得的教育储蓄存款利息所得和国务院财政部门确定的其他专项储蓄存款或者储蓄性专项基金存款的利息所得，免征个人所得税。自 2008 年 10 月 9 日起，对居民储蓄存款利息，暂免征收个人所得税。

（13）生育妇女按照县级以上人民政府根据国家有关规定制定的生育保险办法，取得的生育津贴、生育医疗费或其他属于生育保险性质的津贴、补贴，免征个人所得税。

（14）对工伤职工及其近亲属按照《工伤保险条例》规定取得的工伤保险待遇，免征个人所得税。

（15）对个体工商户或个人，以及个人独资企业和合伙企业从事种植业、养殖业、饲养业和捕捞业取得的所得暂不征收个人所得税。

（16）个人举报、协查各种违法、犯罪行为而获得的奖金。

（17）个人办理代扣代缴税款手续，按规定取得的扣缴手续费。

（18）个人转让自用达 5 年以上，并且是唯一的家庭生活用房取得的所得。

（19）对按《国务院关于高级专家离休退休若干问题的暂行规定》和《国务院办公厅关于杰出高级专家暂缓离休审批问题的通知》精神，达到离休、退休年龄，但确因工作需要，适当延长离休、退休年龄的高级专家，其在延长离休、退休期间的工资、薪金所得，视同退休金、离休金免征个人所得税。

（20）外籍个人从外商投资企业取得的股息、红利所得。

（21）对被拆迁人按照国家有关城镇房屋拆迁管理办法规定的标准取得的拆迁补偿款（含因棚户区改造而取得的拆迁补偿款），免征个人所得税。

（22）对个人转让上市公司股票取得的所得暂免征收个人所得税。自 2008 年 10 月 9 日起，对证券市场个人投资者取得的证券交易结算资金利息所得，暂免征收个人所得税。

（23）自 2015 年 9 月 8 日起，个人从公开发行和转让市场取得的上市公司股票，持股期限超过 1 年的，股息、红利所得暂免征收个人所得税。个人从公开发行和转让市场取得的上市公司股票，持股期限在 1 个月以内（含 1 个月）的，其股息、红利所得全额计入应纳税所得额；持股期限在 1 个月以上至 1 年（含 1 年）的，股息、红利所得暂减按 50% 计入应纳税所得额；上述所得统一适用 20% 的税率计征个人所得税。

自 2019 年 7 月 1 日起至 2024 年 6 月 30 日止，全国中小企业股份转让系统挂牌公司股息、红利差别化个人所得税政策也按上述政策执行。

（24）个人取得的下列中奖所得，暂免征收个人所得税：

①单张有奖发票奖金所得不超过 800 元（含 800 元）的，暂免征收个人所得税；个人取得单张有奖发票奖金所得超过 800 元的，应全额按照税法规定的"偶然所得"项目征收个人所得税。

②购买社会福利有奖募捐奖券、体育彩票一次中奖收入不超过 10000 元的暂免征收个人所得税；对一次中奖收入超过 10000 元的，应按税法规定全额征税。

（25）乡镇企业的职工和农民取得的青苗补偿费，属种植业的收益范围，同时，也属经济损失的补偿性收入，暂不征收个人所得税。

（26）对法律援助人员按照《中华人民共和国法律援助法》规定获得的法律援助补贴，免征个人所得税。法律援助机构向法律援助人员支付法律援助补贴时，应当为获得补贴的法律援助人员办理个人所得税劳务报酬所得免税申报。

（27）经国务院财政部门批准免税的所得。

二、减征个人所得税的优惠

（1）个人投资者持有2024—2027年发行的铁路债券取得的利息收入，减按50%计入应纳税所得额计算征收个人所得税。税款由兑付机构在向个人投资者兑付利息时代扣代缴。

铁路债券是指以中国铁路总公司为发行和偿还主体的债券，包括中国铁路建设债券、中期票据、短期融资券等债务融资工具。

（2）自2023年1月1日至2027年12月31日，对个体工商户年应纳税所得额不超过200万元的部分，减半征收个人所得税。个体工商户在享受现行其他个人所得税优惠政策的基础上，可叠加享受前述优惠政策。个体工商户不区分征收方式，均可享受。

（3）有下列情形之一的，可以减征个人所得税，具体幅度和期限，由省、自治区、直辖市人民政府规定，并报同级人民代表大会常务委员会备案。

①残疾、孤老人员和烈属的所得。

②因自然灾害遭受重大损失的。

（4）国务院可以规定其他减税情形，报全国人民代表大会常务委员会备案。

任务五　个人所得税纳税申报

全国通用实行的个人所得税的纳税办法有自行申报纳税和全员全额扣缴申报纳税两种。此外，《税收征收管理法》还对无法查账征收的纳税人规定了核定征收的方式，并由各地税务局依据自身情况制定当地的核定征收细则。

一、自行申报纳税

自行申报纳税，是由纳税人自行在税法规定的纳税期限内，向税务机关申报取得的应税所得项目和数额，如实填写个人所得税纳税申报表，并按照税法规定计算应纳税额，据此缴纳个人所得税的一种方法。

（一）有下列情形之一的，纳税人应当依法办理纳税申报

（1）取得综合所得需要办理汇算清缴。

（2）取得应税所得没有扣缴义务人。

（3）取得应税所得，扣缴义务人未扣缴税款。

（4）取得境外所得。

（5）因移居境外注销中国户籍。

（6）非居民个人在中国境内从两处以上取得工资、薪金所得。

（7）国务院规定的其他情形。

（二）取得综合所得需要办理汇算清缴的纳税申报

取得综合所得且符合下列情形之一的纳税人，应当依法办理汇算清缴：

（1）从两处以上取得综合所得，且综合所得年收入额减除专项扣除后的余额超过60000元。

（2）取得劳务报酬所得、稿酬所得、特许权使用费所得中一项或者多项所得，且综合所得年收入额减除专项扣除的余额超过60000元。

（3）纳税年度内预缴税额低于应纳税额。

（4）纳税人申请退税。

需要办理汇算清缴的纳税人，应当在取得所得的次年3月1日至6月30日内，向任职、受雇单位所在地主管税务机关办理纳税申报，并报送《个人所得税年度自行纳税申报表》。纳税人有两处以上任职、受雇单位的，选择向其中一处任职、受雇单位所在地主管税务机关办理纳税申报；纳税人没有任职、受雇单位的，向户籍所在地或经常居住地主管税务机关办理纳税申报。

纳税人办理综合所得汇算清缴，应当准备与收入、专项扣除、专项附加扣除、依法确定的其他扣除、捐赠、享受税收优惠等相关的资料，并按规定留存备查或报送。

纳税人办理汇算清缴退税或者扣缴义务人为纳税人办理汇算清缴退税的，税务机关审核后，按照国库管理的有关规定办理退税。纳税人申请退税时提供的汇算清缴信息有错误的，税务机关应当告知其更正；纳税人更正的，税务机关应当及时办理退税。纳税人申请退税，应当提供其在中国境内开设的银行账户，并在汇算清缴地就地办理税款退库。

（三）取得经营所得的纳税申报

个体工商户业主、个人独资企业投资者、合伙企业个人合伙人、承包承租经营者个人以及其他从事生产、经营活动的个人取得经营所得，包括以下情形。

（1）个体工商户从事生产、经营活动取得的所得，个人独资企业投资人、合伙企业的个人合伙人来源于境内注册的个人独资企业、合伙企业生产、经营的所得。

（2）个人依法从事办学、医疗、咨询以及其他有偿服务活动取得的所得。

（3）个人对企业、事业单位承包经营、承租经营以及转包、转租取得的所得。

（4）个人从事其他生产、经营活动取得的所得。

纳税人取得经营所得，按年计算个人所得税，由纳税人在月度或季度终了后15日内，向经营管理所在地主管税务机关办理预缴纳税申报，并报送《个人所得税经营所得纳税申报表（A表）》。在取得所得的次年3月31日前，向经营管理所在地主管税务机关办理汇算清缴，并报送《个人所得税经营所得纳税申报表（B表）》；从两处以上取得经营所得的，选择向其中一处经营管理所在地主管税务机关办理年度汇总申报，并报送《个人所得税经营所得纳税申报表（C表）》。

（四）取得应税所得，扣缴义务人未扣缴税款的纳税申报

纳税人取得应税所得，扣缴义务人未扣缴税款的，应当区别以下情形办理纳税申报。

（1）居民个人取得综合所得的，且符合前述第（二）项所述情形的，应当依法办理汇算清缴。

（2）非居民个人取得工资、薪金所得，劳务报酬所得，稿酬所得，特许权使用费所得的，应当在取得所得的次年6月30日前，向扣缴义务人所在地主管税务机关办理纳税申报，并报送《个人所得税自行纳税申报表（A表）》。有两个以上扣缴义务人均未扣缴税款的，选择向其中一处扣缴义务人所在地主管税务机关办理纳税申报。非居民个人在次年6月30日前离境（临时离境除外）的，应当在离境前办理纳税申报。

（3）纳税人取得利息、股息、红利所得，财产租赁所得，财产转让所得和偶然所得的，应当在取得所得的次年6月30日前，按相关规定向主管税务机关办理纳税申报，并报送《个人所得税自行纳税申报表（A表）》。

税务机关通知限期缴纳的，纳税人应当按照期限缴纳税款。

纳税人取得应税所得没有扣缴义务人的，应当在取得所得的次月15日内向税务机关报送纳税申报表，并缴纳税款。

（五）取得境外所得的纳税申报

居民个人从中国境外取得所得的，应当在取得所得的次年3月1日至6月30日内，向中国境内任职、受雇单位所在地主管税务机关办理纳税申报；在中国境内没有任职、受雇单位的，向户籍所在地或中国境内经常居住地主管税务机关办理纳税申报；户籍所在地与中国境内经常居住地不一致的，选择其中一地主管税务机关办理纳税申报；在中国境内没有户籍的，向中国境内经常居住地主管税务机关办理纳税申报。

（六）因移居境外注销中国户籍的纳税申报

纳税人因移居境外注销中国户籍的，应当在申请注销中国户籍前，向户籍所在地主管税务机关办理纳税申报，进行税款清算。

（1）纳税人在注销户籍年度取得综合所得的，应当在注销户籍前，办理当年综合所得的汇算清缴，并报送《个人所得税年度自行纳税申报表》。尚未办理上一年度综合所得汇算清缴的，应当在办理注销户籍纳税申报时一并办理。

（2）纳税人在注销户籍年度取得经营所得的，应当在注销户籍前，办理当年经营所得的汇算清缴，并报送《个人所得税经营所得纳税申报表（B表）》。从两处以上取得经营所得的，还应当一并报送《个人所得税经营所得纳税申报表（C表）》。尚未办理上一年度经营所得汇算清缴的，应当在办理注销户籍纳税申报时一并办理。

（3）纳税人在注销户籍当年取得利息、股息、红利所得，财产租赁所得，财产转让所得和偶然所得的，应当在注销户籍前，申报当年上述所得的完税情况，并报送《个人所得税自行纳税申报表（A表）》。

（4）纳税人有未缴或者少缴税款的，应当在注销户籍前，结清欠缴或未缴的税款。

纳税人存在分期缴税且未缴纳完毕的，应当在注销户籍前，结清尚未缴纳的税款。

（5）纳税人办理注销户籍纳税申报时，需要办理专项附加扣除、依法确定的其他扣除的，应当向税务机关报送《个人所得税专项附加扣除信息表》《商业健康保险税前扣除情况明细表》《个人税收递延型商业养老保险税前扣除情况明细表》等。

（七）非居民个人在中国境内从两处以上取得工资、薪金所得的纳税申报

非居民个人在中国境内从两处以上取得工资、薪金所得的，应当在取得所得的次月15日内，向其中一处任职、受雇单位所在地主管税务机关办理纳税申报，并报送《个人所得税自行纳税申报表（A表）》。

（八）纳税申报方式

纳税人可以采用远程办税端、邮寄等方式申报，也可以直接到主管税务机关申报。

（九）其他有关问题

（1）纳税人办理自行纳税申报时，应当一并报送税务机关要求报送的其他有关资料。首次申报或者个人基础信息发生变化的，还应报送《个人所得税基础信息表（B表）》。

（2）纳税人在办理纳税申报时需要享受税收协定待遇的，按照享受税收协定待遇有关办法办理。

二、全员全额扣缴申报纳税

税法规定，扣缴义务人向个人支付应税款项时，应当依照《个人所得税法》规定预扣或者代扣税款，按时缴库，并专项记载备查。

全员全额扣缴申报，是指扣缴义务人应当在代扣税款的次月15日内，向主管税务机关报送其支付所得的所有个人的有关信息、支付所得数额、扣除事项和数额、扣缴税款的具体数额和总额以及其他相关涉税信息资料。这种方法有利于控制税源、防止漏税和逃税。

实行个人所得税全员全额扣缴申报的应税所得包括：工资、薪金所得；劳务报酬所得；稿酬所得；特许权使用费所得；利息、股息、红利所得；财产租赁所得；财产转让所得；偶然所得。

全员全额扣缴申报时，不同项目的具体扣缴方法详见本项目的任务二。

三、个人所得税申报举例

【例题5-11】甲公司职员赵玥（身份证号：11022119740913××××）2023年全年收入如下：取得工资、薪金收入280000元，在乙公司兼职独立董事取得报酬50000元，出版小说取得稿酬20000元。当地规定的社会保险和住房公积金个人缴存比例为：基本养老保险8%，基本医疗保险2%，失业保险0.5%，住房公积金12%。社保部门核定赵玥2023年社会保险费的缴费工资基数为每月10000元。赵玥正在偿还首套住房贷款及利息；赵玥为独生女，其独生子正在就读大学3年级；赵玥父母均已年过60岁。赵玥夫妻

约定由赵玥扣除贷款利息和子女教育专项附加扣除。

要求：请帮助赵玥完成2023年度个人所得税申报（见表5-10）。

表5-10　个人所得税年度自行纳税申报表（A表）

（仅取得境内综合所得年度汇算适用）

税款所属期：　　年　　月　　日至　　年　　月　　日

纳税人姓名：

纳税人识别号：□□□□□□□□□□□□□□□□□-□□　　金额单位：人民币元（列至角分）

基本情况					
手机号码		电子邮箱		邮政编码	□□□□□□
联系地址	____省（区、市）____市____区（县）____街道（乡、镇）_____				
纳税地点（单选）					
1. 有任职受雇单位的，需选本项并填写"任职受雇单位信息"：			□任职受雇单位所在地		
任职受雇单位信息	名称				
	纳税人识别号	□□□□□□□□□□□□□□□□□□			
2. 没有任职受雇单位的，可以从本栏次选择一地：　□户籍所在地　□经常居住地　□主要收入来源地					
户籍所在地/经常居住地/主要收入来源地	____省（区、市）____市____区（县）____街道（乡、镇）_____				
申报类型（单选）					
□首次申报　　　　　　　　　□更正申报					
综合所得个人所得税计算					
项目				行次	金额
一、收入合计（第1行＝第2行＋第3行＋第4行＋第5行）				1	
（一）工资、薪金				2	
（二）劳务报酬				3	
（三）稿酬				4	
（四）特许权使用费				5	
二、费用合计［第6行＝（第3行＋第4行＋第5行）×20%］				6	
三、免税收入合计（第7行＝第8行＋第9行）				7	
（一）稿酬所得免税部分［第8行＝第4行×（1-20%）×30%］				8	
（二）其他免税收入（附报《个人所得税减免税事项报告表》）				9	
四、减除费用				10	
五、专项扣除合计（第11行＝第12行＋第13行＋第14行＋第15行）				11	
（一）基本养老保险费				12	
（二）基本医疗保险费				13	
（三）失业保险费				14	
（四）住房公积金				15	
六、专项附加扣除合计（附报《个人所得税专项附加扣除信息表》）（第16行＝第17行＋第18行＋第19行＋第20行＋第21行＋第22行＋第23行）				16	
（一）子女教育				17	

续表

项目	行次	
（二）继续教育	18	
（三）大病医疗	19	
（四）住房贷款利息	20	
（五）住房租金	21	
（六）赡养老人	22	
（七）3岁以下婴幼儿照护	23	
七、其他扣除合计（第24行＝第25行＋第26行＋第27行＋第28行＋第29行＋第30行）	24	
（一）年金	25	
（二）商业健康保险（附报《商业健康保险税前扣除情况明细表》）	26	
（三）税延养老保险（附报《个人税收递延型商业养老保险税前扣除情况明细表》）	27	
（四）允许扣除的税费	28	
（五）个人养老金	29	
（六）其他	30	
八、准予扣除的捐赠额（附报《个人所得税公益慈善事业捐赠扣除明细表》）	31	
九、应纳税所得额（第32行＝第1行－第6行－第7行－第10行－第11行－第16行－第24行－第31行）	32	
十、税率（%）	33	
十一、速算扣除数	34	
十二、应纳税额（第35行＝第32行×第33行－第34行）	35	
全年一次性奖金个人所得税计算 （无住所居民个人预判为非居民个人取得的数月奖金，选择按全年一次性奖金计税的填写本部分）		
一、全年一次性奖金收入	36	
二、准予扣除的捐赠额（附报《个人所得税公益慈善事业捐赠扣除明细表》）	37	
三、税率（%）	38	
四、速算扣除数	39	
五、应纳税额［第40行＝（第36行－第37行）×第38行－第39行］	40	
税额调整		
一、综合所得收入调整额（需在"备注"栏说明调整具体原因、计算方式等）	41	
二、应纳税额调整额	42	
应补/退个人所得税计算		
一、应纳税额合计（第43行＝第35行＋第40行＋第42行）	43	
二、减免税额（附报《个人所得税减免税事项报告表》）	44	
三、已缴税额	45	
四、应补/退税额（第46行＝第43行－第44行－第45行）	46	
无住所个人附报信息		
纳税年度内在中国境内居住天数	已在中国境内居住年数	
退税申请 （应补/退税额小于0的填写本部分）		

续表

□ 申请退税（需填写"开户银行名称""开户银行省份""银行账号"）		□ 放弃退税
开户银行名称		开户银行省份	
银行账号			
备注			

谨声明：本表是根据国家税收法律法规及相关规定填报的，本人对填报内容（附带资料）的真实性、可靠性、完整性负责。

纳税人签字：　　　　　年　月　日

经办人签字： 经办人身份证件类型： 经办人身份证件号码： 代理机构签章： 代理机构统一社会信用代码：	受理人： 受理税务机关（章）： 受理日期：　　年　月　日

【解析】

（一）表头项目

1. 税款所属期：填写居民个人取得综合所得当年的第1日至最后1日。如：2023年1月1日至2023年12月31日。

2. 纳税人姓名：填写居民个人姓名。

3. 纳税人识别号：有中国公民身份证号码的，填写中华人民共和国居民身份证上载明的"公民身份号码"；没有中国公民身份证号码的，填写税务机关赋予的纳税人识别号。

（二）基本情况

1. 手机号码：填写居民个人中国境内的有效手机号码。

2. 电子邮箱：填写居民个人有效电子邮箱地址。

3. 联系地址：填写居民个人能够接收信件的有效地址。

4. 邮政编码：填写居民个人"联系地址"对应的邮政编码。

（三）纳税地点

居民个人根据任职受雇情况，在选项1和选项2之间选择其一，并填写相应信息。若居民个人逾期办理汇算清缴申报被指定主管税务机关的，无须填写本部分。

（1）任职受雇单位信息：勾选"任职受雇单位所在地"并填写相关信息。按累计预扣法预扣预缴居民个人劳务报酬所得个人所得税的单位，视同居民个人的任职受雇单位。其中，按累计预扣法预扣预缴个人所得税的劳务报酬包括保险营销员和证券经纪人取得的佣金收入，以及正在接受全日制学历教育的学生实习取得的劳务报酬。

①名称：填写任职受雇单位的法定名称全称。

②纳税人识别号：填写任职受雇单位的纳税人识别号或者统一社会信用代码。

（2）户籍所在地/经常居住地/主要收入来源地：勾选"户籍所在地"的，填写居民户口簿中登记的住址。勾选"经常居住地"的，填写居民个人申领居住证上登载的居住地址；没有申领居住证的，填写居民个人实际居住地；实际居住地不在中国境内的，填写支付或者实际负担综合所得的境内单位或个人所在地。勾选"主要收入来源地"的，填写居民个人纳税年度内取得的劳务报酬、稿酬及特许权使用费三项所得累计收入最大的扣缴义务人所在地。

（四）申报类型

未曾办理过年度汇算申报，勾选"首次申报"；已办理过年度汇算申报，但有误需要更正的，勾选"更正申报"。

（五）综合所得个人所得税计算

（1）第1行"收入合计"：填写居民个人取得的综合所得收入合计金额。

第1行＝第2行＋第3行＋第4行＋第5行。

（2）第2～5行"工资、薪金""劳务报酬""稿酬""特许权使用费"：填写居民个人取得的需要并入综合所得计税的"工资、薪金""劳务报酬""稿酬""特许权使用费"所得收入金额。

（3）第6行"费用合计"：根据相关行次计算填报。

第6行＝（第3行＋第4行＋第5行）×20%。

（4）第7行"免税收入合计"：填写居民个人取得的符合税法规定的免税收入合计金额。

第7行＝第8行＋第9行。

（5）第8行"稿酬所得免税部分"：根据相关行次计算填报。

第8行＝第4行×（1－20%）×30%。

（6）第9行"其他免税收入"：填写居民个人取得的除第8行以外的符合税法规定的免税收入合计，并按规定附报《个人所得税减免税事项报告表》。

（7）第10行"减除费用"：填写税法规定的减除费用。

（8）第11行"专项扣除合计"：根据相关行次计算填报。

第11行＝第12行＋第13行＋第14行＋第15行。

（9）第12～15行"基本养老保险费""基本医疗保险费""失业保险费""住房公积金"：填写居民个人按规定可以在税前扣除的基本养老保险费、基本医疗保险费、失业保险费、住房公积金金额。

（10）第16行"专项附加扣除合计"：根据相关行次计算填报，并按规定附报《个人所得税专项附加扣除信息表》。

第16行＝第17行＋第18行＋第19行＋第20行＋第21行＋第22行＋第23行。

（11）第17～23行"子女教育""继续教育""大病医疗""住房贷款利息""住房租金""赡养老人""3岁以下婴幼儿照护"：填写居民个人按规定可以在税前扣除的子女

教育、继续教育、大病医疗、住房贷款利息、住房租金、赡养老人、3岁以下婴幼儿照护等专项附加扣除的金额。

（12）第24行"其他扣除合计"：根据相关行次计算填报。

第24行＝第25行＋第26行＋第27行＋第28行｜第29行＋第30行。

（13）第25～30行"年金""商业健康保险""税延养老保险""允许扣除的税费""个人养老金""其他"：填写居民个人按规定可在税前扣除的年金、商业健康保险、税延养老保险、允许扣除的税费、个人养老金和其他扣除项目的金额。其中，填写商业健康保险的，应当按规定附报《商业健康保险税前扣除情况明细表》；填写税延养老保险的，应当按规定附报《个人税收递延型商业养老保险税前扣除情况明细表》。

（14）第31行"准予扣除的捐赠额"：填写居民个人按规定准予在税前扣除的公益慈善事业捐赠金额，并按规定附报《个人所得税公益慈善事业捐赠扣除明细表》。

（15）第32行"应纳税所得额"：根据相关行次计算填报。

第32行＝第1行－第6行－第7行－第10行－第11行－第16行－第24行－第31行。

（16）第33、34行"税率""速算扣除数"：填写按规定适用的税率和速算扣除数。

（17）第35行"应纳税额"：按照相关行次计算填报。

第35行＝第32行×第33行－第34行。

（六）全年一次性奖金个人所得税计算

无住所居民个人预缴时因预判为非居民个人而按取得数月奖金计算缴税的，汇缴时可以根据自身情况，将一笔数月奖金按照全年一次性奖金单独计算。

（1）第36行"全年一次性奖金收入"：填写无住所的居民个人纳税年度内预判为非居民个人时取得的一笔数月奖金收入金额。

（2）第37行"准予扣除的捐赠额"：填写无住所的居民个人按规定准予在税前扣除的公益慈善事业捐赠金额，并按规定附报《个人所得税公益慈善事业捐赠扣除明细表》。

（3）第38、39行"税率""速算扣除数"：填写按照全年一次性奖金政策规定适用的税率和速算扣除数。

（4）第40行"应纳税额"：按照相关行次计算填报。

第40行＝（第36行－第37行）×第38行－第39行。

（七）税额调整

（1）第41行"综合所得收入调整额"：填写居民个人按照税法规定可以办理的除第41行之前所填报内容之外的其他可以进行调整的综合所得收入的调整金额，并在"备注"栏说明调整的具体原因、计算方式等信息。

（2）第42行"应纳税额调整额"：填写居民个人按照税法规定调整综合所得收入后所应调整的应纳税额。

（八）应补/退个人所得税计算

（1）第 43 行"应纳税额合计"：根据相关行次计算填报。

第 43 行＝第 35 行＋第 40 行＋第 42 行。

（2）第 44 行"减免税额"：填写符合税法规定的可以减免的税额，并按规定附报《个人所得税减免税事项报告表》。

（3）第 45 行"已缴税额"：填写居民个人取得在本表中已填报的收入对应的已经缴纳或者被扣缴的个人所得税。

（4）第 46 行"应补/退税额"：根据相关行次计算填报。

第 46 行＝第 43 行－第 44 行－第 45 行。

（九）无住所个人附报信息

本部分由无住所居民个人填写。不是，则不填。

（1）纳税年度内在中国境内居住天数：填写纳税年度内，无住所居民个人在中国境内居住的天数。

（2）已在中国境内居住年数：填写无住所居民个人已在中国境内连续居住的年份数。其中，年份数自 2019 年（含）开始计算且不包含本纳税年度。

（十）退税申请

本部分由应补/退税额小于 0 且勾选"申请退税"的居民个人填写。

（1）"开户银行名称"：填写居民个人在中国境内开立银行账户的银行名称。

（2）"开户银行省份"：填写居民个人在中国境内开立的银行账户的开户银行所在省、自治区、直辖市或者计划单列市。

（3）"银行账号"：填写居民个人在中国境内开立的银行账户的银行账号。

（十一）备注

填写居民个人认为需要特别说明的或者按照有关规定需要说明的事项。

（十二）赵玥 2023 年度个人所得税申报结果见二维码。

个人所得税申报
结果

项目六 财产和行为税

学习目标

知识目标：

1. 掌握房产税的纳税人、征税范围和计税依据；
2. 掌握城镇土地使用税的纳税人、征税范围和计税依据；
3. 掌握耕地占用税的纳税人和征税范围；
4. 掌握土地增值税的纳税人、征税范围和扣除项目；
5. 掌握契税的纳税人、征税范围和计税依据；
6. 掌握车船税的纳税人和征税范围；
7. 掌握印花税的纳税人和税目；
8. 掌握资源税的纳税人、税目和计税依据；
9. 掌握环境保护税的纳税人、税目和计税依据；
10. 熟悉烟叶税的纳税人、征税范围和计税依据。

技能目标：

1. 会计算房产税的应纳税额；
2. 会计算城镇土地使用税的应纳税额；
3. 会计算耕地占用税的应纳税额；
4. 会计算土地增值税的应纳税额；
5. 会计算契税的应纳税额；
6. 会计算车船税的应纳税额；
7. 会计算印花税的应纳税额；
8. 会计算资源税的应纳税额；
9. 会计算环境保护税的应纳税额；
10. 会计算烟叶税的应纳税额；
11. 能完成财产和行为税的申报与缴纳。

素养目标：

1. 增强社会主义核心价值观的引导；
2. 践行"绿水青山就是金山银山"的发展理念；
3. 树立依法诚信纳税意识。

学习导图

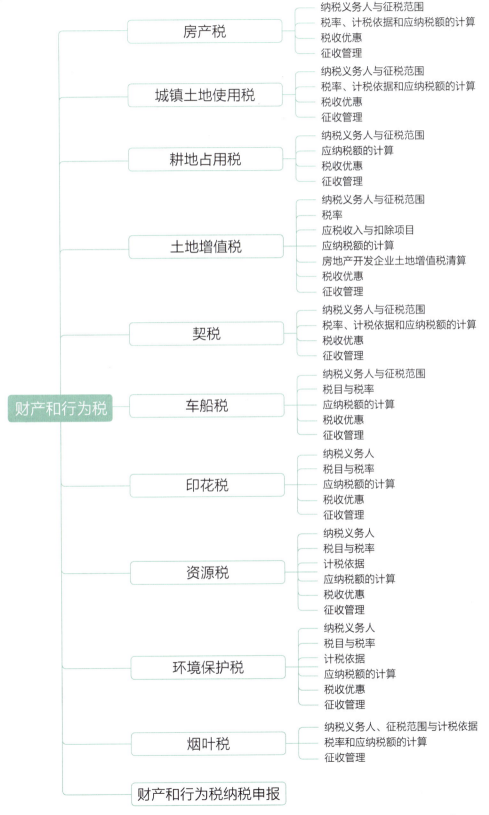

财产和行为税

房产税
- 纳税义务人与征税范围
- 税率、计税依据和应纳税额的计算
- 税收优惠
- 征收管理

城镇土地使用税
- 纳税义务人与征税范围
- 税率、计税依据和应纳税额的计算
- 税收优惠
- 征收管理

耕地占用税
- 纳税义务人与征税范围
- 应纳税额的计算
- 税收优惠
- 征收管理

土地增值税
- 纳税义务人与征税范围
- 税率
- 应税收入与扣除项目
- 应纳税额的计算
- 房地产开发企业土地增值税清算
- 税收优惠
- 征收管理

契税
- 纳税义务人与征税范围
- 税率、计税依据和应纳税额的计算
- 税收优惠
- 征收管理

车船税
- 纳税义务人与征税范围
- 税目与税率
- 应纳税额的计算
- 税收优惠
- 征收管理

印花税
- 纳税义务人
- 税目与税率
- 应纳税额的计算
- 税收优惠
- 征收管理

资源税
- 纳税义务人
- 税目与税率
- 计税依据
- 应纳税额的计算
- 税收优惠
- 征收管理

环境保护税
- 纳税义务人
- 税目与税率
- 计税依据
- 应纳税额的计算
- 税收优惠
- 征收管理

烟叶税
- 纳税义务人、征税范围与计税依据
- 税率和应纳税额的计算
- 征收管理

财产和行为税纳税申报

项目导入

根据《国家税务总局关于简并税费申报有关事项的公告》（国家税务总局公告 2021 年第 9 号），自 2021 年 6 月 1 日起，纳税人申报缴纳城镇土地使用税、房产税、车船税、印花税、耕地占用税、资源税、土地增值税、契税、环境保护税、烟叶税中一个或多个税种时，使用《财产和行为税纳税申报表》。纳税人新增税源或税源变化时，按规定填报《财产和行为税税源明细表》。

任务实施

任务一　房产税

房产税法，是指国家制定的调整房产税征收与缴纳之间权利与义务关系的法律规范。现行房产税法的基本规范，是 1986 年 9 月 15 日国务院颁布的《中华人民共和国房产税暂行条例》（以下简称《房产税暂行条例》）。

房产税

征收房产税有利于地方政府筹集财政收入，也有利于加强房产管理。

一、纳税义务人与征税范围

（一）纳税义务人

房产税是以房屋为征税对象，按照房屋的计税余值或租金收入，向产权所有人征收的一种财产税。房产税以在征税范围内的房屋产权所有人为纳税人。其中：

（1）产权属国家所有的，由经营管理单位纳税；产权属集体和个人所有的，由集体单位和个人纳税。

（2）产权出典的，由承典人纳税。所谓产权出典，是指产权所有人将房屋、生产资料等的产权，在一定期限内典当给他人使用，而取得资金的一种融资业务。这种业务大多发生于出典人急需用款，但又想保留产权回赎权的情况。承典人向出典人交付一定的典价之后，在质典期内即获抵押物品的支配权，并可转典。产权的典价一般要低于卖价。出典人在规定期间内须归还典价的本金和利息，方可赎回出典房屋等的产权。由于在房屋出典期间，产权所有人已无权支配房屋，因此，税法规定由对房屋具有支配权的承典人为纳税人。

（3）产权所有人、承典人不在房屋所在地的，或者产权未确定及租典纠纷未解决的，由房产代管人或者使用人纳税。

（4）无租使用其他单位房产的应税单位和个人，依照房产余值代缴纳房产税。

（二）征税范围

房产税以房产为征税对象。所谓房产，是指有屋面和围护结构（有墙或两边有柱），能够遮风避雨，可供人们在其中生产、学习、工作、娱乐、居住或储藏物资的场所。房地产开发企业建造的商品房，在出售前，不征收房产税；但对出售前房地产开发企业已使用或出租、出借的商品房应按规定征收房产税。

房产税的征税范围为城市、县城、建制镇和工矿区。具体规定如下。

（1）城市是指国务院批准设立的市。

（2）县城是指县人民政府所在地的地区。

（3）建制镇是指经省、自治区、直辖市人民政府批准设立的建制镇。

（4）工矿区是指工商业比较发达、人口比较集中、符合国务院规定的建制镇标准，但尚未设立建制镇的大中型工矿企业所在地。开征房产税的工矿区经省、自治区、直辖市人民政府批准。

房产税的征税范围不包括农村，主要是因为农村的房屋，除农副业生产用房外，大部分是农民居住用房。对农村房屋不纳入房产税征税范围，有利于减轻农民负担，繁荣农村经济，促进农业发展和社会稳定。

二、税率、计税依据和应纳税额的计算

（一）税率

我国现行房产税采用的是比例税率。由于房产税的计税依据分为从价计征和从租计征两种形式，所以房产税的税率也有两种：一种是按房产原值一次减除 10% ~ 30% 后的余值计征，税率为 1.2%；另一种是按房产出租的租金收入计征，税率为 12%。自 2008 年 3 月 1 日起，对个人出租住房，不区分用途，均按 4% 的税率征收房产税。对企事业单位、社会团体以及其他组织向个人、专业化规模化住房租赁企业出租住房的，减按 4% 的税率征收房产税。

（二）计税依据

房产税的计税依据是房产的计税余值或房产的租金收入。按照房产计税余值征税的，称为从价计征；按照房产租金收入计征的，称为从租计征。

1. 从价计征

《房产税暂行条例》规定，从价计征房产税的计税余值，是指依照税法规定按房产原值一次减除 10% ~ 30% 损耗价值以后的余值。各地扣除比例由当地省、自治区、直辖市人民政府确定。

（1）房产原值，是指纳税人按照会计制度规定，在会计核算账簿"固定资产"科目中记载的房屋原价。因此，凡按会计制度规定在账簿中记载有房屋原价的，应以房屋原价按规定减除一定比例后作为房产余值计征房产税；没有记载房屋原价的，按照上述原则，并参照同类房屋确定房产原值，按规定计征房产税。

（2）房产原值应包括与房屋不可分割的各种附属设备或一般不单独计算价值的配套设施。主要有：暖气、卫生、通风、照明、煤气等设备；各种管线，如蒸气、压缩空气、石油、给水排水等管道及电力、电信、电缆导线；电梯、升降机、过道、晒台等。

自 2006 年 1 月 1 日起，为了维持和增加房屋的使用功能或使房屋满足设计要求，凡以房屋为载体，不可随意移动的附属设备和配套设施，如给排水、采暖、消防、中央空调、电气及智能化楼宇设备等，无论在会计核算中是否单独记账与核算，都应计入房产原值，计征房产税。对于更换房屋附属设备和配套设施的，在将其价值计入房产原值时，可扣减原来相应设备和设施的价值；对附属设备和配套设施中易损坏、需要经常更换的零配件，更新后不再计入房产原值。

（3）纳税人对原有房屋进行改建、扩建的，要相应增加房屋的原值。此外，关于房产税的从价计征和从租计征，还应注意以下几个问题。

①对投资联营的房产，在计征房产税时应予以区别对待。对于以房产投资联营、投资者参与投资利润分红、共担风险的，按房产余值作为计税依据计征房产税；对以房产投资收取固定收入、不承担联营风险的，实际是以联营名义取得房产租金，应根据《房产税暂行条例》的有关规定由出租方按租金收入计缴房产税。

②融资租赁的房产，由承租人自融资租赁合同约定开始日的次月起依照房产余值缴纳房产税。合同未约定开始日的，由承租人自合同签订的次月起依照房产余值缴纳房产税。

③居民住宅区内业主共有的经营性房产缴纳房产税。从 2007 年 1 月 1 日起，对居民住宅区内业主共有的经营性房产，由实际经营（包括自营和出租）的代管人或使用人缴纳房产税。其中自营的，依照房产原值减除 10% ～ 30% 后的余值计征，没有房产原值或不能将业主共有房产与其他房产的原值准确划分开的，由房产所在地税务机关参照同类房产核定房产原值；出租的，依照租金收入计征。

（4）凡在房产税征收范围内的具备房屋功能的地下建筑，包括与地上房屋相连的地下建筑以及完全建在地面以下的建筑、地下人防设施等，均应当依照有关规定征收房产税。上述具备房屋功能的地下建筑是指有屋面和围护结构，能够遮风避雨，可供人们在其中生产、经营、工作、学习、娱乐、居住或储藏物资的场所。

2. 从租计征

房产出租的，以房产租金收入为房产税的计税依据。

所谓房产租金收入，是房屋产权所有人出租房产使用权所得的报酬，包括货币收入和实物收入。如果是以劳务或者其他形式为报酬抵付房租收入的，应根据当地同类房产的租金水平，确定一个标准租金额从租计征。

对出租房产，租赁双方签订的租赁合同约定有免收租金期限的，免收租金期间由产权所有人按照房产原值缴纳房产税。

出租的地下建筑，按照出租地上房屋建筑的有关规定计算征收房产税。

（三）应纳税额的计算

房产税的计税依据有两种，与之相适应的应纳税额计算也分为两种：一是从价计征的计算；二是从租计征的计算。

1. 从价计征的计算

从价计征是按房产的原值减除一定比例后的余值计征，其计算公式为：

应纳税额＝应税房产原值×（1－扣除比例）×1.2%

【例题 6-1】某企业的经营用房原值为 5000 万元，按照当地规定允许减除 30% 后按余值计税，适用税率为 1.2%。

要求：计算其应纳房产税税额。

【解析】应纳税额 =5000×（1 － 30%）×1.2%=42（万元）

2. 从租计征的计算

从租计征是按房产的租金收入计征，其计算公式为：

应纳税额＝租金收入 ×12%（或 4%）

【例题 6-2】某公司出租房屋 10 间，年租金收入为 300000 元，适用税率为 12%。

要求：计算其应纳房产税税额。

【解析】应纳税额 =300000×12%=36000（元）

三、税收优惠

房产税的税收优惠是根据国家政策需要和纳税人的负担能力制定的。由于房产税属地方税，因此给予地方一定的减免权限，有利于地方因地制宜地处理问题。

目前，房产税的税收优惠政策主要有：

（1）国家机关、人民团体、军队自用的房产免征房产税。

自用的房产，是指这些单位本身的办公用房和公务用房。上述免税单位的出租房产以及非自身业务使用的生产、营业用房不属于免税范围。

（2）由国家财政部门拨付事业经费的单位，如学校、医疗卫生单位、托儿所、幼儿园、敬老院、文化、体育、艺术等实行全额或差额预算管理的事业单位所有的，本身业务范围内使用的房产免征房产税。

需要注意的是，由国家财政部门拨付事业经费的单位，其经费来源实行自收自支后，应征收房产税。

（3）宗教寺庙、公园、名胜古迹自用的房产免征房产税。

宗教寺庙自用的房产，是指举行宗教仪式等的房屋和宗教人员使用的生活用房。

公园、名胜古迹自用的房产，是指供公共参观游览的房屋及其管理单位的办公用房。

宗教寺庙、公园、名胜古迹中附设的营业单位，如影剧院、饮食部、茶社、照相馆等所使用的房产及出租的房产，不属于免税范围，应照章纳税。

（4）个人所有非营业用的房产免征房产税。

个人所有的非营业用房，主要是指居民住房，不分面积大小，一律免征房产税。

对个人拥有的营业用房或者出租的房产，不属于免税房产，应照章纳税。

（5）对非营利性医疗机构、疾病控制机构和妇幼保健机构等卫生机构自用的房产，免征房产税。

（6）从2001年1月1日起，对按政府规定价格出租的公有住房和廉租住房，包括企业和自收自支事业单位向职工出租的单位自有住房，房管部门向居民出租的公有住房，落实私房政策中带户发还产权并以政府规定租金标准向居民出租的私有住房等，暂免征收房产税。

（7）为支持公共租赁住房（公租房）的建设和运营，对经营公租房的租金收入，免征房产税。公共租赁住房经营管理单位应单独核算公共租赁住房租金收入，未单独核算的，不得享受免征房产税优惠政策。

（8）企业办的各类学校、医院、托儿所、幼儿园自用的房产，免征房产税。

（9）经有关部门鉴定，对毁损不堪居住的房屋和危险房屋，在停止使用后，可免征房产税。

（10）自2004年7月1日起，纳税人因房屋大修导致连续停用半年以上的，在房屋大修期间免征房产税。

（11）凡是在基建工地为基建工地服务的各种工棚、材料棚、休息棚、办公室、食堂、茶炉房、汽车房等临时性房屋，无论是施工企业自行建造还是基建单位出资建造，交施工企业使用的，在施工期间，一律免征房产税。但是，如果在基建工程结束后，施工企业将这种临时性房屋交还或者低价转让给基建单位的，应当从基建单位接收的次月起，依照规定缴纳房产税。

（12）纳税单位与免税单位共同使用的房屋，按各自使用的部分分别征收或免征房产税。

（13）为推进国有经营性文化事业单位转企改制，对由财政部门拨付事业经费的文化事业单位转制为企业的，自转制注册之日起5年内对其自用房产免征房产税。2018年12月31日之前已完成转制的企业，自2019年1月1日起，对其自用房产可继续免征5年房产税。

（14）房地产开发企业建造的商品房，在出售前不征收房产税。但出售前房地产开发企业已使用或出租、出借的商品房，应按规定征收房产税。

（15）自2019年6月1日至2025年12月31日，为社区提供养老、托育、家政等服务的机构自用或其通过承租、无偿使用等方式取得并用于提供社区养老、托育、家政服务的房产免征房产税。

四、征收管理

（一）纳税义务发生时间

（1）纳税人将原有房产用于生产经营，从生产经营之月起，缴纳房产税。

（2）纳税人自行新建房屋用于生产经营，从建成之次月起，缴纳房产税。

（3）纳税人委托施工企业建设的房屋，从办理验收手续之次月起，缴纳房产税。

（4）纳税人购置新建商品房，自房屋交付使用之次月起，缴纳房产税。

（5）纳税人购置存量房，自办理房屋权属转移、变更登记手续，房地产权属登记机关签发房屋权属证书之次月起，缴纳房产税。

（6）纳税人出租、出借房产，自交付出租、出借房产之次月起，缴纳房产税。

（7）房地产开发企业自用、出租、出借本企业建造的商品房，自房屋使用或交付之次月起，缴纳房产税。

（8）纳税人因房产的实物或权利状态发生变化而依法终止房产税纳税义务的，其应纳税款的计算应截止到房产的实物或权利状态发生变化的当月末。

（二）纳税期限

房产税实行按年计算、分期缴纳的征收方法，具体纳税期限由省、自治区、直辖市人民政府确定。

（三）纳税地点

房产税在房产所在地缴纳。房产不在同一地方的纳税人，应按房产的坐落地点分别向房产所在地的税务机关申报纳税。

（四）纳税申报

房产税的纳税人应按照《房产税暂行条例》的有关规定，及时办理纳税申报，并如实填写《财产和行为税申报表》及相应的税源明细表。

任务二　城镇土地使用税

城镇土地使用税是以国有土地为征税对象，对拥有土地使用权的单位和个人征收的一种税。征收城镇土地使用税有利于促进土地的合理使用，调节土地级差收入，也有利于筹集地方财政资金。

城镇土地使用税

现行城镇土地使用税法的基本规范，是 2006 年 12 月 31 日国务院修改并颁布的《中华人民共和国城镇土地使用税暂行条例》（以下简称《城镇土地使用税暂行条例》）。2013 年 12 月 4 日国务院第三十二次常务会议作了部分修改（自 2013 年 12 月 7 日起实施）。

一、纳税义务人与征税范围

（一）纳税义务人

在城市、县城、建制镇、工矿区范围内使用土地的单位和个人，为城镇土地使用税的纳税人。

城镇土地使用税的纳税人通常包括以下几类。

（1）拥有土地使用权的单位和个人。

（2）拥有土地使用权的单位和个人不在土地所在地的，其土地的实际使用人和代管人为纳税人。

（3）土地使用权未确定或权属纠纷未解决的，其实际使用人为纳税人。

（4）土地使用权共有的，共有各方都是纳税人，由共有各方分别纳税。

（5）在城镇土地使用税征税范围内，承租集体所有建设用地的，由直接从集体经济组织承租土地的单位和个人，缴纳城镇土地使用税。

几个人或单位共同拥有一块土地的使用权，这块土地的城镇土地使用税的纳税人应是对这块土地拥有使用权的每一个人或每一个单位。他们应以其实际使用的土地面积占总面积的比例，分别计算缴纳土地使用税。例如，某城市的甲与乙共同拥有一块土地的使用权，这块土地面积为 1500 平方米，甲实际使用 1/3，乙实际使用 2/3，则甲应是其所占的 500 平方米（1500×1/3）土地的城镇土地使用税的纳税人，乙是其所占的 1000 平方米（1500×2/3）土地的城镇土地使用税的纳税人。

（二）征税范围

城镇土地使用税的征税范围，包括在城市、县城、建制镇和工矿区内的国家所有和集体所有的土地。上述城市、县城、建制镇和工矿区分别按以下标准确认。

（1）城市是指经国务院批准设立的市。

（2）县城是指县人民政府所在地。

（3）建制镇是指经省、自治区、直辖市人民政府批准设立的建制镇。

（4）工矿区是指工商业比较发达，人口比较集中，符合国务院规定的建制镇标准，但尚未设立建制镇的大中型工矿企业所在地，工矿区须经省、自治区、直辖市人民政府批准。

建立在城市、县城、建制镇和工矿区以外的工矿企业不需要缴纳城镇土地使用税。

二、税率、计税依据和应纳税额的计算

（一）税率

城镇土地使用税采用定额税率，即采用有幅度的差别税额，按大、中、小城市和县城、建制镇、工矿区分别规定每平方米城镇土地使用税年应纳税额。具体标准如下。

（1）大城市 1.5 ～ 30 元。

（2）中等城市 1.2 ～ 24 元。

（3）小城市 0.9 ～ 18 元。

（4）县城、建制镇、工矿区 0.6 ～ 12 元。

大、中、小城市以公安部门登记在册的非农业正式户口人数为依据，按照国务院颁布的《中华人民共和国城市规划法》中规定的标准划分。城镇土地使用税税率见表 6-1。

表 6-1　城镇土地使用税税率

级别	人口 / 人	每平方米税额 / 元
大城市	50 万以上	1.5 ～ 30
中等城市	20 万～ 50 万	1.2 ～ 24
小城市	20 万以下	0.9 ～ 18
县城、建制镇、工矿区		0.6 ～ 12

各省、自治区、直辖市人民政府可根据市政建设情况和经济繁荣程度在规定税额幅度内，确定所辖地区的适用税额幅度。经济落后地区，城镇土地使用税的适用税额标准可适当降低，但降低额不得超过上述规定最低税额的 30%。经济发达地区的适用税额标准可以适当提高，但须报财政部批准。

城镇土地使用税规定幅度税额主要考虑到我国各地区存在着悬殊的土地级差收益，同一地区内不同地段的市政建设情况和经济繁荣程度也有较大的差别。把城镇土地使用税税额定为幅度税额，拉开档次，而且每个幅度税额的差距规定为 20 倍。这样，各地政府在划分本辖区不同地段的等级、确定适用税额时，有选择余地，便于具体操作。幅度税额还可以调节不同地区、不同地段之间的土地级差收益，尽可能地平衡税负。

（二）计税依据

城镇土地使用税以纳税人实际占用的土地面积为计税依据，土地面积计量标准为每平方米。即税务机关根据纳税人实际占用的土地面积，按照规定的税额计算应纳税额，向纳税人征收城镇土地使用税。纳税人实际占用的土地面积按下列办法确定。

（1）由省、自治区、直辖市人民政府确定的单位组织测定土地面积的，以测定的面积为准。

（2）尚未组织测定，但纳税人持有政府部门核发的土地使用证书的，以证书确认的土地面积为准。

（3）尚未核发土地使用证书的，应由纳税人申报土地面积，并据以纳税，待核发土地使用证书以后再作调整。

（4）对在城镇土地使用税征税范围内单独建造的地下建筑用地，按规定征收城镇土地使用税。其中，已取得地下土地使用权证的，按土地使用权证确认的土地面积计算应征税款；未取得地下土地使用权证或地下土地使用权证上未标明土地面积的，按地下建筑垂直投影面积计算应征税款。对上述地下建筑用地暂按应征税款的 50% 征收城镇土地使用税。

（三）应纳税额的计算方法

城镇土地使用税的应纳税额可以通过纳税人实际占用的土地面积乘以该土地所在地段的适用税额求得。其计算公式为：

全年应纳税额＝实际占用应税土地面积（平方米）×适用税额

【例题 6-3】设在某城市的一家企业使用土地面积为 10000 平方米，经税务机关核定，该土地为应税土地，每平方米年税额为 4 元。

要求：计算其全年应纳的城镇土地使用税税额。

【解析】全年应纳税额＝10000×4＝40000（元）

三、税收优惠

（一）法定免征城镇土地使用税的优惠

（1）国家机关、人民团体、军队自用的土地。

上述土地是指这些单位本身的办公用地和公务用地。如国家机关、人民团体的办公楼用地，军队的训练场用地等。

（2）由国家财政部门拨付事业经费的单位自用的土地。

上述土地是指这些单位本身的业务用地。如学校的教学楼、操场、食堂等占用的土地。

（3）宗教寺庙、公园、名胜古迹自用的土地。

宗教寺庙自用的土地，是指举行宗教仪式等的用地和寺庙内的宗教人员生活用地。

公园、名胜古迹自用的土地，是指供公共参观游览的用地及其管理单位的办公用地。

以上单位的生产、经营用地和其他用地，不属于免税范围，应按规定缴纳城镇土地使用税，如公园、名胜古迹中附设的营业单位如影剧院、饮食部、茶社、照相馆等使用的土地。

（4）市政街道、广场、绿化地带等公共用地。

（5）直接用于农、林、牧、渔业的生产用地。

上述土地是指直接从事于种植养殖、饲养的专业用地，不包括农副产品加工场地和生活办公用地。

（6）经批准开山填海整治的土地和改造的废弃土地，从使用的月份起免征城镇土地使用税 5～10 年。具体免税期限由各省、自治区、直辖市税务局在《城镇土地使用税暂行条例》规定的期限内自行确定。

（7）对非营利性医疗机构、疾病控制机构和妇幼保健机构等卫生机构和非营利性科研机构自用的土地，免征城镇土地使用税。

（8）对国家拨付事业经费和企业办的各类学校、托儿所、幼儿园自用的房产、土地，免征城镇土地使用税。

（9）免税单位无偿使用纳税单位土地（如公安、海关等单位使用铁路、民航等单位的土地）免征城镇土地使用税。纳税单位无偿使用免税单位的土地，纳税单位应照章缴纳城镇土地使用税。纳税单位与免税单位共同使用、共有使用权土地上的多层建筑，对纳税单位可按其占用的建筑面积占建筑总面积的比例计征城镇土地使用税。

（10）对改造安置住房建设用地免征城镇土地使用税。

（11）为了体现国家的产业政策，支持重点产业的发展，对石油、电力、煤炭等能源用地，民用港口、铁路等交通用地和水利设施用地，盐业、采石场、邮电等一些特殊用地划分了征免税界限和给予政策性减免税照顾。具体规定如下：

①对石油天然气生产建设中用于地质勘探、钻井、井下作业、油气田地面工程等施工临时用地，石油天然气生产企业厂区以外的铁路专用线、公路及输油（气、水）管道用地，油气长输管线用地，暂免征收城镇土地使用税。

②对企业的铁路专用线、公路等用地，在厂区以外、与社会公用地段未加隔离的，暂免征收城镇土地使用税。

③对企业厂区以外的公共绿化用地和向社会开放的公园用地，暂免征收城镇土地使用税；对企业厂区（包括生产、办公及生活区）以内的绿化用地，应照章征收城镇土地使用税。

④对盐场的盐滩、盐矿的矿井用地，暂免征收城镇土地使用税。

（二）省、自治区、直辖市税务局确定的城镇土地使用税减免优惠

（1）个人所有的居住房屋及院落用地。

（2）房产管理部门在房租调整改革前经租的居民住房用地。

（3）免税单位职工家属的宿舍用地。

（4）集体和个人办的各类学校、医院、托儿所、幼儿园用地。

四、征收管理

（一）纳税期限

城镇土地使用税实行按年计算、分期缴纳的征收方法，具体纳税期限由省、自治区、直辖市人民政府确定。

（二）纳税义务发生时间

（1）纳税人购置新建商品房，自房屋交付使用之次月起，缴纳城镇土地使用税。

（2）纳税人购置存量房，自办理房屋权属转移、变更登记手续，房地产权属登记机关签发房屋权属证书之次月起，缴纳城镇土地使用税。

（3）纳税人出租、出借房产，自交付出租、出借房产之次月起，缴纳城镇土地使用税。

（4）以出让或转让方式有偿取得土地使用权的，应由受让方从合同约定交付土地时间之次月起缴纳城镇土地使用税；合同未约定交付土地时间的，由受让方从合同签订之次月起缴纳城镇土地使用税。

（5）纳税人新征用的耕地，自批准征用之日起满1年时开始缴纳城镇土地使用税。

（6）纳税人新征用的非耕地，自批准征用次月起缴纳城镇土地使用税。

（7）自2009年1月1日起，纳税人因土地的权利发生变化而依法终止城镇土地使用税纳税义务的，其应纳税款的计算应截止到土地权利发生变化的当月末。

（三）纳税地点和征收机构

城镇土地使用税在土地所在地缴纳。

纳税人使用的土地不属于同一省、自治区、直辖市管辖的，由纳税人分别向土地所在地的税务机关缴纳城镇土地使用税；在同一省、自治区、直辖市管辖范围内，纳税人跨地区使用的土地，其纳税地点由各省、自治区、直辖市税务局确定。

（四）纳税申报

城镇土地使用税的纳税人应按照规定及时办理纳税申报，并如实填写《财产和行为税申报表》及相应的税源明细表。

任务三　耕地占用税

耕地占用税是对占用耕地建房或从事其他非农业建设的单位和个人，就其实际占用的耕地面积征收的一种税，它属于对特定土地资源占用课税。耕地是土地资源中最重要的组成部分，是农业生产最基本的生产资料。我国人口众多，耕地资源相对较少。为了遏制并逐步改变这种状况，政府决定开征

耕地占用税

耕地占用税，运用税收经济杠杆与法律、行政等手段相配合，以便有效地保护耕地。这对于保护国土资源，促进农业可持续发展，以及强化耕地管理，保护农民的切身利益等，都具有十分重要的意义。

耕地占用税是对占用耕地建房或从事其他非农业建设的单位和个人，就其实际占用的耕地面积征收的一种税，它属于对特定土地资源占用课税。

一、纳税义务人与征税范围

（一）纳税义务人

耕地占用税的纳税义务人是指在中华人民共和国境内占用耕地建设建筑物、构筑物或者从事非农业建设的单位和个人。

经批准占用耕地的，纳税义务人为农用地转用审批文件中标明的建设用地人；农用地转用审批文件中未标明建设用地人的，纳税义务人为用地申请人，其中用地申请人为各级人民政府的，由同级土地储备中心、自然资源主管部门或政府委托的其他部门、单位履行耕地占用税申报纳税义务。

未经批准占用耕地的，纳税义务人为实际用地人。

（二）征税范围

耕地占用税的征税范围包括纳税人占用耕地建设建筑物、构筑物或者从事非农业建设的国家所有和集体所有的耕地。

耕地，是指用于种植农作物的土地，包括菜地、园地。其中，园地包括花圃、苗圃、茶园、果园、桑园和其他种植经济林木的土地。

占用鱼塘及其他农用土地建房或从事其他非农业建设，也视同占用耕地，必须依法

征收耕地占用税。占用已开发从事种植、养殖的滩涂、草场、水面和林地等从事非农业建设，由省、自治区、直辖市本着有利于保护土地资源和生态平衡的原则，结合具体情况确定是否征收耕地占用税。

建设直接为农业生产服务的生产设施占用上述农用地的，不征收耕地占用税。比如，储存农用机具和种子、苗木、木材等农业产品的仓储设施；培育、生产种子、种苗的设施；畜禽养殖设施；木材集材道、运材道；农业科研、试验、示范基地；野生动植物保护、护林、森林病虫害防治、森林防火、木材检疫的设施；专为农业生产服务的灌溉排水、供水、供电、供热、供气、通信基础设施；农业生产者从事农业生产必需的食宿和管理设施等。

二、应纳税额的计算

（一）税率

由于我国不同地区之间人口和耕地资源的分布极不均衡，有些地区人口稠密，耕地资源相对匮乏；而有些地区人烟稀少，耕地资源比较丰富。各地区之间的经济发展水平也有很大差异。考虑到不同地区之间客观条件的差别以及与此相关的税收调节力度和纳税人负担能力方面的差别，耕地占用税在税率设计上采用了地区差别定额税率。税率具体标准如下。

（1）人均耕地不超过 1 亩（1 亩约等于 666.67 平方米）的地区（以县、自治县、不设区的市、市辖区为单位，下同），每平方米为 10～50 元。

（2）人均耕地超过 1 亩但不超过 2 亩的地区，每平方米为 8～40 元。

（3）人均耕地超过 2 亩但不超过 3 亩的地区，每平方米为 6～30 元。

（4）人均耕地超过 3 亩的地区，每平方米为 5～25 元。

各地区耕地占用税的适用税额，由省、自治区、直辖市人民政府根据人均耕地面积和经济发展等情况，在规定的税额幅度内提出，报同级人民代表大会常务委员会决定，并报全国人民代表大会常务委员会和国务院备案。各省、自治区、直辖市耕地占用税适用税额的平均水平，不得低于《各省、自治区、直辖市耕地占用税平均税额表》规定的平均税额（见表6-2）。

表6-2　各省、自治区、直辖市耕地占用税平均税额表

单位：元

省、自治区、直辖市	每平方米平均税额
上海	45
北京	40
天津	35
江苏、浙江、福建、广东	30
辽宁、湖北、湖南	25
河北、安徽、江西、山东、河南、重庆、四川	22.5

续表

省、自治区、直辖市	每平方米平均税额
广西、海南、贵州、云南、陕西	20
山西、吉林、黑龙江	17.5
内蒙古、西藏、甘肃、青海、宁夏、新疆	12.5

在人均耕地低于 0.5 亩的地区，省、自治区、直辖市可以根据当地经济发展情况，适当提高耕地占用税的适用税额，但提高的部分不得超过确定的适用税额的 50%。具体适用税额按照规定程序确定。

占用基本农田的，应当按照当地适用税额，加按百分之一百五十征收。基本农田，是指依据《基本农田保护条例》划定的基本农田保护区范围的耕地。

（二）计税依据

耕地占用税以纳税人实际占用的属于耕地占用税征税范围的土地（以下简称应税土地）面积为计税依据，按应税土地当地适用税额计税，实行一次性征收。

实际占用的耕地面积，包括经批准占用的耕地面积和未经批准占用的耕地面积。临时占用耕地，应当依照规定缴纳耕地占用税。纳税人在批准临时占用耕地的期限内（一般不超过 2 年）恢复所占用耕地原状的，全额退还已经缴纳的耕地占用税。

（三）应纳税额的计算

耕地占用税以纳税人实际占用的应税土地面积为计税依据，以每平方米土地为计税单位，按适用的定额税率计税。其计算公式为：

应纳税额＝应税土地面积 × 适用税额

【例题 6-4】假设某市一家企业新占用 20000 平方米耕地用于工业建设，所占耕地适用的定额税率为 20 元 / 平方米。

要求：计算该企业应纳的耕地占用税。

【解析】应纳税额 =20000×20=400000（元）

三、税收优惠

耕地占用税对占用耕地实行一次性征收，对生产经营单位和个人不设立减免税，仅对公益性单位和需照顾群体设立减免税。

（一）免征耕地占用税

（1）军事设施占用耕地。

（2）学校、幼儿园、社会福利机构、医疗机构占用耕地。

（3）农村烈士遗属、因公牺牲军人遗属、残疾军人以及符合农村最低生活保障条件的农村居民，在规定用地标准以内新建自用住宅，免征耕地占用税。

（二）减征耕地占用税

（1）铁路线路、公路线路、飞机场跑道、停机坪、港口、航道、水利工程占用耕地，减按每平方米 2 元的税额征收耕地占用税。

减税的铁路线路，具体范围限于铁路路基、桥梁、涵洞、隧道及其按照规定两侧留地、防火隔离带。专用铁路和铁路专用线占用耕地的，按照当地适用税额缴纳耕地占用税。减税的公路线路，具体范围限于经批准建设的国道、省道、县道、乡道和属于农村公路的村道的主体工程以及两侧边沟或者截水沟。专用公路和城区内机动车道占用耕地的，按照当地适用税额缴纳耕地占用税。

减税的飞机场跑道、停机坪，具体范围限于经批准建设的民用机场专门用于民用航空器起降、滑行、停放的场所。

减税的港口，具体范围限于经批准建设的港口内供船舶进出、停靠以及旅客上下、货物装卸的场所。

减税的航道，具体范围限于在江、河、湖泊、港湾等水域内供船舶安全航行的通道。

减税的水利工程，具体范围限于经县级以上人民政府水利行政主管部门批准建设的防洪、排涝、灌溉、引（供）水、滩涂治理、水土保持、水资源保护等各类工程及其配套和附属工程的建筑物、构筑物占压地和经批准的管理范围用地。

（2）农村居民在规定用地标准以内占用耕地新建自用住宅，按照当地适用税额减半征收耕地占用税；其中农村居民经批准搬迁，新建自用住宅占用耕地不超过原宅基地面积的部分，免征耕地占用税。

免征或者减征耕地占用税后，纳税人改变原占地用途，不再属于免征或者减征耕地占用税情形的，应自改变用途之日起 30 日内申报补缴税款，补缴税款按改变用途的实际占用耕地面积和改变用途时当地适用税额计算。

四、征收管理

（一）纳税义务发生时间

耕地占用税的纳税义务发生时间为纳税人收到自然资源主管部门办理占用耕地手续的书面通知的当日。纳税人应当自纳税义务发生之日起 30 日内申报缴纳耕地占用税。

纳税人改变原占地用途，需要补缴耕地占用税的，其纳税义务发生时间为改变用途当日，具体为：经批准改变用途的，纳税义务发生时间为纳税人收到批准文件的当日；未经批准改变用途的，纳税义务发生时间为自然资源主管部门认定纳税人改变原占地用途的当日。

未经批准占用耕地的，耕地占用税纳税义务发生时间为自然资源主管部门认定的纳税人实际占用耕地的当日。

因挖损、采矿塌陷、压占、污染等损毁耕地的纳税义务发生时间为自然资源、农业农村等相关部门认定损毁耕地的当日。

（二）纳税申报

耕地占用税由税务机关负责征收。

纳税人占用耕地，应当在耕地所在地申报纳税。

纳税人因建设项目施工或者地质勘查临时占用耕地，应当依照规定缴纳耕地占用税。纳税人在批准临时占用耕地期满之日起1年内依法复垦，恢复种植条件的，全额退还已经缴纳的耕地占用税。

纳税人应按照规定及时办理纳税申报，并如实填写《财产和行为税纳税申报表》及相应的税源明细表。

任务四　土地增值税

土地增值税

土地增值税法，是指国家制定的用以调整土地增值税征收与缴纳之间权利与义务关系的法律规范。现行土地增值税的基本规范，是1993年12月13日国务院颁布的《中华人民共和国土地增值税暂行条例》（以下简称《土地增值税暂行条例》）。

为了贯彻落实税收法定原则，2019年7月，财政部会同国家税务总局发布了《中华人民共和国土地增值税法（征求意见稿）》，广泛凝聚社会共识，推进民主立法，向全社会公开征求意见。土地增值税是对有偿转让国有土地使用权及地上建筑物和其他附着物产权，取得增值收入的单位和个人征收的一种税。征收土地增值税增强了政府对房地产开发和交易市场的调控，有利于抑制炒买炒卖土地获取暴利的行为，也增加了国家财政收入。

一、纳税义务人与征税范围

（一）纳税义务人

土地增值税的纳税义务人为转让国有土地使用权、地上的建筑及其附着物（以下简称转让房地产）并取得收入的单位和个人。

（二）征税范围

1. 基本征税范围

土地增值税是对转让国有土地使用权及其地上建筑物和附着物的行为征税，不包括国有土地使用权出让所取得的收入。

国有土地使用权出让，是指国家以土地所有者的身份将土地使用权在一定年限内让与土地使用者，并由土地使用者向国家支付土地使用权出让金的行为，属于土地买卖的一级市场。土地使用权出让的出让方是国家，国家凭借土地的所有权向土地使用者收取土地的租金。出让的目的是实行国有土地的有偿使用制度，合理开发、利用、经营土地，因此，土地使用权的出让不属于土地增值税的征税范围。

国有土地使用权的转让，是指土地使用者通过出让等形式取得土地使用权后，将土地使用权再转让的行为，包括出售、交换和赠与，它属于土地买卖的二级市场。土地使用权转让，其地上的建筑物、其他附着物的所有权随之转让。土地使用权的转让，属于土地增值税的征税范围。

土地增值税的征税范围不包括未转让土地使用权、房产产权的行为，是否发生转让行为主要以房地产权属（指土地使用权和房产产权）的变更为标准。凡土地使用权、房产产权未转让的（如房地产的出租），不征收土地增值税。

2. 特殊征税范围

（1）房地产的继承，是指房产的原产权所有人、依照法律规定取得土地使用权的土地使用人死亡以后，由其继承人依法承受死者房产产权和土地使用权的民事法律行为。这种行为虽然发生了房地产的权属变更，但作为房产产权、土地使用权的原所有人（即被继承人）并没有因为权属变更而取得任何收入。因此，这种房地产的继承不属于土地增值税的征税范围。

（2）房地产的赠与，是指房产所有人、土地使用权所有人将自己所拥有的房地产无偿地交给其他人的民事法律行为。但这里的"赠与"仅指以下情况。

①房产所有人、土地使用权所有人将房屋产权、土地使用权赠与直系亲属或承担直接赡养义务人的。

②房产所有人、土地使用权所有人通过中国境内非营利的社会团体、国家机关将房屋产权、土地使用权赠与教育、民政和其他社会福利、公益事业的。

房地产的赠与虽发生了房地产的权属变更，但作为房产所有人、土地使用权的所有人并没有因为权属的转让而取得任何收入。因此，房地产的赠与不属于土地增值税的征税范围。

（3）房地产的出租，是指房产的产权所有人、依照法律规定取得土地使用权的土地使用人，将房产、土地使用权租赁给承租人使用，由承租人向出租人支付租金的行为。出租人虽取得了收入，但没有发生房产产权、土地使用权的转让，因此不属于土地增值税的征税范围。

（4）房地产的抵押，是指房地产的产权所有人、依法取得土地使用权的土地使用人作为债务人或第三人向债权人提供不动产作为清偿债务的担保而不转移权属的法律行为。这种情况由于房产的产权、土地使用权在抵押期间并没有发生权属的变更，房产的产权所有人、土地使用权人仍能对房地产行使占有、使用、收益等权利，房产的产权所有人、土地使用权人虽然在抵押期间取得了一定的抵押贷款，但实际上这些贷款在抵押期满后是要连本带利偿还给债权人的。因此，对房地产的抵押，在抵押期间不征收土地增值税。待抵押期满后，视该房地产是否转移占有而确定是否征收土地增值税。对于以房地产抵债而发生房地产权属转让的，应列入土地增值税的征税范围。

（5）房地产的交换，是指一方以房地产与另一方的房地产进行交换的行为。由于这种行为既发生了房产产权、土地使用权的转移，交换双方又取得了实物形态的收入，按《土地增值税暂行条例》规定，它属于土地增值税的征税范围。但对个人之间互换自有居住用房地产的，经当地税务机关核实，可以免征土地增值税。

（6）对于一方出地，一方出资金，双方合作建房，建成后按比例分房自用的，暂免征收土地增值税；建成后转让的，应征收土地增值税。

（7）房地产的代建行为，是指房地产开发公司代客户进行房地产的开发，开发完成后向客户收取代建收入的行为。对于房地产开发公司而言，虽然取得了收入，但没有发生房地产权属的转移，其收入属于劳务收入性质，故不属于土地增值税的征税范围。

（8）房地产的重新评估，主要是指国有企业在清产核资时对房地产进行重新评估而使其升值的情况。这种情况下，房地产虽然有增值，但其既没有发生房地产权属的转移，房产产权、土地使用权人也未取得收入，所以不属于土地增值税的征税范围。

二、税率

土地增值税实行四级超率累进税率：增值额未超过扣除项目金额50%的部分，税率为30%；增值额超过扣除项目金额50%、未超过扣除项目金额100%的部分，税率为40%；增值额超过扣除项目金额100%、未超过扣除项目金额200%的部分，税率为50%；增值额超过扣除项目金额200%的部分，税率为60%。

上述所列四级超率累进税率，每级"增值额未超过扣除项目金额"的比例，均包括本比例数。超率累进税率见表6-3。

表6-3　土地增值税四级超率累进税率表

单位：%

级数	增值额与扣除项目金额的比例	税率	速算扣除系数
1	不超过50%的部分	30	0
2	超过50%～100%的部分	40	5
3	超过100%～200%的部分	50	15
4	超过200%的部分	60	35

三、应税收入与扣除项目

（一）应税收入

根据《土地增值税暂行条例》及《中华人民共和国土地增值税暂行条例实施细则》（以下简称《土地增值税暂行条例实施细则》）的规定，纳税人转让房地产取得的应税收入（不含增值税），应包括转让房地产的全部价款及有关的经济收益。从收入的形式来看，包括货币收入、实物收入和其他收入。

（二）扣除项目

依据税法规定，在计算土地增值税的增值额时，准予从房地产转让收入额中减除下列相关项目金额。

1. 取得土地使用权所支付的金额

取得土地使用权所支付的金额包括两方面的内容。

（1）纳税人为取得土地使用权所支付的地价款。

如果是以协议、招标、拍卖等出让方式取得土地使用权的，地价款为纳税人所支付的土地出让金；如果是以行政划拨方式取得土地使用权的，地价款为按照国家有关规定补缴的土地出让金；如果是以转让方式取得土地使用权的，地价款为向原土地使用权人实际支付的地价款。

（2）纳税人在取得土地使用权时按国家统一规定交纳的有关费用。

上述费用是指纳税人在取得土地使用权过程中为办理有关手续，按国家统一规定缴纳的有关登记、过户手续费。

2. *房地产开发成本*

房地产开发成本是指纳税人房地产开发项目实际发生的成本，包括土地征用及拆迁补偿费、前期工程费、建筑安装工程费、基础设施费、公共配套设施费、开发间接费用等。

（1）土地征用及拆迁补偿费，包括土地征用费、耕地占用税、劳动力安置费及有关地上、地下附着物拆迁补偿的净支出、安置动迁用房支出等。

（2）前期工程费，包括规划、设计、项目可行性研究和水文、地质、勘察、测绘、"三通一平"等支出。

（3）建筑安装工程费，指以出包方式支付给承包单位的建筑安装工程费，以自营方式发生的建筑安装工程费。

（4）基础设施费，包括开发小区内道路、供水、供电、供气、排污、排洪、通信、照明、环卫、绿化等工程发生的支出。

（5）公共配套设施费，包括不能有偿转让的开发小区内公共配套设施发生的支出。

（6）开发间接费用，指直接组织、管理开发项目发生的费用，包括工资、职工福利费、折旧费、修理费、办公费、水电费、劳动保护费、周转房摊销等。

3. *房地产开发费用*

房地产开发费用，是指与房地产开发项目有关的销售费用、管理费用和财务费用。根据现行财务会计制度的规定，这三项费用作为期间费用，直接计入当期损益，不按成本核算对象进行分摊。故作为土地增值税扣除项目的房地产开发费用，不按纳税人房地产开发项目实际发生的费用进行扣除，而按《土地增值税暂行条例实施细则》的标准进行扣除。

房地产开发费用扣除的具体规定如下。

（1）纳税人能够按转让房地产项目计算分摊利息支出，并能提供金融机构的贷款证明的，其允许扣除的房地产开发费用为：

利息＋（取得土地使用权所支付的金额＋房地产开发成本）×5%以内

（2）纳税人不能按转让房地产项目计算分摊利息支出或不能提供金融机构贷款证明的，其允许扣除的房地产开发费用为：

（取得土地使用权所支付的金额＋房地产开发成本）×10%以内

此外，财政部、国家税务总局还对扣除项目金额中利息支出的计算问题作了两点专门规定：一是利息的上浮幅度按国家的有关规定执行，超过上浮幅度的部分不允许扣除；二是对于超过贷款期限的利息部分和加罚的利息不允许扣除。

4. 与转让房地产有关的税金

与转让房地产有关的税金，是指在转让房地产时缴纳的城市维护建设税、印花税。因转让房地产缴纳的教育费附加，也可视同税金予以扣除。

需要明确的是，房地产开发企业按照《施工、房地产开发企业财务制度》有关规定，其在转让时缴纳的印花税因列入管理费用中，故不允许再单独扣除。其他纳税人缴纳的印花税（按产权转移书据所载金额的 0.5‰贴花）允许在此扣除。

5. 财政部确定的其他扣除项目

对从事房地产开发的纳税人，允许按取得土地使用权所支付的金额和房地产开发成本之和，加计 20%扣除。需要特别指出的是，此条优惠只适用于从事房地产开发的纳税人，除此之外的其他纳税人不适用，其目的是抑制炒买炒卖房地产的投机行为，保护正常开发投资者的积极性。

6. 旧房及建筑物的评估价格

纳税人转让旧房的，应按房屋及建筑物的评估价格、取得土地使用权所支付的地价款或出让金、按国家统一规定缴纳的有关费用和转让环节缴纳的税金作为扣除项目金额计征土地增值税。对取得土地使用权时未支付地价款或不能提供已支付的地价款凭据的，在计征土地增值税时不允许扣除。

旧房及建筑物的评估价格是指在转让已使用的房屋及建筑物时，由政府批准设立的房地产评估机构评定的重置成本价乘以成新度折扣率后的价格。评估价格须经当地税务机关确认。重置成本价，指的是对旧房及建筑物，按转让时的建材价格及人工费用计算，建造同样面积、同样层次、同样结构、同样建设标准的新房及建筑物所需花费的成本费用。成新度折扣率，指的是按旧房的新旧程度作一定比例的折扣。例如，一栋房屋已使用近 10 年，建造时的造价为 1000 万元，按转让时的建材及人工费用计算，建同样的新房需花费 5000 万元，假定该房有六成新，则该房的评估价格为：5000×60%=3000（万元）。

纳税人转让旧房及建筑物，凡不能取得评估价格，但能提供购房发票的，经当地税务部门确认，根据《土地增值税暂行条例》第六条第（一）、第（三）项规定的扣除项目的金额（即取得土地使用权所支付的金额、新建房及配套设施的成本、费用，或者旧房及建筑物的评估价格），可按发票所载金额并从购买年度起至转让年度止每年加计 5%计算扣除。计算扣除项目时"每年"按购房发票所载日期起至售房发票开具之日止，每满 12 个月计 1 年；超过 1 年，未满 12 个月但超过 6 个月的，可以视同为 1 年。

对纳税人购房时缴纳的契税，凡能提供契税完税凭证的，准予作为"与转让房地产有关的税金"予以扣除，但不作为加计 5%的基数。

对于转让旧房及建筑物，既没有评估价格，又不能提供购房发票的，地方税务机关可以根据《税收征收管理法》第三十五条的规定，实行核定征收。

四、应纳税额的计算

（一）增值额的确定

确定增值额是计算土地增值税的基础，增值额为纳税人转让房地产所取得的收入减除规定的扣除项目金额后的余额。准确核算增值额，需要有准确的房地产转让收入额和扣除项目的金额。在实际房地产交易活动中，有些纳税人由于不能准确提供房地产转让价格或扣除项目金额，致使增值额不准确，直接影响应纳税额的计算和缴纳。因此，《土地增值税暂行条例》第九条规定，纳税人有上述情形的，按照房地产评估价格计算征收。

（二）应纳税额的计算方法

土地增值税按照纳税人转让房地产所取得的增值额和规定的税率计算征收。土地增值税的计算公式为：

$$应纳税额 = \sum（每级距的土地增值额 \times 适用税率）$$

但在实际工作中，分步计算比较烦琐，一般可以采用速算扣除法计算。具体方法如下：

$$应纳税额 = 土地增值额 \times 适用税率 - 扣除项目金额 \times 速算扣除系数$$

公式中，适用税率和速算扣除系数的确定取决于增值额与扣除项目金额的比率（见表6-2）。

【例题6-5】2023年某国有商业企业利用库房空地进行住宅商品房开发，按照国家有关规定补缴土地出让金2840万元，缴纳相关税费160万元；住宅开发成本2800万元，其中含装修费用500万元；房地产开发费用中的利息支出为300万元（不能提供金融机构证明）；当年住宅全部销售完毕，取得不含增值税销售收入共计9000万元；缴纳城市维护建设税和教育费附加45万元；缴纳印花税4.5万元。已知该公司所在省人民政府规定的房地产开发费用的计算扣除比例为10%。

要求：计算该企业销售住宅应缴纳的土地增值税税额。

【解析】

非房地产开发企业缴纳的印花税允许作为税金扣除；非房地产开发企业不允许按照取得土地使用权所支付金额和房地产开发成本合计数的20%加计扣除。

（1）住宅销售收入为9000万元。

（2）确定转让房地产的扣除项目金额包括：

①取得土地使用权所支付的金额=2840+160=3000（万元）。

②住宅开发成本为2800万元。

③房地产开发费用=（3000+2800）×10%=580（万元）。

④与转让房地产有关的税金=45+4.5=49.5（万元）。

⑤转让房地产的扣除项目金额 =2840+160+2800+（2840+160+2800）×10%+ 49.5= 6429.5（万元）。

（3）转让房地产的增值额 =9000 － 6429.5=2570.5（万元）。

（4）增值额与扣除项目金额的比率 =2570.5÷6429.5 ≈ 39.98%。

增值额与扣除项目金额的比率未超过 50%，适用税率为 30%、速算扣除系数为 0。

（5）应纳土地增值税税额 =2570.5×30% － 6429.5×0=771.15（万元）。

五、房地产开发企业土地增值税清算

土地增值税清算是指纳税人在符合土地增值税清算条件后，依照税收法律、法规及土地增值税有关政策的规定，计算房地产开发项目应缴纳的土地增值税税额，并填写土地增值税清算申报表，向主管税务机关提供有关资料，办理土地增值税清算手续，结清该房地产项目应缴纳土地增值税税款的行为。

（一）土地增值税的清算条件

1. 符合下列情形之一的，纳税人应进行土地增值税的清算

（1）房地产开发项目全部竣工、完成销售的；

（2）整体转让未竣工决算房地产开发项目的；

（3）直接转让土地使用权的。

2. 符合下列情形之一的，主管税务机关可要求纳税人进行土地增值税的清算

（1）已竣工验收的房地产开发项目，已转让的房地产建筑面积占整个项目可售建筑面积的比例在 85% 以上，或该比例虽未超过 85%，但剩余的可售建筑面积已经出租或自用的；

（2）取得销售（预售）许可证满 3 年仍未销售完毕的；

（3）纳税人申请注销税务登记但未办理土地增值税清算手续的；

（4）省（自治区、直辖市、计划单列市）税务机关规定的其他情况。

（二）土地增值税的清算时间

凡符合应办理土地增值税清算条件的项目，纳税人应当在满足条件之日起 90 日内到主管税务机关办理清算手续。凡属税务机关要求纳税人进行土地增值税清算的项目，纳税人应当在接到主管税务机关下发的清算通知之日起 90 日内，到主管税务机关办理清算手续。

六、税收优惠

（一）建造普通标准住宅的税收优惠

纳税人建造普通标准住宅出售，增值额未超过扣除项目金额 20% 的，免征土地增值税；增值额超过扣除项目金额 20% 的，应就其全部增值额按规定计税。

普通标准住宅，是指按所在地一般民用住宅标准建造的居住用住宅。高级公寓、别墅、度假村等不属于普通标准住宅。2005 年 6 月 1 日起，普通标准住宅应同时满足：住

宅小区建筑容积率在 1.0 以上；单套建筑面积在 120 平方米以下；实际成交价格低于同级别土地上住房平均交易价格 1.2 倍以下。各省、自治区、直辖市要根据实际情况，制定本地区享受优惠政策普通住房的具体标准。允许单套建筑面积和价格标准适当浮动，但向上浮动的比例不得超过上述标准的 20%。

对于纳税人既建造普通标准住宅，又建造其他房地产开发的，应分别核算增值额。不分别核算增值额或不能准确核算增值额的，其建造的普通标准住宅不能适用这一免税规定。

（二）国家征用、收回的房地产的税收优惠

因国家建设需要依法征用、收回的房地产，免征土地增值税。

（三）因城市规划、国家建设需要而搬迁由纳税人自行转让原房地产的税收优惠

因城市实施规划、国家建设的需要而搬迁，由纳税人自行转让原房地产的，免征土地增值税。

（四）对企事业单位、社会团体以及其他组织转让旧房作为改造安置住房或公共租赁住房房源的税收优惠

对企事业单位、社会团体以及其他组织转让旧房作为改造安置住房或公共租赁住房房源且增值额未超过扣除项目金额 20% 的，免征土地增值税。

（五）个人销售住房的税收优惠

自 2008 年 11 月 1 日，对个人销售住房暂免征收土地增值税。

七、征收管理

（一）预征管理

由于房地产开发与转让周期较长，造成土地增值税征管难度大，根据《土地增值税暂行条例实施细则》的规定，对纳税人在项目全部竣工结算前转让房地产取得的收入，可以预征土地增值税，具体办法由各省、自治区、直辖市税务局根据当地情况制定。为了发挥土地增值税在预征阶段的调节作用，对已经实行预征办法的地区，可根据不同类型房地产的实际情况，确定适当的预征率。除保障性住房外，东部地区省份预征率不得低于 2%，中部和东北地区省份不得低于 1.5%，西部地区省份不得低于 1%。

对于纳税人预售房地产所取得的收入，凡当地税务机关规定预征土地增值税的，纳税人应当到主管税务机关办理纳税申报，并按规定比例预交税款，待办理决算后，多退少补；凡当地税务机关规定不预征土地增值税的，也应在取得收入时先到税务机关登记或备案。

（二）纳税地点

土地增值税的纳税人应向房地产所在地主管税务机关办理纳税申报，并在税务机关核定的期限内缴纳土地增值税。房地产所在地，是指房地产的坐落地。纳税人转让的房地产坐落在两个或两个以上地区的，应按房地产所在地分别申报纳税。

（三）纳税申报

土地增值税的纳税人应在转让房地产合同签订后的 7 日内，到房地产所在地主管税务机关办理纳税申报，如实填写《财产和行为税纳税申报表》（见表 6-1）及相应的税源明细表，并向税务机关提交房屋及建筑物产权、土地使用权证书，土地转让、房产买卖合同，房地产评估报告及其他与转让房地产有关的资料。

任务五　契税

契税是以在中华人民共和国境内转移土地、房屋权属为征税对象，向承受权属的单位和个人征收的一种财产税。征收契税有利于增加地方财政收入，有利于保护合法产权，避免产权纠纷。现行契税法的基本规范，是 2020 年 8 月 11 日第十三届全国人民代表大会常务委员会第二十一次会议表决通过，并于 2021 年 9 月 1 日开始施行的《中华人民共和国契税法》（以下简称《契税法》）。

一、纳税义务人与征税范围

（一）纳税义务人

契税的纳税义务人是境内转移土地、房屋权属，承受的单位和个人。

（二）征税范围

征收契税的土地、房屋权属，具体为土地使用权、房屋所有权。转移土地、房屋权属，是指下列行为。

1. 国有土地使用权出让

国有土地使用权出让是指土地使用者向国家交付土地使用权出让费用，国家将国有土地使用权在一定年限内让与土地使用者的行为。

2. 土地使用权的转让

土地使用权的转让是指土地使用者以出售、赠与、互换方式将土地使用权转移给其他单位和个人的行为。土地使用权的转让不包括土地承包经营权和土地经营权的转移。

3. 房屋买卖

房屋买卖，是指房屋所有者将其房屋出售，由承受者交付货币及实物、其他经济利益的行为。以下两种特殊情况，视同买卖房屋：一是以作价投资（入股）、偿还债务等应交付经济利益的方式转移土地、房屋权属的，参照土地使用权出让、出售或房屋买卖确定契税适用税率、计税依据等；二是以划转、奖励等没有价格的方式转移土地、房屋权属的，参照土地使用权或房屋赠与确定契税适用税率、计税依据等。

4. 房屋赠与

房屋赠与是指房屋产权所有人将房屋无偿转让给他人所有。房屋赠与的前提必须是产权无纠纷，赠与人和受赠人双方自愿。由于房屋是不动产，价值较大，故法律要求赠与房屋应有书面合同（契约），并到房地产管理机关或农村基层政权机关办理登记过户手续，才能生效。如果房屋赠与行为涉及涉外关系，还需公证处证明和外事部门认证，才能有效。

以获奖方式取得房屋产权，实质上是接受赠与房产的行为，也应缴纳契税。

5. 房屋互换

房屋互换是指房屋所有者之间互相交换房屋的行为。

6. 下列情形发生土地、房屋权属转移的，承受方应当依法缴纳契税

（1）因共有不动产份额变化的。

（2）因共有人增加或者减少的。

（3）因人民法院、仲裁委员会的生效法律文书或者监察机关出具的监察文书等因素，发生土地、房屋权属转移的。

二、税率、计税依据和应纳税额的计算

（一）税率

契税实行 3%～5% 的幅度税率。具体适用税率，由各省、自治区、直辖市人民政府在 3%～5% 的幅度内提出，报同级人民代表大会常务委员会决定，并报全国人民代表大会常务委员会和国务院备案。

（二）计税依据

由于土地、房屋权属转移方式不同，定价方法不同，因而具体计税依据视不同情况而决定。

1. 土地使用权出让

土地使用权出让的，计税依据包括土地出让金、土地补偿费、安置补助费、地上附着物和青苗补偿费、征收补偿费、城市基础设施配套费、实物配建房屋等应交付的货币以及实物、其他经济利益对应的价款。

以划拨方式取得的土地使用权，经批准改为出让方式重新取得该土地使用权的，应由该土地使用权人以补缴的土地出让价款为计税依据缴纳契税。

2. 土地使用权转让、房屋买卖

土地使用权及所附建筑物、构筑物等（包括在建的房屋、其他建筑物、构筑物和其他附着物）转让的，计税依据为承受方应交付的总价款。

土地使用权出售、房屋买卖，承受方计征契税的成交价格不含增值税；实际取得增值税发票的，成交价格以发票上注明的不含税价格确定。

3. 土地使用权赠与、房屋赠与

土地使用权赠与、房屋赠与以及其他没有价格的转移土地、房屋权属行为，其计税依据为税务机关参照土地使用权出售、房屋买卖的市场价格依法核定的价格。

4. 土地使用权互换、房屋互换

土地使用权互换、房屋互换，互换价格相等的，互换双方计税依据为零；互换价格不相等的，以其不含增值税的差额为计税依据，由支付差额的一方缴纳契税。

纳税人申报的成交价格、互换价格差额明显偏低且无正当理由的，由税务机关依照

《税收征收管理法》的规定核定。

（三）应纳税额的计算

契税应纳税额的计算公式为：

应纳税额＝计税依据×税率

【例题6-6】居民甲有两套住房，将一套出售给居民乙，成交价格为1200000元；将另一套两室住房与居民丙交换成两套一室住房，并支付给丙换房差价款300000元。

要求：计算甲、乙、丙相关行为应缴纳的契税（假定税率为4%）。

【解析】

（1）甲应缴纳的契税＝300000×4%＝12000（元）

（2）乙应缴纳的契税＝1200000×4%＝48000（元）

（3）丙无须缴纳契税。

三、税收优惠

1. 有下列情形之一的，免征契税

（1）国家机关、事业单位、社会团体、军事单位承受土地、房屋用于办公、教学、医疗、科研和军事设施。

（2）非营利性的学校、医疗机构、社会福利机构承受土地、房屋权属用于办公、教学、医疗、科研、养老、救助。

（3）承受荒山、荒地、荒滩土地使用权，并用于农、林、牧、渔业生产。

（4）婚姻关系存续期间夫妻之间变更土地、房屋权属。

（5）夫妻因离婚分割共同财产发生土地、房屋权属变更。

（6）法定继承人通过继承承受土地、房屋权属。

（7）依照法律规定应当予以免税的外国驻华使馆、领事馆和国际组织驻华代表机构承受土地、房屋权属。

（8）城镇职工按规定第一次购买公有住房。

（9）2019年6月1日至2025年12月31日，为社区提供养老、托育、家政等服务的机构，承受房屋、土地用于提供社区养老、托育、家政服务。

根据国民经济和社会发展的需要，国务院对居民住房需求保障、企业改制重组、灾后重建等情形可以规定免征或者减征契税，报全国人民代表大会常务委员会备案。

2. 对个人购买家庭唯一住房（家庭成员范围包括购房人、配偶以及未成年子女，下同），面积为90平方米及以下的，减按1%的税率征收契税；面积为90平方米以上的，减按1.5%的税率征收契税

对个人购买家庭第二套改善性住房，面积为90平方米及以下的，减按1%的税率征收契税；面积为90平方米以上的，减按2%的税率征收契税。

家庭第二套改善性住房是指已拥有一套住房的家庭，购买的家庭第二套住房。（北京市、上海市、广州市、深圳市不实施该项规定，采用当地规定的契税税率3%）

3.省、自治区、直辖市可以决定对下列情形免征或者减征契税

（1）因土地、房屋被县级以上人民政府征收、征用，重新承受土地、房屋权属；

（2）因不可抗力灭失住房，重新承受住房权属。

免征或者减征契税的具体办法，由省、自治区、直辖市人民政府提出，报同级人民代表大会常务委员会决定，并报全国人民代表大会常务委员会和国务院备案。

四、征收管理

（一）纳税义务发生时间

契税申报以不动产单元为基本单位，契税的纳税义务发生时间是纳税人签订土地、房屋权属转移合同的当日，或者纳税人取得其他具有土地、房屋权属转移合同性质凭证的当日。

（二）纳税期限

纳税人应当在依法办理土地、房屋权属登记手续前申报缴纳契税。

（三）纳税地点

契税在土地、房屋所在地的税务征收机关缴纳。

（四）纳税申报资料

契税纳税人依法纳税申报时，应如实填写《财产和行为税纳税申报表》及相应的税源明细表。

任务六　车船税

车船税是以车船为征税对象，向拥有车船的单位和个人征收的一种税。征收车船税有利于为地方政府筹集财政资金，有利于车船的管理和合理配置，也有利于调节财富差异。现行车船税法的基本规范，是 2011 年 2 月 25 日，由中华人民共和国第十一届全国人民代表大会常务委员会第十九次会议

车船税

通过的《中华人民共和国车船税法》（以下简称《车船税法》），自 2012 年 1 月 1 日起施行。

一、纳税义务人与征税范围

（一）纳税义务人

所谓车船税，是指在中华人民共和国境内的车辆、船舶的所有人或者管理人按照中华人民共和国车船税法应缴纳的一种税。

车船税的纳税义务人，是指在中华人民共和国境内，车辆、船舶（以下简称车船）的所有人或者管理人，应当依照《车船税法》的规定缴纳车船税。

（二）征税范围

车船税的征税范围是指在中华人民共和国境内属于《车船税法》所附《车船税税目税额表》规定的车辆、船舶。车辆、船舶是指：

（1）依法应当在车船登记管理部门登记的机动车辆和船舶。

（2）依法不需要在车船登记管理部门登记、在单位内部场所行驶或者作业的机动车辆和船舶。

（3）境内单位和个人租入外国籍船舶的，不征收车船税。境内单位和个人将船舶出租到境外的，应依法征收车船税。

经批准临时入境的外国车船和香港特别行政区、澳门特别行政区、台湾地区的车船，不征收车船税。

二、税目与税率

车船税实行定额税率，即对征税的车船规定单位固定税额。车船税的适用税额，依照《车船税法》所附的《车船税税目税额表》（见表6-4）执行。

车辆的具体适用税额由省、自治区、直辖市人民政府依照《车船税法》所附《车船税税目税额表》规定的税额幅度和国务院的规定确定。船舶的具体适用税额由国务院在《车船税法》所附《车船税税目税额表》规定的税额幅度内确定。

表6-4　车船税税目税额

税目		计税单位	年基准税额／元	备注
乘用车［按发动机气缸容量（排气量）分档］	1.0升（含）以下的	每辆	60～360	核定载客人数9人（含）以下
	1.0升以上至1.6升（含）的		300～540	
	1.6升以上至2.0升（含）的		360～660	
	2.0升以上至2.5升（含）的		660～1200	
	2.5升以上至3.0升（含）的		1200～2400	
	3.0升以上至4.0升（含）的		2400～3600	
	4.0升以上的		3600～5400	
商用车	客车	每辆	480～1440	核定载客人数9人（包括电车）以上
	货车	整备质量每吨	16～120	1. 包括半挂牵引车、挂车、客货两用汽车、三轮汽车和低速载货汽车等 2. 挂车按照货车税额的50%计算
其他车辆	专用作业车	整备质量每吨	16～120	不包括拖拉机
	轮式专用机械车	整备质量每吨	16～120	
摩托车		每辆	36～180	
船舶	机动船舶	净吨位每吨	3～6	拖船、非机动驳船分别按照机动船舶税额的50%计算；游艇的税额另行规定
	游艇	艇身长度每米	600～2000	

车船税确定税额总的原则是：非机动车船的税负轻于机动车船；人力车的税负轻于

畜力车；小吨位船舶的税负轻于大船舶。由于车辆与船舶的行驶情况不同，车船税的税额也有所不同。

机动船舶，具体适用税额为：净吨位不超过200吨的，每吨3元；净吨位超过200吨但不超过2000吨的，每吨4元；净吨位超过2000吨但不超过10000吨的，每吨5元；净吨位超过10000吨的，每吨6元。拖船按照发动机功率每1千瓦折合净吨位0.67吨计算征收车船税。

游艇具体适用税额为：艇身长度不超过10米的游艇，每米600元；艇身长度超过10米但不超过18米的游艇，每米900元；艇身长度超过18米但不超过30米的游艇，每米1300元；艇身长度超过30米的游艇，每米2000元；辅助动力帆艇，每米600元。游艇艇身长度是指游艇的总长。

三、应纳税额的计算

纳税人按照纳税地点所在的省、自治区、直辖市人民政府确定的具体适用税额缴纳车船税。车船税由税务机关负责征收。

购置的新车船，购置当年的应纳税额自纳税义务发生的当月起按月计算。计算公式为：

应纳税额＝（年应纳税额÷12）×应纳税月份数

应纳税月份数＝12－纳税义务发生时间（取月份）+1

在一个纳税年度内，已完税的车船被盗抢、报废、灭失的，纳税人可以凭有关管理机关出具的证明和完税证明，向纳税所在地的主管税务机关申请退还自被盗抢、报废、灭失月份起至该纳税年度终了期间的税款。

已办理退税的被盗抢车船，失而复得的，纳税人应当从公安机关出具相关证明的当月起计算缴纳车船税。

已缴纳车船税的车船在同一纳税年度内办理转让过户的，不另纳税，也不退税。

已经缴纳车船税的车船，因质量原因，车船被退回生产企业或者经销商的，纳税人可以向纳税所在地的主管税务机关申请退还自退货月份起至该纳税年度终了期间的税款。退货月份以退货发票所载日期的当月为准。

【例题6-7】某运输公司拥有载货汽车30辆（货车整备质量全部为10吨）；载人大客车20辆；小客车10辆。已知载货汽车每吨年税额80元，载人大客车每辆年税额800元，小客车每辆年税额700元。

要求：计算该公司应纳车船税。

【解析】载货汽车应纳税额＝30×10×80=24000（元）

载人汽车应纳税额＝20×800+10×700=23000（元）

全年应纳车船税税额＝24000+23000=47000（元）

四、税收优惠

（1）捕捞、养殖渔船免征车船税。

（2）军队、武装警察部队专用的车船免征车船税。

（3）警用车船免征车船税。

（4）悬挂应急救援专用号牌的国家综合性消防救援车辆和国家综合性消防救援专用船舶免征车船税。

（5）依照法律规定应当予以免税的外国驻华使领馆、国际组织驻华代表机构及其有关人员的车船，免征车船税。

（6）对节约能源车船，减半征收车船税。

（7）对新能源车船，免征车船税。

（8）省、自治区、直辖市人民政府根据当地实际情况，可以对公共交通车船、农村居民拥有并主要在农村地区使用的摩托车、三轮汽车和低速载货汽车定期减征或者免征车船税。

五、征收管理

（一）纳税期限

车船税纳税义务发生时间为取得车船所有权或者管理权的当月。以购买车船的发票或其他证明文件所载日期的当月为准。

（二）纳税地点

车船税的纳税地点为车船的登记地或者车船税扣缴义务人所在地。

扣缴义务人代收代缴车船税的，纳税地点为扣缴义务人所在地。

纳税人自行申报缴纳车船税的，纳税地点为车船登记地的主管税务机关所在地。

依法不需要办理登记的车船，其车船税的纳税地点为车船的所有人或者管理人所在地。

（三）纳税申报

车船税按年申报，分月计算，一次性缴纳，纳税人应如实填写《财产和行为税纳税申报表》及相应的税源明细表。纳税年度为公历 1 月 1 日至 12 月 31 日。具体申报纳税期限由省、自治区、直辖市人民政府规定。

任务七　印花税

印花税是以经济活动和经济交往中，书立、领受应税凭证的行为为征税对象征收的一种税。印花税因其采用在应税凭证上粘贴印花税票的方法缴纳税款而得名。征收印花税有利于增加财政收入、有利于配合和加强经济合同的监督管理、有利于培养纳税意识，也有利于配合对其他应纳税种的监督管理。现行印花税法的基本规范是由第十三届全国人民代表大会常务委员会 2021 年 6 月

印花税

10 日通过，2022 年 7 月 1 日起施行的《中华人民共和国印花税法》（以下简称《印花税法》）。

一、纳税义务人

在中华人民共和国境内书立应税凭证、进行证券交易的单位和个人，为印花税的纳税人。在中华人民共和国境外书立在境内使用的应税凭证的单位和个人，应当依照《印花税法》规定缴纳印花税。

应税凭证，是指《印花税法》所附《印花税税目税率表》列明的合同、产权转移书据和营业账簿。

证券交易，是指转让在依法设立的证券交易所、国务院批准的其他全国性证券交易场所交易的股票和以股票为基础的存托凭证。

二、税目与税率

（一）税目

印花税的税目，是指《印花税暂行条例》明确规定的应当纳税的项目，它具体划定了印花税的征税范围。一般来说，列入税目的就要征税，未列入税目的就不征税。

企业之间书立的确定买卖关系、明确买卖双方权利义务的订单、要货单等单据，且未另外书立买卖合同的，应当按规定缴纳印花税。

发电厂与电网之间、电网与电网之间书立的购售电合同，应当按买卖合同税目缴纳印花税。

（二）税率

印花税的税率设计，遵循税负从轻、共同负担的原则。凭证的当事人，即对凭证有直接权利与义务关系的单位和个人均应就其所持凭证依法纳税。印花税税目税率表见表6-5。

表 6-5　印花税税目税率

项目	税目	税率	备注
合同（指书面合同）	借款合同	借款金额的万分之零点五	银行业金融机构、经国务院银行业监督管理机构批准设立的其他金融机构与借款人（不包括同业拆借）的借款合同
	融资租赁合同	租金的万分之零点五	
	买卖合同	价款的万分之三	指动产买卖合同（不包含个人书立的动产买卖合同）
	承揽合同	报酬的万分之三	
	建设工程合同	价款的万分之三	
	运输合同	运输费用的万分之三	指货运合同和多式联运合同（不包括管道运输合同）

续表

项目	税目	税率	备注
合同 （指书面合同）	技术合同	价款、报酬或者使用费的万分之三	不包括专利权、专有技术使用权转让书据
	租赁合同	租金的千分之一	
	保管合同	保管费的千分之一	
	仓储合同	仓储费的千分之一	
	财产保险合同	保险费的千分之一	不包括再保险合同
产权转移书据	土地使用权出让合同	价款的万分之五	转让包括买卖（出售）、继承、赠与、互换、分割
	土地使用权、房屋等建筑物和构筑物所有权转让书据（不包括土地承包经营权和土地经营权转移）	价款的万分之五	
	股权转让书据（不包括应缴纳证券交易印花税）	价款的万分之五	
	商标专用权、著作权、专利权、专有技术使用权转让书据	价款的万分之三	
营业账簿		实收资本（股本）、资本公积合计金额的万分之二点五	
证券交易		成交金额的千分之一	

三、应纳税额的计算

（一）应纳税额的计算方法

印花税的应纳税额按照计税依据乘以适用税率计算。即：

应纳税额＝计税依据×适用税率

【例题6-8】某企业2023年12月开业，当年发生以下有关业务事项：与其他企业订立转移专有技术使用权书据1份，所载不含增值税金额100万元；订立产品购销合同1份，所载不含增值税金额200万元；与银行订立借款合同1份，所载不含增值税金额400万元。

要求：计算该企业上述业务应缴纳的印花税税额。

【解析】

（1）企业订立产权转移书据应纳税额＝1000000×0.3‰＝300（元）

（2）企业订立购销合同应纳税额＝2000000×0.3‰＝600（元）

（3）企业订立借款合同应纳税额＝4000000×0.05‰＝200（元）

（4）当年企业应纳印花税税额＝300＋600＋200＝1100（元）

（二）计税依据的具体规定

印花税的计税依据为各种应税凭证上所记载的计税金额。

同一应税凭证载有两个以上税目事项并分别列明金额的，按照各自适用的税目税率分别计算应纳税额；未分别列明金额的，从高适用税率。

同一应税凭证由两方以上当事人书立的，按照各自涉及的金额分别计算应纳税额。具体内容规定如下。

（1）合同。

应税合同的计税依据，为合同所列的金额，不包括列明的增值税税款。

（2）产权转移书据。

应税产权转移书据的计税依据，为产权转移书据所列的金额，不包括列明的增值税税款。

（3）营业账簿。

应税营业账簿的计税依据，为账簿记载的实收资本（股本）、资本公积合计金额。

已缴纳印花税的营业账簿，以后年度记载的实收资本（股本）、资本公积合计金额比已缴纳印花税的实收资本（股本）、资本公积合计金额增加的，按照增加部分计算应纳税额。

（4）证券交易。

证券交易的计税依据，为成交金额。

证券交易印花税对证券交易的出让方征收，不对受让方征收。自2023年8月28日起，证券交易印花税实施减半征收。

四、税收优惠

（1）下列凭证免征印花税。

①应税凭证的副本或者抄本；

②依照法律规定应当予以免税的外国驻华使馆、领事馆和国际组织驻华代表机构为获得馆舍书立的应税凭证；

③中国人民解放军、中国人民武装警察部队书立的应税凭证；

④农民、家庭农场、农民专业合作社、农村集体经济组织、村民委员会购买农业生产资料或者销售农产品书立的买卖合同和农业保险合同；

⑤无息或者贴息借款合同、国际金融组织向中国提供优惠贷款书立的借款合同；

⑥财产所有权人将财产赠与政府、学校、社会福利机构、慈善组织书立的产权转移书据；

⑦非营利性医疗卫生机构采购药品或者卫生材料书立的买卖合同；

⑧个人与电子商务经营者订立的电子订单。

（2）对铁路、公路、航运、水路承运快件行李、包裹开具的托运单据，暂免贴印花。

（3）各类发行单位之间，以及发行单位与订阅单位或个人之间书立的征订凭证，暂免征印花税。

（4）军事物资运输。凡附有军事运输命令或使用专用的军事物资运费结算凭证，免纳印花税。

（5）抢险救灾物资运输。凡附有县级以上（含县级）人民政府抢险救灾物资运输证明文件的运费结算凭证，免纳印花税。

（6）对发电厂与电网之间、电网与电网之间（国家电网公司系统、南方电网公司系统内部各级电网互供电量除外）签订的购售电合同按购销合同征收印花税。电网与用户之间签订的供用电合同不属于印花税列举征税的凭证，不征收印花税。

（7）对廉租住房、经济适用住房经营管理单位与廉租住房、经济适用住房相关的印花税以及廉租住房承租人、经济适用住房购买人涉及的印花税予以免征。

（8）对个人出租、承租住房签订的租赁合同，免征印花税。对个人销售或购买住房暂免征收印花税。

（9）对改造安置住房经营管理单位、开发商与改造安置住房相关的印花税以及购买安置住房的个人涉及的印花税予以免征。

（10）在融资性售后回租业务中，对承租人、出租人因出售租赁资产及购回租赁资产所签订的合同，不征收印花税。

（11）对与高校学生签订的高校学生公寓租赁合同，免征印花税。

（12）2022年1月1日至2024年12月31日，由省、自治区、直辖市人民政府根据本地区实际情况，以及宏观调控需要确定，对增值税小规模纳税人、小型微利企业和个体工商户可以在50%的税额幅度内减征资源税、城市维护建设税、房产税、城镇土地使用税、印花税（不含证券交易印花税）、耕地占用税和教育费附加、地方教育附加。

纳税人享受印花税优惠政策，实行"自行判别、申报享受、有关资料留存备查"的办理方式。纳税人对留存备查资料的真实性、完整性和合法性承担法律责任。

五、征收管理

（一）申报地点

纳税人为单位的，应当向其机构所在地的主管税务机关申报缴纳印花税；纳税人为个人的，应当向应税凭证书立地或者纳税人居住地的主管税务机关申报缴纳印花税。不动产产权发生转移的，纳税人应当向不动产所在地的主管税务机关申报缴纳印花税。

纳税人为境外单位或者个人，在境内有代理人的，以其境内代理人为扣缴义务人，向境内代理人机构所在地（居住地）主管税务机关申报解缴税款。在境内没有代理人的，由纳税人自行申报缴纳印花税，境外单位或者个人可以向资产交付地、境内服务提供方或者接受方所在地（居住地）、书立应税凭证境内书立人所在地（居住地）主管税务机关申报缴纳；涉及不动产产权转移的，应当向不动产所在地主管税务机关申报缴纳。

证券登记结算机构为证券交易印花税的扣缴义务人，应当向其机构所在地的主管税务机关申报解缴税款以及银行结算的利息。

（二）纳税义务发生时间

印花税的纳税义务发生时间为纳税人书立应税凭证或者完成证券交易的当日。

印花税按季、按年或者按次计征。实行按季、按年计征的，纳税人应当自季度、年度终了之日起十五日内申报缴纳税款；实行按次计征的，纳税人应当自纳税义务发生之日起十五日内申报缴纳税款。应税合同、产权转移书据印花税可以按季或者按次申报缴纳，应税营业账簿印花税可以按年或者按次申报缴纳，具体纳税期限由各省、自治区、直辖市、计划单列市税务局结合征管实际确定。

境外单位或者个人的应税凭证印花税可以按季、按年或者按次申报缴纳，具体纳税期限由各省、自治区、直辖市、计划单列市税务局结合征管实际确定。

证券交易印花税按周解缴。证券交易印花税扣缴义务人应当自每周终了之日起五日内申报解缴税款以及银行结算的利息。

（三）纳税申报

纳税人应当根据书立印花税应税合同、产权转移书据和营业账簿情况，如实填写《财产和行为税纳税申报表》及相应的税源明细表进行申报。

印花税可以采用粘贴印花税票或者由税务机关依法开具其他完税凭证的方式缴纳。印花税票粘贴在应税凭证上的，由纳税人在每枚税票的骑缝处盖戳注销或者画销。印花税票由国务院税务主管部门监制。

任务八　资源税

资源税是对在我国领域和管辖的其他海域开发应税资源的单位和个人课征的一种税，属于对自然资源开发课税的范畴。1984 年我国开征资源税时，普遍认为征收资源税主要依据的是受益原则、公平原则和效率原则。从受益方面考虑，资源属国家所有，开采者因开采国有资源而得益，有责任向所有者支付其地租；从公平角度来看，条件公平是有效竞争的前提，资源级差收入的存在影响资源开采者利润的真实性，故级差收入以归政府支配为宜；从效率角度分析，稀缺资源应由社会净效率高的企业来开采，对资源开采中出现的掠夺和浪费行为，国家有权采取经济手段促其转变。

为了贯彻习近平生态文明思想、落实税收法定原则，2019 年 8 月 26 日第十三届全国人民代表大会常务委员会第十二次会议通过了《中华人民共和国资源税法》（以下简称《资源税法》），并自 2020 年 9 月 1 日起施行。征收资源税的主要作用：①通过对开发、利用应税资源的行为课征资源税，体现了国有自然资源有偿占用的原则，从而可以促使纳税人节约、合理地开发和利用自然资源，有利于我国经济可持续发展；②随着其课征范围的逐渐扩展，资源税的收入规模及其在税收收入总额中所占的比重都相应增加，其财政意义也日渐明显，在为国家筹集财政资金方面发挥着不可忽视的作用。

一、纳税义务人

资源税的纳税义务人是指在中华人民共和国领域及管辖的其他海域开发应税资源的单位和个人。应税资源的具体范围，由《资源税法》所附《资源税税目税率表》确定。

资源税规定仅对在中国境内开发应税资源的单位和个人征收，因此，进口的矿产品和盐不征收资源税。由于对进口应税产品不征收资源税，相应地，对出口应税产品也不免征或退还已纳资源税。

纳税人自用应税产品，如果属于应当缴纳资源税的情形，应按规定缴纳资源税。纳税人自用应税产品应当缴纳资源税的情形包括：纳税人以应税产品用于非货币性资产交换、捐赠、偿债、赞助、集资、投资、广告、样品、职工福利、利润分配或者连续生产非应税产品等。纳税人开采或者生产应税产品自用于连续生产应税产品的，不缴纳资源税。如铁原矿用于继续生产铁精粉的，在移送铁原矿时不缴纳资源税；但对于生产非应税产品的，如将铁精粉继续用于冶炼的，应当在移送环节缴纳资源税。

开采海洋或陆上油气资源的中外合作油气田，在 2011 年 11 月 1 日前已签订的合同继续缴纳矿区使用费，不缴纳资源税；合同期满后，依法缴纳资源税。

二、税目与税率

（一）税目

资源税税目包括五大类，在 5 个税目下面又设有若干个子目。《资源税法》所列的税目有 164 个，涵盖了所有已经发现的矿种和盐（具体见表 6-6）。

各税目征税时有的对原矿征税，有的对选矿征税，具体适用的征税对象按照资源税税目税率表的规定执行。

纳税人以自采原矿（经过采矿过程采出后未进行选矿或者加工的矿石）直接销售，或者自用于应当缴纳资源税情形的，按照原矿计征资源税。

纳税人以自采原矿洗选加工为选矿产品（通过破碎、切割、洗选、筛分、磨矿、分级、提纯、脱水、干燥等过程形成的产品，包括富集的精矿和研磨成粉、粒级成型、切割成型的原矿加工品）销售，或者将选矿产品自用于应当缴纳资源税情形的，按照选矿产品计征资源税，在原矿移送环节不缴纳资源税。对于无法区分原生岩石矿种的粒级成型砂石颗粒，按照砂石税目征收资源税。

资源税法按原矿、选矿分别设定税率。对原油、天然气、中重稀土、钨、钼等战略资源实行固定税率，由税法直接确定。其他应税资源实行幅度税率，其具体适用税率由省、自治区、直辖市人民政府统筹考虑该应税资源的品位、开采条件以及对生态环境的影响等情况，在规定的税率幅度内提出，报同级人民代表大会常务委员会决定，并报全国人民代表大会常务委员会和国务院备案。

表 6-6　资源税税目税率

序号	税目			征税对象	税率
1	能源矿产		原油	原矿	6%
2			天然气、页岩气、天然气水合物	原矿	6%
3			煤	原矿或者选矿	2%～10%
4			煤成（层）气	原矿	1%～2%
5			铀、钍	原矿	4%
6			油页岩、油砂、天然沥青、石煤	原矿或者选矿	1%～4%
7			地热	原矿	1%～20%或者每立方米1～30元
8	金属矿产	黑色金属	铁、锰、铬、钒、钛	原矿或者选矿	1%～9%
9		有色金属	铜、铅、锌、锡、镍、锑、镁、钴、铋、汞	原矿或者选矿	2%～10%
10			铝土矿	原矿或者选矿	2%～9%
11			钨	选矿	6.5%
12			钼	选矿	8%
13			金、银	原矿或者选矿	2%～6%
14			铂、钯、钌、锇、铱、铑	原矿或者选矿	5%～10%
15			轻稀土	选矿	7%～12%
16			中重稀土	选矿	20%
17			铍、锂、锆、锶、铷、铯、铌、钽、锗、镓、铟、铊、铪、铼、镉、硒、碲	原矿或者选矿	2%～10%
18	非金属矿产	矿物类	高岭土	原矿或者选矿	1%～6%
19			石灰岩	原矿或者选矿	1%～6%或者每吨（或者每立方米）1～10元
20			磷	原矿或者选矿	3%～8%
21			石墨	原矿或者选矿	3%～12%
22			萤石、硫铁矿、自然硫	原矿或者选矿	1%～8%
23			天然石英砂、脉石英、粉石英、水晶、工业用金刚石、冰洲石、蓝晶石、硅线石（矽线石）、长石、滑石、刚玉、菱镁矿、颜料矿物、天然碱、芒硝、钠硝石、明矾石、砷、硼、碘、溴、膨润土、硅藻土、陶瓷土、耐火黏土、铁矾土、凹凸棒石黏土、海泡石黏土、伊利石黏土、累托石黏土	原矿或者选矿	1%～12%
24			叶蜡石、硅灰石、透辉石、珍珠岩、云母、沸石、重晶石、毒重石、方解石、蛭石、透闪石、工业用电气石、白垩、石棉、蓝石棉、红柱石、石榴子石、石膏	原矿或者选矿	2%～12%

续表

序号	税目		征税对象	税率
25	非金属矿产	矿物类	其他黏土（铸型用黏土、砖瓦用黏土、陶粒用黏土、水泥配料用黏土、水泥配料用红土、水泥配料用黄土、水泥配料用泥岩、保温材料用黏土）	原矿或者选矿	1%～5% 或者每吨（或者每立方米）0.1～5 元
26		岩石类	大理岩、花岗岩、白云岩、石英岩、砂岩、辉绿岩、安山岩、闪长岩、板岩、玄武岩、片麻岩、角闪岩、页岩、浮石、凝灰岩、黑曜岩、霞石正长岩、蛇纹岩、麦饭石、泥灰岩、含钾岩石、含钾砂页岩、天然油石、橄榄岩、松脂岩、粗面岩、辉长岩、辉石岩、正长岩、火山灰、火山渣、泥炭	原矿或者选矿	1%～10%
27			砂石	原矿或者选矿	1%～5% 或者每吨（或者每立方米）0.1～5 元
28		宝玉石类	宝石、玉石、宝石级金刚石、玛瑙、黄玉、碧玺	原矿或者选矿	4%～20%
29	水气矿产		二氧化碳气、硫化氢气、氦气、氡气	原矿	2%～5%
30			矿泉水	原矿	1%～20% 或者每立方米 1～30 元
31	盐		钠盐、钾盐、镁盐、锂盐	选矿	3%～15%
32			天然卤水	原矿	3%～15% 或者每吨（或者每立方米）1～10 元
33			海盐		2%～5%

纳税人开采或者生产不同税目应税产品的，应当分别核算不同税目应税产品的销售额或者销售数量；未分别核算或者不能准确提供不同税目应税产品的销售额或者销售数量的，从高适用税率。

纳税人开采或者生产同一税目下适用不同税率应税产品的，应当分别核算不同税率应税产品的销售额或者销售数量；未分别核算或者不能准确提供不同税率应税产品的销售额或者销售数量的，从高适用税率。

三、计税依据

资源税的计税依据为应税产品的销售额或销售量，各税目的征税对象包括原矿、选矿等。资源税适用从价计征为主、从量计征为辅的征税方式。根据资源税税目税率表的规定，地热、石灰岩、其他黏土、砂石、矿泉水和天然卤水可采用从价计征或从量计征的方式，其他应税产品统一适用从价定率征收的方式。

（一）从价定率征收的计税依据

1. 销售额的基本规定

资源税应税产品的销售额，按照纳税人销售应税产品向购买方收取的全部价款确定，不包括增值税税款。

计入销售额中的相关运杂费用，凡取得增值税发票或者其他合法有效凭据的，准予从销售额中扣除。相关运杂费用是指应税产品从坑口或者洗选（加工）地到车站、码头或者购买方指定地点的运输费用、建设基金以及随运销产生的装卸、仓储、港杂费用。

2. 特殊情形下销售额的确定

（1）核定销售额。

纳税人申报的应税产品销售额明显偏低且无正当理由的，或者有自用应税产品行为而无销售额的，主管税务机关可以按下列方法和顺序确定其应税产品销售额：

①按纳税人最近时期同类产品的平均销售价格确定。

②按其他纳税人最近时期同类产品的平均销售价格确定。

③按后续加工非应税产品销售价格，减去后续加工环节的成本利润后确定。

④按应税产品组成计税价格确定。

组成计税价格＝成本×（1＋成本利润率）÷（1－资源税税率）

上述公式中的成本利润率由省、自治区、直辖市税务机关确定。

⑤按其他合理方法确定。

（2）外购应税产品购进金额、购进数量的扣减。

纳税人外购应税产品与自采应税产品混合销售或者混合加工为应税产品销售的，在计算应税产品销售额或者销售数量时，准予扣减外购应税产品的购进金额或者购进数量；当期不足扣减的，可结转下期扣减。纳税人应当准确核算外购应税产品的购进金额或者购进数量，未准确核算的，一并计算缴纳资源税。

纳税人核算并扣减当期外购应税产品购进金额、购进数量，应当依据外购应税产品的增值税发票、海关进口增值税专用缴款书或者其他合法有效凭据。

纳税人以外购原矿与自采原矿混合为原矿销售，或者以外购选矿产品与自产选矿产品混合为选矿产品销售的，在计算应税产品销售额或者销售数量时，直接扣减外购原矿或者外购选矿产品的购进金额或者购进数量。

纳税人以外购原矿与自采原矿混合洗选加工为选矿产品销售的，在计算应税产品销售额或者销售数量时，按照下列方法进行扣减：

准予扣减的外购应税产品购进金额（数量）＝外购原矿购进金额（数量）×（本地区原矿适用税率÷本地区选矿产品适用税率）

不能按照上述方法计算扣减的，按照主管税务机关确定的其他合理方法进行扣减。

【例题 6-9】某煤炭企业将外购 100 万元原煤与自采 200 万元原煤混合洗选加工为选煤销售，选煤销售额为 450 万元。当地原煤税率为 3%，选煤税率为 2%。

要求：计算应税产品销售额时，准予扣减的外购应税产品购进金额是多少？

【解析】准予扣减的外购应税产品购进金额＝外购原煤购进金额×（本地区原煤适用税率÷本地区选煤适用税率）＝100×（3%÷2%）＝150（万元）。

（二）从量定额征收的计税依据

实行从量定额征收的，以应税产品的销售数量为计税依据。应税产品的销售数量，包括纳税人开采或者生产应税产品的实际销售数量和自用于应当缴纳资源税情形的应税产品数量。

四、应纳税额的计算

资源税的应纳税额，按照从价定率或者从量定额的办法，分别以应税产品的销售额乘以纳税人具体适用的比例税率或者以应税产品的销售数量乘以纳税人具体适用的定额税率计算。

（一）从价定率方式应纳税额的计算

实行从价定率方式征收资源税的，根据应税产品的销售额和规定的适用税率计算应纳税额，具体计算公式为：

应纳税额＝销售额×适用税率

【例题6-10】某石化企业为增值税一般纳税人，2023年5月发生以下业务：

（1）从国外某石油公司进口原油50000吨，支付不含税价款折合人民币9000万元，其中包含包装费及保险费折合人民币10万元；

（2）开采原油10000吨，并将开采的原油对外销售6000吨，取得不含税销售额2340万元，另外支付运输费用7.02万元；

（3）用开采的原油2000吨加工生产汽油1300吨。

要求：计算该石化公司当月应纳资源税。

【解析】

（1）资源税仅对在中国境内开采或生产应税产品的单位和个人征收，因此业务（1）中该石化公司进口原油无须缴纳资源税。

（2）业务（2）应缴纳的资源税＝2340×6%＝140.4（万元）

（3）每吨原油的不含税销售价格＝2340÷6000＝0.39（万元）

业务（3）应缴纳的资源税＝0.39×2000×6%＝46.8（万元）

（4）该石化公司当月应纳资源税＝140.4+46.8＝187.2（万元）

（二）从量定额方式应纳税额的计算

实行从量定额征收资源税的，根据应税产品的课税数量和规定的单位税额计算应纳税额，具体计算公式为：

应纳税额＝课税数量×单位税额

【例题6-11】某砂石开采企业2023年3月销售砂石3000立方米，资源税税率为2

元／立方米。要求：计算该企业当月应纳资源税税额。

【解析】销售砂石应纳税额＝课税数量×单位税额＝3000×2＝6000（元）

五、税收优惠

（一）免征资源税

有下列情形之一的，免征资源税。

（1）开采原油以及油田范围内运输原油过程中用于加热的原油、天然气。

（2）煤炭开采企业因安全生产需要抽采的煤成（层）气。

（二）减征资源税

有下列情形之一的，减征资源税。

（1）从低丰度油气田开采的原油、天然气减征20%资源税。

（2）高含硫天然气、三次采油和从深水油气田开采的原油、天然气，减征30%资源税。

（3）稠油、高凝油减征40%资源税。

（4）从衰竭期矿山开采的矿产品，减征30%资源税。

根据国民经济和社会发展的需要，国务院对有利于促进资源节约利用、保护环境等情形可以规定免征或者减征资源税的，报全国人民代表大会常务委员会备案。

（三）可由省、自治区、直辖市人民政府决定的减税或者免税

有下列情形之一的，省、自治区、直辖市人民政府可以决定减税或者免税。

（1）纳税人开采或者生产应税产品过程中，因意外事故或者自然灾害等原因遭受重大损失的。

（2）纳税人开采共伴生矿、低品位矿、尾矿。

上述两项的免征或者减征的具体办法，由省、自治区、直辖市人民政府提出，报同级人民代表大会常务委员会决定，并报全国人民代表大会常务委员会和国务院备案。

自2022年1月1日至2024年12月31日，由省、自治区、直辖市人民政府根据本地区实际情况，以及宏观调控需要确定，对增值税小规模纳税人、小型微利企业和个体工商户可以在50%的税额幅度内减征资源税。

纳税人开采或者生产同一应税产品，其中既有享受减免税政策的，又有不享受减免税政策的，按照免税、减税项目的产量占比等方法分别核算确定免税、减税项目的销售额或者销售数量。

纳税人开采或者生产同一应税产品同时符合两项或者两项以上减征资源税优惠政策的，除另有规定外，只能选择其中一项执行。纳税人享受资源税优惠政策，实行"自行判别、申报享受、有关资料留存备查"的办理方式，另有规定的除外。纳税人对资源税优惠事项留存材料的真实性和合法性承担法律责任。

六、征收管理

（一）纳税义务发生时间

纳税人销售应税产品，纳税义务发生时间为收讫销售款或者取得索取销售款凭据的当日；自用应税产品的，纳税义务发生时间为移送应税产品的当日。

（二）纳税期限

资源税按月或者按季申报缴纳；不能按固定期限计算缴纳的，可以按次申报缴纳。

纳税人按月或者按季申报缴纳的，应当自月度或者季度终了之日起 15 日内，向税务机关办理纳税申报并缴纳税款。

（三）纳税地点

纳税人应当在矿产品的开采地或者海盐的生产地缴纳资源税。

（四）征收机关

资源税由税务机关按照《资源税法》和《税收征收管理法》的规定征收管理。海上开采的原油和天然气资源税由海洋石油税务管理机构征收管理。税务机关与自然资源等相关部门应当建立工作配合机制，加强资源税征收管理。

任务九　环境保护税

环境保护税是对在我国领域以及管辖的其他海域直接向环境排放应税污染物的企业事业单位和其他生产经营者征收的一种税，其立法目的是保护和改善环境，减少污染物排放，推进生态文明建设。现行环境保护税法的基本规范包括 2016 年 12 月 25 日第十二届全国人民代表大会常务委员会第二十五次会议通过的《中华人民共和国环境保护税法》（以下简称《环境保护税法》）、2017 年 12 月 30 日国务院发布的《中华人民共和国环境保护税法实施条例》等。《环境保护税法》自 2018 年 1 月 1 日起正式实施。

环境保护税是我国首个明确以环境保护为目标的独立型环境税税种，有利于解决排污费制度存在的执法刚性不足等问题，有利于提高纳税人环保意识和强化企业治污减排责任。

一、纳税义务人

环境保护税的纳税义务人是在中华人民共和国领域和中华人民共和国管辖的其他海域直接向环境排放应税污染物的企业事业单位和其他生产经营者。

应税污染物，是指《环境保护税法》所附环境保护税税目税额表、应税污染物和当量值表所规定的大气污染物、水污染物、固体废物和噪声。

有下列情形之一的，不属于直接向环境排放污染物，不缴纳相应污染物的环境保护税。

（1）企业事业单位和其他生产经营者向依法设立的污水集中处理、生活垃圾集中处理场所排放应税污染物的。

（2）企业事业单位和其他生产经营者在符合国家和地方环境保护标准的设施、场所贮存或者处置固体废物的。

（3）达到省级人民政府确定的规模标准并且有污染物排放口的畜禽养殖场，应当依法缴纳环境保护税，但依法对畜禽养殖废弃物进行综合利用和无害化处理的不属于直接向环境排放污染物，不缴纳环境保护税。

二、税目与税率

（一）税目

环境保护税税目包括大气污染物、水污染物、固体废物和噪声四大类（见表6-7）。

表6-7　环境保护税税目税额

税目		计税单位	税额	备注
大气污染物		每污染当量	1.2～12元	
水污染物		每污染当量	1.4～14元	
固体废物	煤矸石	每吨	5元	
	尾矿	每吨	15元	
	危险废物	每吨	1000元	
	冶炼渣、粉煤灰、炉渣、其他固体废物（含半固态、液态废物）	每吨	25元	
噪声	工业噪声	超标1～3分贝	每月350元	1. 一个单位边界上有多处噪声超标，根据最高一处超标声级计算应纳税额；当沿边界长度超过100米有两处以上噪声超标，按照两个单位计算应纳税额 2. 一个单位有不同地点作业场所的，应当分别计算应纳税额，合并计征 3. 昼、夜均超标的环境噪声，昼、夜分别计算应纳税额，累计计征 4. 声源一个月内超标不足15天的，减半计算应纳税额 5. 夜间频繁突发和夜间偶然突发厂界超标噪声，按等效声级和峰值噪声两种指标中超标分贝值高的一项计算应纳税额
		超标4～6分贝	每月700元	
		超标7～9分贝	每月1400元	
		超标10～12分贝	每月2800元	
		超标13～15分贝	每月5600元	
		超标16分贝以上	每月11200元	

1. 大气污染物

大气污染物包括二氧化硫、氮氧化物、一氧化碳、氯气、氯化氢等，共计44项。环境保护税的征税范围不包括温室气体二氧化碳。

2. 水污染物

水污染物包括总汞、总镉、总铬、六价铬、总砷、总铅等，共计61项。

3. 固体废物

固体废物包括煤矸石、尾矿、危险废物、冶炼渣、粉煤灰、炉渣、其他固体废物（含半固态、液态废物）。

4. 噪声

应税噪声污染目前只包括工业噪声。

（二）税率

环境保护税采用定额税率（见表6-7）。其中，对应税大气污染物和水污染物规定了幅度定额税率，具体适用税额的确定和调整由省、自治区、直辖市人民政府统筹考虑本地区环境承载能力、污染物排放现状和经济社会生态发展目标要求，在规定的税额幅度内提出，报同级人民代表大会常务委员会决定，并报全国人民代表大会常务委员会和国务院备案。

三、计税依据

（一）计税依据确定的基本方法

应税污染物的计税依据，按照下列方法确定。

（1）应税大气污染物按照污染物排放量折合污染当量数确定。

（2）应税水污染物按照污染物排放量折合的污染当量数确定。

（3）应税固体废物按照固体废物的排放量确定。

（4）应税噪声按照超过国家规定标准的分贝数确定。

（二）应税大气污染物、水污染物、固体废物的排放量和噪声分贝数的确定方法

应税大气污染物、水污染物、固体废物的排放量和噪声的分贝数，按照下列方法和顺序计算：

（1）纳税人安装使用符合国家规定和监测规范的污染物自动监测设备的，按照污染物自动监测数据计算。

（2）纳税人未安装使用污染物自动监测设备的，按照监测机构出具的符合国家有关规定和监测规范的监测数据计算。

（3）因排放污染物种类多等原因不具备监测条件的，按照国务院生态环境主管部门规定的排污系数、物料衡算方法计算。

（4）不能按照上述方法计算的，按照省、自治区、直辖市人民政府生态环境主管部门规定的抽样测算的方法核定计算。

四、应纳税额的计算

（一）大气污染物应纳税额的计算

应税大气污染物应纳税额为污染当量数乘以具体适用税额。计算公式为：

大气污染物的应纳税额＝污染当量数 × 适用税额

（二）水污染物应纳税额的计算

应税水污染物的应纳税额为污染当量数乘以具体适用税额。

水污染物的应纳税额＝污染当量数×适用税额

（三）固体废物应纳税额的计算

固体废物的应纳税额为固体废物排放量乘以具体适用税额，其排放量为当期应税固体废物的产生量减去当期应税固体废物的贮存量、处置量、综合利用量的余额。计算公式为：

固体废物的应纳税额＝（当期固体废物的产生量－当期固体废物的综合利用量－当期固体废物的贮存量－当期固体废物的处置量）×适用税额

【例题6-12】假设某企业2023年3月产生尾矿1000吨，其中综合利用的尾矿300吨（符合国家相关规定），在符合国家和地方环境保护标准的设施贮存300吨。

要求：计算该企业当月尾矿应缴纳的环境保护税。

【解析】环境保护税应纳税额＝（1000－300－300）×15＝6000（元）

（四）噪声应纳税额的计算

应税噪声的应纳税额为超过国家规定标准的分贝数对应的具体适用税额。

【例题6-13】假设某工业企业只有一个生产场所，只在昼间生产，边界处声环境功能区类型为1类，生产时产生噪声为60分贝，《工业企业厂界环境噪声排放标准》规定1类功能区昼间的噪声排放限值为55分贝，当月超标天数为18天。

要求：计算该企业当月噪声污染应缴纳的环境保护税。

【解析】超标分贝数＝60－55＝5（分贝）。

根据《环境保护税税目税额表》，可得出该企业当月噪声污染应缴纳环境保护税为700元。

五、税收优惠

（一）暂免征税项目

下列情形，暂予免征环境保护税。

（1）农业生产（不包括规模化养殖）排放应税污染物的。

（2）机动车、铁路机车、非道路移动机械、船舶和航空器等流动污染源排放应税污染物的。

（3）依法设立的城乡污水集中处理、生活垃圾集中处理场所排放相应应税污染物，不超过国家和地方规定的排放标准的。

（4）纳税人综合利用的固体废物，符合国家和地方环境保护标准的。

（5）国务院批准免税的其他情形。

（二）减征税额项目

（1）纳税人排放应税大气污染物或者水污染物的浓度值低于国家和地方规定的污染

物排放标准 30% 的，减按 75% 征收环境保护税。

（2）纳税人排放应税大气污染物或者水污染物的浓度值低于国家和地方规定的污染物排放标准 50% 的，减按 50% 征收环境保护税。

六、征收管理

（一）征管方式

环境保护税采用"企业申报、税务征收、环保协同、信息共享"的征管方式。纳税人应当依法如实办理纳税申报，对申报的真实性和完整性承担责任；税务机关依照《税收征收管理法》和《环境保护税法》的有关规定征收管理；生态环境主管部门依照《环境保护税法》和有关环境保护法律法规的规定对污染物监测管理；县级以上地方人民政府应当建立税务机关、生态环境主管部门和其他相关单位分工协作工作机制；生态环境主管部门和税务机关应当建立涉税信息共享平台和工作配合机制，定期交换有关纳税信息资料。

（二）纳税义务发生时间

环境保护税纳税义务发生时间为纳税人排放应税污染物的当日。环境保护税按月计算，按季申报缴纳。不能按固定期限计算缴纳的，可以按次申报缴纳。

纳税人按季申报缴纳的，应当自季度终了之日起 15 日内，向税务机关办理纳税申报并缴纳税款。纳税人按次申报缴纳的，应当自纳税义务发生之日起 15 日内，向税务机关办理纳税申报并缴纳税款。纳税人申报缴纳时，应当向税务机关报送所排放应税污染物的种类、数量，大气污染物、水污染物的浓度值，以及税务机关根据实际需要要求纳税人报送的其他纳税资料。

（三）纳税地点

纳税人应当向应税污染物排放地的税务机关申报缴纳环境保护税。应税污染物排放地，是指应税大气污染物、水污染物排放口所在地；应税固体废物产生地；应税噪声产生地。纳税人跨区域排放应税污染物，税务机关对税收征收管辖有争议的，由争议各方按照有利于征收管理的原则协商解决。

纳税人从事海洋工程向中华人民共和国管辖海域排放应税大气污染物、水污染物或者固体废物，申报缴纳环境保护税的具体办法，由国务院税务主管部门会同国务院海洋主管部门规定。

任务十　烟叶税

烟叶税是以纳税人收购烟叶的收购金额为计税依据征收的一种税。烟叶税是随着中华人民共和国的成立和发展而逐步成熟的，1958 年我国颁布实施了《中华人民共和国农业税条例》（以下简称《农业税条例》）。2005 年 12 月 29 日，第十届全国人民代表大会常务委员会第十九次会议决定，《农业税条例》自 2006 年 1 月 1 日起废止。基于以上情况，为了保持政策的连续性，充分兼顾地方利益和有利于烟叶产区可持续发展，国务院决定制定《中华人民共和国烟叶税暂行条例》，开征烟叶税取代原烟叶特产农业税。2006年4月28日，国务院公布了《中华人民共和国烟叶税暂行条例》，并自公布之日起施行。2017年12月27日第十二届全国人民代表大会常务委员会第三十一次会议通过了《中华人民共和国烟叶税法》（以下简称《烟叶税法》），自2018年7月1日起施行。

一、纳税义务人、征税范围与计税依据

（一）纳税义务人

在中华人民共和国境内，依照《中华人民共和国烟草专卖法》的规定收购烟叶的单位为烟叶税的纳税人。

（二）征税范围

烟叶税的征税范围包括晾晒烟叶、烤烟叶。

（三）计税依据

烟叶税的计税依据为纳税人收购烟叶实际支付的价款总额。

二、税率和应纳税额的计算

（一）税率

烟叶税实行比例税率，税率为20%。烟叶税实行全国统一的税率，主要是考虑烟叶属于特殊的专卖品，其税率不宜存在地区间的差异，否则会形成各地之间的不公平竞争，不利于烟叶种植的统一规划和烟叶市场、烟叶收购价格的统一。

（二）应纳税额的计算

烟叶税的应纳税额按照纳税人收购烟叶实际支付的价款总额乘以税率计算，计算公式为：

应纳税额 = 实际支付价款 × 税率

纳税人收购烟叶实际支付的价款总额包括纳税人支付给烟叶生产销售单位和个人的烟叶收购价款和价外补贴。其中，价外补贴统一按烟叶收购价款的10%计算。即：

实际支付价款 = 收购价款 × （1+10%）

【例题6-14】某烟草公司系增值税一般纳税人，2023年8月收购烟叶100000千克，烟叶收购价格10元/千克，总计1000000元，货款已全部支付。

要求：计算该烟草公司8月收购烟叶应缴纳的烟叶税。

【解析】应缴纳烟叶税 = 1000000 × （1+10%） × 20% = 220000（元）

三、征收管理

烟叶税的征收管理，依照《税收征收管理法》和《烟叶税法》的有关规定执行。

（一）纳税义务发生时间

烟叶税的纳税义务发生时间为纳税人收购烟叶的当日。收购烟叶的当日是指纳税人

向烟叶销售者付讫收购烟叶款项或者开具收购烟叶凭据的当日。

（二）纳税地点

纳税人收购烟叶，应当向烟叶收购地的主管税务机关申报缴纳烟叶税。

（三）纳税期限

烟叶税按月计征，纳税人应当于纳税义务发生月终了之日起15日内申报并缴纳税款。

（四）纳税申报

烟叶税纳税人应按照规定及时办理纳税申报。

任务十一　财产和行为税纳税申报

【例题6-15】北京云隆电气有限公司属于增值税一般纳税人，目前的纳税信用等级为A级。公司经营范围包括电气设备、电子产品、仪器仪表、电工器材、五金交电等设备及配件的销售与维修。2023年相关业务如下。请代其完成相关财产和行为税的申报。

资料一：北京云隆电气有限公司2023年第一季度城镇土地、房产信息如表6-8所示。请代其完成城镇土地使用税、房产税的申报。

表6-8　城镇土地、房产信息

项目名称	信息	项目名称	信息
纳税人类型	土地使用权人	房产编号	DRX70609213
纳税人识别号	91110112775793204A	房产用途	商业及办公
土地使用权人名称	北京云隆电气有限公司	建筑面积	3000 平方米
土地编号	DRX70609213	房产原值	10000000.00 元
土地名称	云龙 2#	其中：出租房产原值	1000000.00 元
土地性质	国有	出租面积	500 平方米
土地取得方式	出让	申报租金收入	600000.00 元
土地用途	综合	申报租金所属租赁期起	2023-01-01
土地坐落地址	北京市通州区坛山街道汉中路7060号	申报租金所属租赁期止	2023-12-31
主管税务所	国家税务总局北京市通州区税务局	承租方名称	北京胡夏商贸有限公司
取得时间	2023-01-01	承租方识别号	91110112775886654A
土地面积	3000 平方米	备注：扣除比例30%	
土地等级	一级		
税额标准	30		

资料二：北京云隆电气有限公司2023年1月1日购置货车1辆、商务车1辆，相关信息如表6-9所示。请代其完成车船税的申报。

表 6-9　车辆登记信息

车牌号码	闽 CN3459	闽 CA3660
车辆识别代码	LGXC17DF5C0109217	LGXC21AS5C0107651
车辆类型	货车	1.6 升以上至 2.0 升（含）
车辆品牌	江淮中型货车	江淮商务车
车辆型号	江淮 DRX-01 货车	江淮燕林 01
车辆发票日期	2023-01-01	2023-01-01
排量	4.0 升	2.0 升
核定载客	5 人	7 人
整备质量	10 吨	
单位税额	96	450

资料三：北京云隆电气有限公司 2023 年 1 月 1 日购置房地产一栋，相关信息如表 6-10 所示。请代其完成契税的申报。

表 6-10　房屋买卖信息

合同签订日期	2023-01-01	权属登记日期	2023-01-01
税源编号	10101282647106	合同编号	10101282647106
购买方	北京云隆电气有限公司	纳税人识别号	91110112775793204A
厂房地址	北京市东城区经济开发区 23 号	建筑结构	框架结构；建筑层数为 2 层
权属转移对象	非住房	建筑面积	1000 平方米，其中：套内建筑面积 850 平方米，公共部位分摊建筑面积 150 平方米
权属转移方式	房屋买卖	用途	非居住用房
评估价格	10000000.00 元（不含税）	成交单价	10000.00 元
适用税率	0.03		

资料四：北京云隆电气有限公司 2023 年第一季度合同登记信息如表 6-11 所示。请代其完成印花税的申报。

表 6-11　合同登记信息

税目	所属期	计税金额	核定比例	适用税率
买卖合同	2023-01 至 2023-03	1200000.00 元	1	0.0003
产权转移书据（土地使用权）	2023-01 至 2023-03	2500000.00 元	1	0.0005

资料五：北京云隆电气有限公司 2023 年 1 月资源税信息如表 6-12 所示。请代其完成资源税的申报。

表 6-12　资源税信息

税目	计量单位	销售数量	销售额
原油	吨	33640	84100000.00 元
天然气	立方米	13500000	33750000.00 元

资料六：北京云隆电气有限公司 2023 年 1 月 1 日占用耕地（基本农田）建设工业用房，相关信息如表 6-13 所示。请代其完成耕地占用税的申报。

表 6-13　耕地占用信息

项目（批次）名称	云隆电气实验厂房	批准占地义号	DH100291
批准占地部门	国土资源局	经批准占地面积	20000
收到书面通知日期	2023-01-01	批准时间	2023-01-01
税源编号	DH100291	占地位置	北京市顺义区北郊
占地用途	工业建设	征收品目	耕地（基本农田）
适用税额	20	计税面积	20000.00 平方米

资料七：北京云隆电气有限公司 2023 年 1 月对房地产项目"美洛 1 期"进行清算，相关信息如表 6-14 所示。请代其完成土地增值税的申报。

表 6-14　土地增值税清算资料

纳税人名称	北京云隆地产有限公司	纳税人识别号	91110112775793204A
项目名称	美洛 1 期	项目地址	新福路 1002 号
开发建筑总面积	13000 平方米	类型	普通住宅
货币收入（不含税）	65000000.00 元	取得土地使用权所付的金额	20810000.00 元
土地征用及拆迁补偿费	8000000.00 元	前期工程费	2000000.00 元
建筑安装工程费	5000000.00 元	基础设施费	2500000.00 元
公共配套设施费	1550000.00 元	其他房地产开发费用	3986000.00 元
城市维护建设税	227500.00 元	教育费附加	162500.00 元
财政部规定的其他扣除项目	7972000.00 元		

资料八：北京云隆电气有限公司 2023 年 1 月排放大气污染物，相关信息如表 6-15 所示。请代其完成环境保护税的申报。

表 6-15　环境保护税申报资料——大气污染物

税源编号	01038481OD	01038481OD	01038481OD
污染物名称	二氧化硫	氮氧化物	烟尘
废气排放量	13400.00	10195.00	12930.00
实测浓度值	0.20	0.20	0.20
污染当量值	0.95	0.95	2.18
单位税额	8.9	3.4	5.6

【解析】北京云隆电气有限公司财产和行为税申报结果见表 6-16 至表 6-24。

表6-16 财产和行为税纳税申报表

纳税人识别号（统一社会信用代码）：91110112775793204A

纳税人名称：北京云隆电气有限公司

金额单位：人民币元（列至角分）

序号	税种	税目	税款所属期起	税款所属期止	计税依据	税率	应纳税额	减免税额	已缴税额	应补（退）税额
1	城镇土地使用税	一级	2023-01-01	2023-03-31	3000.00	30.00	22500.00			22500.00
2	房产税	从价计征	2023-01-01	2023-03-31	6300000.00	0.012	18900.00			18900.00
3	房产税	从租计征	2023-01-01	2023-03-31	150000.00	0.12	18000.00			18000.00
4	车船税	货车	2023-01-01	2023-12-31	10	96.00	960.00			960.00
5	车船税	1.6升以上至2.0升（含）	2023-01-01	2023-12-31	1	450.00	450.00			450.00
6	契税	契税	2023-01-01	2023-01-31	10000000.00	0.03	300000.00			300000.00
7	印花税	买卖合同	2023-01-01	2023-03-31	12000000.00	0.0003	3600.00			3600.00
8	印花税	产权转移书据（土地使用权）	2023-01-01	2023-03-31	2500000.00	0.0005	1250.00			1250.00
9	资源税	原油	2023-01-01	2023-01-31	84100000.00	0.06	5046000.00			5046000.00
10	资源税	天然气	2023-01-01	2023-01-31	33750000.00	0.06	2025000.00			2025000.00
11	耕地占用税	耕地（基本农田）	2023-01-01	2023-01-31	20000.00	20	400000.00			400000.00
12	土地增值税	清算	2023-01-01	2023-01-31	12792000.00	—	3837600.00			3837600.00
13	环境保护税	二氧化硫	2023-01-01	2023-01-31	28.21	8.90	251.07			251.07
14	环境保护税	氮氧化物	2023-01-01	2023-01-31	21.46	3.40	72.96			72.96
15	环境保护税	烟尘	2023-01-01	2023-01-31	11.86	5.60	66.42			66.42
16										
17										
18	合计		—	—	—	—				

声明：此表是根据国家税收法律法规及相关规定填写的，本人（单位）对填报内容（及附带资料）的真实性、可靠性、完整性负责。

纳税人（签章）：　　　　　　年　　月　　日

经办人：

经办人身份证号：

代理机构签章：

代理机构统一社会信用代码：

受理人：

受理税务机关（章）：

受理日期：　　　年　　月　　日

纳税人识别号（统一社会信用代码）：91110112775793204A
纳税人名称：北京云隆电气有限公司

表6-17 城镇土地使用税 房产税税源明细表

金额单位：人民币元（列至角分）

一、城镇土地使用税税源明细

*纳税人类型	土地使用权人☑ 集体土地使用人☐ 无偿使用人☐ 代管人☐ 实际使用人☐（必选）	土地使用权人纳税人识别号（统一社会信用代码）（必选）	91110112775793204A	土地使用权人名称	北京云隆电气有限公司
*土地编号	DRX70609213	土地名称	云龙 2#	不动产权证号	
不动产单元代码		宗地号		*土地性质	国有☑ 集体☐（必选）
*土地取得方式	划拨☐ 出让☑ 转让☐ 租赁☐ 其他☐（必选）	*土地用途	工业☐ 商业☐ 居住☐ 综合☑ 房地产开发企业的开发用地☐ 其他☐（必选）		
*土地坐落地址（详细地址）	北京市（自治区、直辖市）通州区市（区） 县（区）坛山乡镇（街道）汉中路7060号（必填）				
*土地所属主管税务所（科、分局）	国家税务总局北京市通州区税务局				

*土地取得时间	2023 年 1 月	变更类型	纳税义务终止（权属转移☐ 其他☐） 信息项变更（土地面积变更☐ 土地等级变更☐ 减免税变更☐ 其他☐）	变更时间	年 月
*占用土地面积	3000 平方米	地价	地价	*土地等级	一级

减免税部分	序号	减免性质代码和项目名称	*税额标准	30
			减免起始时间	减免终止时间
			减免起始月份 年 月	减免终止月份 年 月
			减免税土地面积	月减免税金额
	1			
	2			
	3			

二、房产税税源明细

（一）从价计征房产税明细

*纳税人类型	产权所有人☑ 经营管理人☐ 承典人☐ 房屋代管人☐ 房屋使用人☐ 融资承租赁人☐（必选）	所有权人纳税人识别号（统一社会信用代码）	91110112775793204A	所有权人名称	北京云隆电气有限公司

续表

*房产编号	DRX70609213	房产名称	云龙2#
不动产权证号	DRX70609213	不动产单元代码	

*房屋坐落地址（详细地址）：北京市省（自治区、直辖市）　通州区市（区）　　县（区）　坛山乡镇（街道）汉中路7060号（必填）

*房产所属主管税务所（科、分局）：国家税务总局北京市通州区税务局

房屋所在土地编号	DRX70609213	*房产用途	工业□　商业及办公☑　住房□　其他□（必选）

*房产取得时间	2023年1月	变更类型	纳税义务终止（权属转移□ 其他□）信息项变更（房产原值变更□ 出租房产原值变更☑ 减免税变更□ 申报租金收入变更□ 其他□）	变更时间	年　月

| *建筑面积 | 3000平方米 | 其中：出租房产面积 | 500平方米 | | |
| *房产原值 | 10000000.00 | 其中：出租房产原值 | 1000000.00 | 计税比例 | 0.7 |

减免税部分	序号	减免性质代码和项目名称	减免起始月份	减免终止月份	减免税房产原值	月减免税额
	1		年　月	年　月		
	2					
	3					

（二）从租计征房产税明细

*房产编号	DRX70609213	房产名称	云龙2#

*房产所属主管税务所（科、分局）：国家税务总局北京市通州区税务局

承租方纳税人识别号（统一社会信用代码）	91110112775886654A	承租方名称	北京胡夏商贸有限公司
*出租面积	500平方米	*申报租金收入	150000.00
*申报租金所属租赁期起		*申报租金所属租赁期止	2023-12-31

减免税部分	序号	减免性质代码和项目名称	减免起始月份	减免终止月份	减免税租金收入	月减免税金额
	1		年　月	年　月		
	2					
	3					

表6-18 车船税税源明细表

纳税人识别号（统一社会信用代码）：
纳税人名称：北京云隆电气有限公司

车辆税源明细

序号	车牌号码	*车辆识别代码（车架号）	*车辆类型	车辆品牌	车辆型号	*车辆发票日期或注册登记日期	排（气）量	核定载客	整备质量	*单位税额	减免性质代码和项目名称	纳税义务终止时间
1	闽CN3459	LGXC17DF5C0109217	货车	江淮中型货车	江淮DRX-01货车	2023-01-01	4.0升	5人	10吨	96		
2	闽CA3660	LGXC21AS5C0107651	1.6升以上至2.0升（含）	江淮商务车	江淮燕林01	2023-01-01	2.0升	7人		450		

船舶税源明细

序号	船舶登记号	*船舶识别号	*船舶种类	*中文船名	初次登记号码	船籍港	发证日期	取得所有权日期	建成日期	净吨位	艇身长度（总长）	主机功率	*单位税额	减免性质代码和项目名称	纳税义务终止时间
1															
2															

表6-19 契税税源明细表

金额单位：人民币元（列至角分）

纳税人识别号（统一社会信用代码）：91110112775793204A
纳税人名称：北京云隆电气有限公司

*税源编号	1010128264 7106	*土地房屋坐落地址	北京市东城区经济开发区23号	不动产单元代码	
合同编号	1010128264 7106	*合同签订日期	2023-01-01	共有方式	☑单独所有/按份共有（共有人：）□共同共有（共有人：）
*权属转移对象	非住房	*权属转移方式	房屋买卖	*用途	非居住用房
*成交价格	10000000.00	*权属转移面积	1000.00平方米	*成交单价	10000.00
*评估价格	10000000.00	计税价格	10000000.00		
*适用税率	0.03	减免性质代码和项目名称			

表 6-20 印花税税源明细表

纳税人识别号（统一社会信用代码）：91110112775793204A

金额单位：人民币元（列至角分）

纳税人名称：北京云隆电气有限公司

序号	*税目	*税款所属期起	*税款所属期止	应纳税凭证编号	应纳税凭证书立（领受）日期	*计税金额或件数	核定比例	*税率	减免性质代码和项目名称
					按期申报				
1	买卖合同	2023-01-01	2023-03-31			12000000.00	1	0.0003	
2									
3									
					按次申报				
1	产权转移书据	2023-01-01	2023-03-31			2500000.00	1	0.0005	
2									
3									

表 6-21 资源税税源明细表

税款所属期限：自 2023 年 1 月 1 日至 2023 年 1 月 31 日

纳税人识别号（统一社会信用代码）：91110112775793204A

金额单位：人民币元（列至角分）

纳税人名称：北京云隆电气有限公司

序号	税目	子目	计量单位	销售数量	准予扣减的外购应税产品购进数量	计税销售数量 6=4-5	销售额 7	准予扣除的运杂费 8	准予扣减的外购应税产品购进金额 9	计税销售额 10=7-8-9
		1	2	3	4	5				
								申报计算明细		
1	原油		吨	33640		33640	84100000.00			84100000.00
2	天然气		立方米	13500000		13500000	337500000.00			337500000.00
合计							1178500000.00			1178500000.00

续表

减免税计算明细

序号	税目	子目	减免性质代码和项目名称	计量单位	减免税销售数量	减免税销售额	适用税率	减征比例	本期减免税额
	1	2	3	4	5	6	7	8	9①=5×7×8 9②=6×7×8
1									
2									
合计									

表6-22 耕地占用税税源明细表

纳税人识别号（统一社会信用代码）：91110112775793204A

纳税人名称：北京云隆电气有限公司

金额单位：人民币元（列至角分）

项目（批次）名称	云隆电气实验厂房	批准占地文号	DH100291
占地方式	1.经批准按批次转用 □ 2.经批准单独选址转用 ☑ 3.经批准临时占用 □	批准占地部门	国土资源局
		经批准占地面积	20000 平方米
	收到书面通知日期（或收到经批准改变原占地用途日期）	批准时间	2023 年 1 月 1 日
	2023 年 1 月 1 日		2023 年 1 月 1 日
	4.未批先占 □	认定的实际占地日期（或认定的未经批准改变原占地用途日期）	认定的实际占地面积
		年 月 日	
损毁耕地	挖损□ 采矿塌陷□ 压占□ 污染□	认定的损毁耕地日期	认定的损毁耕地面积
		年 月 日	
税源编号	占地位置	占地用途	征收品目	适用税额	计税面积	减免性质代码和项目名称	减免税面积
DH100291	北京市顺义区北郊	工业建设	耕地（基本农田）	20	20000.00 平方米		

税款所属期限：自 2023 年 1 月 1 日至 2023 年 1 月 31 日
纳税人识别号（统一社会信用代码）：91110112775793204A
纳税人名称：北京云隆电气有限公司

表 6-23　土地增值税税源明细表

金额单位：人民币元（列至角分）

土地增值税项目登记表（从事房地产开发的纳税人适用）

项目名称	美洛 1 期	项目地址	新福路 1002 号		
土地使用权受让（行政划拨）合同号	ML153210	受让（行政划拨）时间	2023-01-01		
建设项目起讫时	2021-01-01	总预算成本	55000000.00	单位预算成本	55000000.00
项目详细坐落地点	北京市东城区坛山街道永康路 7460 号				
开发土地总面积	13000 平方米	开发建筑总面积	13000 平方米	房地产转让合同名称	
转让次序	转让土地面积（按次填写）	转让建筑面积（按次填写）	转让合同签订日期（按次填写）		
第 1 次	13000 平方米	13000 平方米			
第 2 次					
……					
备注					

土地增值税申报计算及减免信息

申报类型：

1. 从事房地产开发的纳税人预缴适用 □
2. 从事房地产开发的纳税人清算适用 ☑
3. 从事房地产开发的纳税人按核定征收方式清算适用 □
4. 纳税人整体转让在建工程适用 □
5. 从事房地产开发的纳税人清算后尾盘销售适用 □
6. 转让旧房及建筑物的纳税人适用 □
7. 转让旧房及建筑物按核定征收适用 □

续表

项目名称				
项目地址				
项目总可售面积			项目编码	
已售面积	其中：普通住宅已售面积			
清算时已售面积	清算后剩余可售面积	自用和出租面积	其中：非普通住宅已售面积	其中：其他类房地产已售面积

申报类型	项目	序号	金额			
			普通住宅	非普通住宅	其他类型房地产	总额
1.从事房地产开发的纳税人预缴适用	房产类型子目					
	一、应税收入	2=3+4+5				
	1.货币收入	3				
	2.实物收入及其他收入	4				
	3.视同销售收入	5				
	三、预征率（%）	6				
2.从事房地产开发的纳税人清算适用	一、转让房地产收入总额	1=2+3+4	650000000.00			650000000.00
	1.货币收入	2	650000000.00			650000000.00
	2.实物收入及其他收入	3				
	3.视同销售收入	4				
3.从事房地产开发的纳税人按核定征收方式清算适用	二、扣除项目金额合计	5=6+7+14+17+21+22	522080000.00			522080000.00
	1.取得土地使用权所支付的金额	6	208100000.00			208100000.00
4.纳税人整体转让在建工程适用	2.房地产开发成本	7=8+9+10+11+12+13	190500000.00			190500000.00
	其中：土地征用及拆迁补偿费	8	80000000.00			80000000.00
	前期工程费	9	20000000.00			20000000.00
	建筑安装工程费	10	50000000.00			50000000.00
	基础设施费	11	25000000.00			25000000.00
	公共配套设施费	12	15500000.00			15500000.00

续表

项目		行次			金额
	开发间接费用	13			
	3. 房地产开发费用	14=15+16		3986000.00	3986000.00
	其中：利息支出	15			
	其他房地产开发费用	16		3986000.00	3986000.00
	4. 与转让房地产有关的税金等	17=18+19+20		390000.00	390000.00
	其中：营业税	18			
	城市维护建设税	19		227500.00	227500.00
	教育费附加	20		162500.00	162500.00
	5. 财政部规定的其他扣除项目	21		7972000.00	7972000.00
	6. 代收费用（纳税人整体转让在建工程不填此项）	22			
	三、增值额	23=1-5		12792000.00	12792000.00
	四、增值额与扣除项目金额之比（%）	24=23÷5		0.25	0.25
	五、适用税率（核定征收率）（%）	25		0.3	0.3
	六、速算扣除系数（%）	26		0	0
	七、减免税额	27=29+31+33			
	其中：减免税（1）	减免性质代码和项目名称（1）	28		
		减免税额（1）	29		
	减免税（2）	减免性质代码和项目名称（2）	30		
		减免税额（2）	31		
	减免税（3）	减免性质代码和项目名称（3）	32		
		减免税额（3）	33		
5. 从事房地产开发的纳税人清算后尾盘销售适用	一、转让房地产收入人总额	1=2+3+4			
	1. 货币收入	2			
	2. 实物收入及其他收入	3			
	3. 视同销售收入	4			
	二、扣除项目金额合计	5=6×7+8			

续表

	项目	序号/计算
6.转让旧房及建筑物适用的纳税人适用	1.本次清算后尾盘销售的销售面积	6
	2.单位成本费用	7
	3.本次与转让房地产有关的税金	8=9+10+11
	其中：营业税	9
	城市维护建设税	10
	教育费附加	11
	三、增值额	12=1-5
	四、增值额与扣除项目金额之比（%）	13=12÷5
	五、适用税率（核定征收率）（%）	14
	六、速算扣除系数（%）	15
	七、减免税额	16=18+20+22
	其中：减免(1) 减免性质代码和项目名称（1）	17
	减免税额（1）	18
	减免（2） 减免性质代码和项目名称（2）	19
	减免税额（2）	20
	减免（3） 减免性质代码和项目名称（3）	21
	减免税额（3）	22
7.转让旧房及建筑物核定征收适用的纳税人适用	一、转让房地产收入总额	1=2+3+4
	1.货币收入	2
	2.实物收入	3
	3.其他收入	4
	二、扣除项目金额合计	（1）5=6+7+10+15　（2）5=11+12+14+15
	（1）提供评估价格	15
	1.取得土地使用权所支付的金额	6
	2.旧房及建筑物的评估价格	7=8×9

续表

项目	序号
其中：旧房及建筑物的重置成本价	8
成新度折扣率	9
3. 评估费用	10
（2）提供购房发票	
1. 购房发票金额	11
2. 发票加计扣除金额	12=11×5%×13
其中：房产实际持有年数	13
3. 购房契税	14
4. 与转让房地产有关的税金等	15=16+17+18+19
其中：营业税	16
城市维护建设税	17
印花税	18
教育费附加	19
三、增值额	20=1-5
四、增值额与扣除项目金额之比（%）	21=20÷5
五、适用税率（核定征收率）（%）	22
六、速算扣除系数（%）	23
七、减免税额	24=26+28+30
其中：减免税（1） 减免性质代码和项目名称（1）	25
减免税额（1）	26
减免税（2） 减免性质代码和项目名称（2）	27
减免税额（2）	28
减免税（3） 减免性质代码和项目名称（3）	29
减免税额（3）	30

表6-24 环境保护税税源明细表

纳税人识别号（统一社会信用代码）：9111011277575793204A

纳税人名称：北京云隆电气有限公司

金额单位：人民币元（列至角分）

1. 按次申报□			2. 从事海洋工程□		
3. 城乡污水集中处理场所□			4. 生活垃圾集中处理场所□		
*5. 污染物类别		大气污染物☑ 水污染物□ 固体废物□ 噪声□			
6. 排污许可证编号			91101138900287401201P		
*7. 生产经营所在区划			北京市东城区		
*8. 生态环境主管部门			北京市生态环境局		
新增□ 变更□ 删除□		税源基础采集信息			
*税源编号	(1)	010384810D	010384810D	010334810D	
排放口编码	(2)	010229384	010229384	010229384	
*排放口名称或噪声源名称	(3)	一号排放口	一号排放口	一号排放口	
*生产经营所在街乡	(4)	北京市东城区坛山街道水康路	北京市东城区坛山街道水康路	北京市东城区坛山街道水康路	
排放口地理位置	*经度	(5)	39 度	39 度	39 度
	*纬度	(6)	116 度	116 度	116 度
*有效期起止	(7)	2023-12-31	2023-12-31	2023-12-31	
*污染物类别	(8)	大气污染物	大气污染物	大气污染物	
水污染物种类	(9)				
*污染物名称	(10)	二氧化硫	氮氧化物	烟尘	
危险废物污染物子类	(11)				
*污染物排放量计算方法	(12)	自动监测	自动监测	自动监测	
大气、水污染物 *执行标准	(13)	国标／地标	国标／地标	国标／地标	
*标准排放限值（毫克／升或毫克／标准立方米）	(14)	40	50	10	

续表

产（排）污系数	*计税基数单位	（15）	千克	千克	千克
	*污染物单位	（16）	千克	千克	千克
	*产污系数	（17）			
	*排污系数	（18）	20.31	14.05	12.64
固体废物信息	贮存情况	（19）			
	处置情况	（20）			
	综合利用情况	（21）			
噪声信息	*是否昼夜产生	（22）			
	*标准值——昼间（6时至22时）	（23）			
	*标准值——夜间（22时至次日6时）	（24）			

申报计算及减免信息

*税源编号		（1）	01038481OD	01038481OD	01038481OD
*税款所属月份		（2）	2023-01-01	2023-01-01	2023-01-01
*排放口名称或噪声源名称		（3）	大气污染物	大气污染物	大气污染物
*污染物类别		（4）			
*水污染物种类		（5）			
*污染物名称		（6）	二氧化硫	氮氧化物	烟尘
危险废物污染物子类		（7）			
*污染物排放量计算方法		（8）	自动监测	自动监测	自动监测
大气、水污染物监测计算	*废气（废水）排放量（万标准立方米、吨）	（9）	13400.00	10195.00	12930.00
	*实测浓度值（毫克/标准立方米、毫克/升）	（10）	0.20	0.20	0.20
	*月均浓度（毫克/标准立方米、毫克/升）	（11）			
	*最高浓度（毫克/标准立方米、毫克/升）	（12）			
产（排）污系数计算	*计算基数	（13）			
	*产污系数	（14）			
	*排污系数	（15）			

续表

固体废物计算	*本月固体废物的产生量（吨）	（16）			
	*本月固体废物的贮存量（吨）	（17）			
	*本月固体废物的处置量（吨）	（18）			
	*本月固体废物的综合利用量（吨）	（19）			
噪声计算	*噪声时段	（20）			
	*监测分贝数	（21）			
	*超标不足15天	（22）			
	*两处以上噪声超标	（23）			
抽样测算计算	特征指标	（24）			
	特征单位	（25）			
	特征指标数量	（26）			
	特征系数	（27）			
污染物排放量（千克或吨）		（28）	26.80	20.39	25.86
*污染当量值（特征值）（千克或吨）		（29）	0.95	0.95	2.18
*污染当量数		（30）	28.21	21.46	11.86
减免性质代码和项目名称		（31）			
*单位税额		（32）	8.9	3.4	5.6
*本期应纳税额		（33）	251.07	72.96	66.42
本期减免税额		（34）			
本期已缴税额		（35）			
*本期应补（退）税额		（36）	251.07	72.96	65.42

学习目标

知识目标:

1. 掌握车辆购置税的纳税人和征税范围;

2. 掌握关税的征税对象、纳税人和关税税率的类型;

3. 熟悉船舶吨税的征税对象。

技能目标:

1. 会计算车辆购置税的应纳税额;

2. 会计算关税的应纳税额;

3. 会计算船舶吨税的应纳税额。

素养目标:

1. 增强民族自信,树立大局意识;

2. 深化国家主权观念,厚植爱国情怀;

3. 理解税收在解决我国经济社会发展不充分、不平衡矛盾中发挥的重要作用。

学习导图

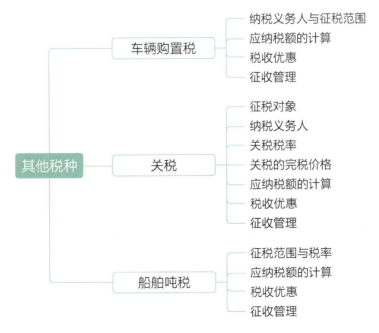

📋 项目导入

车辆购置税是以在中国境内购置规定车辆为课税对象、在特定的环节向车辆购置者征收的一种税。就其性质而言，属于直接税的范畴。现行车辆购置税法的基本规范，是2018年12月29日第十三届全国人民代表大会常务委员会第七次会议通过，并于2019年7月1日起施行的《中华人民共和国车辆购置税法》（以下简称《车辆购置税法》）。征收车辆购置税有利于合理筹集财政资金，规范政府行为，调节收入差距，也有利于配合打击车辆走私和维护国家权益。

关税是对进出国境或关境的货物、物品征收的一种税。现行关税法律规范以2017年11月全国人民代表大会修正颁布的《中华人民共和国海关法》为法律依据，以2003年11月国务院发布的《中华人民共和国进出口关税条例》，以及由国务院关税税则委员会审定并报国务院批准，作为条例组成部分的《中华人民共和国海关进出口税则》（以下简称《海关进出口税则》）和《中华人民共和国海关关于入境旅客行李物品和个人邮递物品征收进口税办法》为基本法规，由负责关税政策制定和征收管理的主管部门依据基本法规拟订的管理办法和实施细则为主要内容。

船舶吨税是根据船舶运载量课征的一个税种，源于明朝以后税关的"船料"。中英鸦片战争以后，海关对出入中国口岸的商船按船舶吨位计征税款，故称船舶吨税。除海关外，内地常关也对过往船只征船料，直到1931年常关撤销时，船料废止。现行船舶吨税的基本规范是2017年12月27日第十二届全国人民代表大会常务委员会第三十一次会议通过的《中华人民共和国船舶吨税法》（简称《船舶吨税法》），于2018年7月1日起施行，经2018年10月26日第十三届全国人民代表大会常务委员会第六次会议修改，于同日以中华人民共和国主席令第十六号公布。

📊 任务实施

任务一　车辆购置税

一、纳税义务人与征税范围

（一）纳税义务人

车辆购置税的纳税人是指在中华人民共和国境内购置汽车、有轨电车、汽车挂车、排气量超过150毫升的摩托车（以下统称应税车辆）的单位和个人。其中购置是指以购买、进口、自产、受赠、获奖或者其他方式取得并自用应税车辆的行为。纳税人进口自用应税车辆，是指纳税人直接从境外进口或者委托代理进口自用的应税车辆，不包括在境内购买的进口车辆。

车辆购置税实行一次性征收。购置已征车辆购置税的车辆，不再征收车辆购置税。

（二）征税范围

车辆购置税以列举的车辆作为征税对象，未列举的车辆不纳税。其征税范围包括汽车、有轨电车、汽车挂车、排气量超过 150 毫升的摩托车。

地铁、轻轨等城市轨道交通车辆，装载机、平地机、挖掘机、推土机等轮式专用机械车，以及起重机（吊车）、叉车、电动摩托车，不属于应税车辆。

为了体现税法的统一性、固定性、强制性和法律的严肃性特征，车辆购置税征收范围的调整，由国务院决定，其他任何部门、单位和个人无权擅自扩大或缩小车辆购置税的征税范围。

二、应纳税额的计算

车辆购置税实行统一比例税率，税率为 10%。计税依据为应税车辆的计税价格。

（一）纳税人购买自用应税车辆

纳税人购置应税车辆，以发票电子信息中的不含增值税价作为计税价格。应税车辆存在多条发票电子信息或者没有发票电子信息的，纳税人按照购置应税车辆实际支付给销售方的全部价款（不包括增值税税款）申报纳税。计算公式为：

应纳税额 = 不含增值税的价款 × 税率

【例题 7-1】宋某 2023 年 5 月从某汽车有限公司购买一辆小汽车供自己使用，支付了含增值税税款在内的款项 232780 元，所支付的款项由该汽车有限公司开具"机动车销售统一发票"。要求：计算宋某应纳车辆购置税。

【解析】计税依据 =232780÷（1+13%）=206000（元）

应纳税额 =206000×10%=20600（元）

（二）纳税人进口自用应税车辆

纳税人进口自用应税车辆的计税价格，为关税完税价格加上关税和消费税。计算公式为：

应纳税额 =（关税完税价格 + 关税 + 消费税）× 税率

【例题 7-2】某外贸进出口公司 2023 年 6 月从国外进口 10 辆某公司生产的某型号小轿车。该公司报关进口这批小轿车时，经报关地海关对有关报关资料的审查，确定关税完税价格为每辆 185000 元人民币，海关按关税政策规定每辆征收了关税 46200 元，并按消费税、增值税有关规定分别代征了每辆小轿车的进口消费税 40800 元和增值税 35360 元。由于联系业务需要，该公司将一辆小轿车留在本单位使用。

要求：根据以上资料，计算应纳车辆购置税。

【解析】计税依据 =185000+46200+40800=272000（元）

应纳税额 =272000×10%=27200（元）

（三）纳税人自产自用应税车辆

纳税人自产自用应税车辆的计税价格，按照纳税人生产的同类应税车辆（即车辆配置序列号相同的车辆）的销售价格确定，不包括增值税税款；没有同类应税车辆销售价格的，按照组成计税价格确定。组成计税价格计算公式为：

组成计税价格＝成本×（1＋成本利润率）

属于应征消费税的应税车辆，其组成计税价格中应加计消费税税额，即：

应征消费税应税车辆的组成计税价格＝成本×（1＋成本利润率）÷（1－消费税税率）

上述公式中的成本利润率，由国家税务总局各省、自治区、直辖市和计划单列市税务局确定。

（四）纳税人以其他方式取得自用应税车辆

纳税人以受赠、获奖或者其他方式取得自用应税车辆的计税价格，按照购置应税车辆时相关凭证载明的价格确定，不包括增值税税款。无法提供相关凭证的，参照同类应税车辆市场平均交易价格确定其计税价格。

（五）车辆购置税的补税制度

已经办理免税、减税手续的车辆因转让、改变用途等原因不再属于免税、减税范围的，其应纳税额计算公式为：

应纳税额＝初次办理纳税申报时确定的计税价格×（1－使用年限×10%）×10%－已纳税额

使用年限的计算方法是，自纳税人初次办理纳税申报之日起，至不再属于免税、减税范围的情形发生之日止。使用年限取整计算，不满一年的不计算在内。需要注意的是，应纳税额不得为负数。

（六）车辆购置税的退税制度

已征车辆购置税的车辆退回车辆生产或销售企业，纳税人申请退还车辆购置税的，应退税额计算公式为：

应退税额＝已纳税额×（1－使用年限×10%）

使用年限的计算方法是，自纳税人缴纳税款之日起，至申请退税之日止。应退税额不得为负数。

三、税收优惠

（1）外国驻华使馆、领事馆和国际组织驻华机构及其外交人员自用车辆免税。

（2）中国人民解放军和中国人民武装警察部队列入装备订货计划的车辆免税。

（3）悬挂应急救援专用号牌的国家综合性消防救援车辆免税。

（4）设有固定装置的非运输专用作业车辆免税。

设有固定装置的非运输专用作业车辆，是指采用焊接、铆接或者螺栓连接等方式固定安装专用设备或者器具，不以载运人员或者货物为主要目的，在设计和制造上用于专项作业的车辆。

（5）城市公交企业购置的公共汽电车辆免税。

（6）回国服务的在外留学人员用现汇购买1辆个人自用国产小汽车和长期来华定居专家进口1辆自用小汽车免征车辆购置税。

（7）防汛部门和森林消防部门用于指挥、检查、调度、报汛（警）、联络的由指定厂家生产的设有固定装置的指定型号的车辆免征车辆购置税。

（8）对购置日期在2023年1月1日至2023年12月31日期间内的新能源汽车，免征车辆购置税。对购置日期在2024年1月1日至2025年12月31日期间的新能源汽车免征车辆购置税，其中，每辆新能源乘用车免税额不超过3万元；对购置日期在2026年1月1日至2027年12月31日期间的新能源汽车减半征收车辆购置税，其中，每辆新能源乘用车减税额不超过1.5万元。享受车辆购置税减免政策的新能源汽车，是指符合新能源汽车产品技术要求的纯电动汽车、插电式混合动力（含增程式）汽车、燃料电池汽车。

（9）中国妇女发展基金会"母亲健康快车"项目的流动医疗车免征车辆购置税。

（10）原公安现役部队和原武警黄金、森林、水电部队改制后换发地方机动车牌证的车辆（公安消防、武警森林部队执行灭火救援任务的车辆除外），一次性免征车辆购置税。

根据国民经济和社会发展的需要，国务院可以规定减征或者其他免征车辆购置税的情形，报全国人民代表大会常务委员会备案。

四、征收管理

车辆购置税的纳税义务发生时间为纳税人购置应税车辆的当日，以纳税人购置应税车辆所取得的车辆相关凭证上注明的时间为准。纳税人应当自纳税义务发生之日起60日内申报缴纳车辆购置税。

车辆购置税由税务机关负责征收。纳税人应当在向公安机关交通管理部门办理车辆注册登记前，缴纳车辆购置税。

自2019年7月1日起，纳税人应到下列地点办理车辆购置税纳税申报：需要办理车辆登记注册手续的纳税人，向车辆登记地的主管税务机关申报纳税；不需要办理车辆登记注册手续的纳税人，单位纳税人向其机构所在地的主管税务机关申报纳税，个人纳税人向其户籍所在地或者经常居住地的主管税务机关申报纳税。

车辆购置税纳税申报表见表7-1。

表 7-1　车辆购置税纳税申报表

填表日期：　　年　　月　　日

金额单位：元

纳税人名称		申报类型		□征税　□免税　□减税
证件名称		证件号码		
联系电话		地址		
合格证编号（货物进口证明书号）		车辆识别代号／车架号		
厂牌型号				
排量（cc）		机动车销售统一发票代码		
机动车销售统一发票号码		不含税价		
海关进口关税专用缴款书（进出口货物征免税证明）号码				

关税完税价格		关税		消费税	
其他有效凭证名称		其他有效凭证号码		其他有效凭证价格	
购置日期		申报计税价格		申报免（减）税条件或者代码	
是否办理车辆登记		车辆拟登记地点			

纳税人声明：
　　本纳税申报表是根据国家税收法律法规及相关规定填报的，我确定它是真实的、可靠的、完整的。
纳税人（签名或盖章）：

委托声明：
　　现委托（姓名）_____（证件号码）_____办理车辆购置税涉税事宜，提供的凭证、资料是真实、可靠、完整的。任何与本申报表有关的往来文件，都可交予此人。
委托人（签名或盖章）：　　　　　　被委托人（签名或盖章）：

以下由税务机关填写

免（减）税条件代码					
计税价格	税率	应纳税额	免（减）税额	实纳税额	滞纳金金额

受理人： 　　　　年　　月　　日	复核人（适用于免、减税申报）： 　　　　年　　月　　日	主管税务机关（章）

任务二　关税

一、征税对象

　　关税是依法对进出境货物、物品征收的一种税。所谓"境"是指关境，又称"海关境域"或"关税领域"，是国家《海关法》全面实施的领域。通常情况下，一国关境与国境是一致的，包括国家全部的领土、领海、领空。

关税

但当某一国家在国境内设立了自由港或自由贸易区时，这些区域就处在关境之外，这时，该国的关境小于其国境。如我国根据《中华人民共和国香港特别行政区基本法》和《中华人民共和国澳门特别行政区基本法》，香港和澳门保持自由港地位，为我国单独的关税地区，即单独关境区。单独关境区是不完全适用该国海关法律、法规或实施单独海关管理制度的区域。

关税的征税对象是准许进出境的货物和物品。货物是指贸易性商品；物品是指入境旅客随身携带的行李物品、个人邮递物品、各种运输工具上的服务人员携带进口的自用物品、馈赠物品以及其他方式进境的个人物品。

二、纳税义务人

进口货物的收货人、出口货物的发货人、进出境物品的所有人，是关税的纳税义务人。

进出口货物的收、发货人是依法取得对外贸易经营权，并进口或者出口货物的法人或者其他社会团体。

进出境物品的所有人包括该物品的所有人和推定为所有人的人。一般情况下，对于携带进境的物品，推定其携带人为所有人；对分离运输的行李，推定相应的进出境旅客为所有人；对以邮递方式进境的物品，推定其收件人为所有人；以邮递或其他运输方式出境的物品，推定其寄件人或托运人为所有人。

三、关税税率

（一）进口关税税率

为履行我国在加入世界贸易组织关税减让谈判中承诺的有关义务，享有世界贸易组织成员应有的权利，自 2002 年 1 月 1 日起，我国进口税则设有最惠国税率、协定税率、特惠税率、普通税率、配额税率等税率形式，对进口货物在一定期限内可以实行暂定税率。

适用最惠国税率、协定税率、特惠税率的国家或者地区名单，由国务院关税税则委员会决定，报国务院批准后执行。

1. 最惠国税率

最惠国税率适用原产于与我国共同适用最惠国待遇条款的世界贸易组织成员的进口货物，或原产于与我国签订有相互给予最惠国待遇条款的双边贸易协定的国家或地区进口的货物，以及原产于我国境内的进口货物。

2. 协定税率

协定税率适用原产于与我国签订含有关税优惠条款的区域性贸易协定的国家或地区的进口货物。

3. 特惠税率

特惠税率适用原产于与我国签订含有特殊关税优惠条款的贸易协定的国家或地区的进口货物。

4. 普通税率

普通税率适用于原产于上述国家或地区以外的其他国家或地区的进口货物，以及原产地不明的进口货物。按照普通税率征税的进口货物，经国务院关税税则委员会特别批准，可以适用最惠国税率。

5. 暂定税率

暂定税率是在海关进出口税则规定的进口优惠税率基础上，对进口的某些重要的工农业生产原材料和机电产品关键部件（但只限于从与中国订有关税互惠协议的国家和地区进口的货物）和出口的特定货物实施的更为优惠的关税税率。这种税率一般按照年度制定，并且可以随时根据需要恢复按照法定税率征税。

6. 配额税率

配额税率是指对实行关税配额管理的进口货物，关税配额内的，适用关税配额税率；关税配额外的，按不同情况分别适用于最惠国税率、协定税率、特惠税率或普通税率。

（二）出口关税税率

我国出口税则为一栏税率，即出口税率。国家仅对少数资源性产品及易于竞相杀价、盲目进口、需要规范出口秩序的半制成品征收出口关税。

（三）税率的适用

（1）进出口货物，应当适用海关接受该货物申报进口或者出口之日实施的税率。

（2）进口货物到达前，经海关核准先行申报的，应当适用装载该货物的运输工具申报进境之日实施的税率。

（3）进口转关运输货物，应当适用指运地海关接受该货物申报进口之日实施的税率；货物运抵指运地前，经海关核准先行申报的，应当适用装载该货物的运输工具抵达指运地之日实施的税率。

（4）出口转关运输货物，应当适用启运地海关接受该货物申报出口之日实施的税率。

（5）经海关批准，实行集中申报的进出口货物，应当适用每次货物进出口时海关接受该货物申报之日实施的税率。

（6）因超过规定期限未申报而由海关依法变卖的进口货物，其税款计征应当适用装载该货物的运输工具申报进境之日实施的税率。

（7）因纳税义务人违反规定需要追征税款的进出口货物，应当适用违反规定的行为发生之日实施的税率；行为发生之日不能确定的，适用海关发现该行为之日实施的税率。

（8）已申报进境并放行的保税货物、减免税货物、租赁货物或者已申报进出境并放行的暂时进出境货物，有下列情形之一需缴纳税款的，应当适用海关接受纳税义务人再次填写报关单申报办理纳税及有关手续之日实施的税率。

①保税货物经批准不复运出境的。

②保税仓储货物转入国内市场销售的。

③减免税货物经批准转让或者移作他用的。

④可暂不缴纳税款的暂时进出境货物，不复运出境或者进境的。

⑤租赁进口货物，分期缴纳税款的。

（9）补征和退还进出口货物关税，应当按照前述规定确定适用的税率。

四、关税的完税价格

《海关法》规定，进出口货物的完税价格，由海关以该货物的成交价格为基础审查确定。成交价格不能确定时，完税价格由海关依法估定。

（一）一般进口货物的完税价格

根据《海关法》规定，进口货物的完税价格包括货物的货价、货物运抵我国境内输入地点起卸前的运输及其相关费用、保险费。邮运进口的货物，应当以邮费作为运输及其相关费用、保险费。

进口货物的运输及其相关费用，应当按照由买方实际支付或者应当支付的费用计算。

进口货物的保险费，应当按照实际支付的费用计算。如果进口货物的保险费无法确定或者未实际发生，海关应当按照"货价加运费"两者总额的3‰计算保险费，其计算公式为：

保险费＝（货价＋运费）×3‰

进口货物完税价格的确定方法大致可以划分为两类：一类是以进口货物的成交价格为基础进行调整，从而确定进口货物完税价格的估价方法（以下称"成交价格估价方法"）；另一类则是在进口货物的成交价格不符合规定条件或者成交价格不能确定的情况下，海关用以审查确定进口货物完税价格的估价方法（以下称"进口货物海关估价方法"）。

1. 成交价格估价方法

进口货物的成交价格，是指卖方向我国境内销售该货物时，买方为进口该货物向卖方实付、应付的，并且按照《完税价格办法》有关规定调整后的价款总额，包括直接支付的价款和间接支付的价款。

（1）应计入完税价格的调整项目。

采用成交价格估价方法，以成交价格为基础审查确定进口货物的完税价格时，未包括在该货物实付、应付价格中的下列费用或者价值应当计入完税价格：

①由买方负担的除购货佣金以外的佣金和经纪费。"购货佣金"是指买方为购买进口货物向自己的采购代理人支付的劳务费用。"经纪费"是指买方为购买进口货物向代表买卖双方利益的经纪人支付的劳务费用。

②由买方负担的与该货物视为一体的容器费用。

③由买方负担的包装材料费用和包装劳务费用。

④与进口货物的生产和向中华人民共和国境内销售有关的，由买方以免费或者以低于成本的方式提供，并且可以按适当比例分摊的货物或者服务的价值。

⑤与该货物有关并作为卖方向我国销售该货物的一项条件，应当由买方向卖方或者有关方直接或间接支付的特许权使用费。"特许权使用费"是指进口货物的买方为取得知识产权权利人及权利人有效授权人关于专利权、商标权、专有技术、著作权、分销权或者销售权的许可或者转让而支付的费用。

⑥卖方直接或间接从买方对该货物进口后销售、处置或使用所得中获得的收益。

（2）不计入完税价格的调整项目。

进口货物的价款中单独列明的下列税收、费用，不计入该货物的完税价格：

①厂房、机械或者设备等货物进口后发生的建设、安装、装配、维修或者技术援助费用，但是保修费用除外。

②进口货物运抵中华人民共和国境内输入地点起卸后发生的运输及其相关费用、保险费。

③进口关税、进口环节海关代征税及其他国内税。

④为在境内复制进口货物而支付的费用。

⑤境内外技术培训及境外考察费用。

⑥同时符合下列条件的利息费用：利息费用是买方为购买进口货物而融资所产生的。有书面的融资协议的；利息费用单独列明的；纳税义务人可以证明有关利率不高于在融资当时当地此类交易通常应当具有的利率水平，且没有融资安排的相同或者类似进口货物的价格与进口货物的实付、应付价格非常接近的。

2. 进口货物海关估价方法

进口货物的成交价格不符合规定条件或者成交价格不能确定的，海关经了解有关情况，并且与纳税义务人进行价格磋商后，依次以相同货物成交价格估价方法、类似货物成交价格估价方法、倒扣价格估价方法、计算价格估价方法及其他合理方法审查确定该货物的完税价格。纳税义务人向海关提供有关资料后，可以提出申请，颠倒倒扣价格估价方法和计算价格估价方法的适用次序。

（二）特殊进口货物的完税价格

1. 运往境外修理的货物

运往境外修理的机械器具、运输工具或其他货物，出境时已向海关报明，并在海关规定期限内复运进境的，应当以境外修理费和物料费为基础审查确定完税价格。

2. 运往境外加工的货物

运往境外加工的货物，出境时已向海关报明，并在海关规定期限内复运进境的，应当以境外加工费、料件费、复运进境的运输及相关费用、保险费为基础审查确定完税价格。

3. 暂时进境的货物

经海关批准暂时进境的货物，应当按照一般进口货物完税价格确定的有关规定，审查确定完税价格。

4. 租赁方式进口的货物

租赁方式进口的货物中，以租金方式对外支付的租赁货物，在租赁期间以海关审定的租金作为完税价格，利息应当予以计入；留购的租赁货物，以海关审定的留购价格作为完税价格；承租人申请一次性缴纳税款的，可以选择按照"进口货物海关估价方法"的相关内容确定完税价格，或者按照海关审查确定的租金总额作为完税价格。

5. 留购的进口货样

对于境内留购的进口货样、展览品和广告陈列品，以海关审定的留购价格作为完税价格。

6. 予以补税的减免税货物

特定地区、特定企业或者具有特定用途的特定减免税进口货物，应当接受海关监管。其监管年限依次为：船舶、飞机 8 年；机动车辆 6 年；其他货物 3 年。监管年限自货物进口放行之日起计算。

由海关监管使用的减免税进口货物，在监管年限内转让或移作他用需要补税的，应当以海关审定的该货物原进口时的价格，扣除折旧部分价值作为完税价格。其计算公式为：

完税价格＝海关审定的该货物原进口时的价格 ×[1－申请补税时实际已使用的时间（月）÷（监管年限 ×12）]

7. 不存在成交价格的进口货物

易货贸易、寄售、捐赠、赠送等不存在成交价格的进口货物，由海关与纳税人进行价格磋商后，按照进口货物海关估价方法的规定，估定完税价格。

（三）出口货物的完税价格

1. 以成交价格为基础的完税价格

出口货物的完税价格，由海关以该货物的成交价格为基础审查确定，并且应当包括货物运至我国境内输出地点装载前的运输及其相关费用、保险费。

出口货物的成交价格，是指该货物出口销售时，卖方为出口该货物应当向买方直接收取和间接收取的价款总额。下列税收、费用不计入出口货物的完税价格：

（1）出口关税；

（2）在货物价款中单独列明的货物运至我国境内输出地点装载后的运输及其相关费用、保险费。

2. 出口货物海关估价方法

出口货物的成交价格不能确定时，海关经了解有关情况，并且与纳税义务人进行价格磋商后，依次以下列价格审查确定该货物的完税价格：同时或者大约同时向同一国家或者地区出口的相同货物的成交价格；同时或者大约同时向同一国家或者地区出口的类似货物的成交价格；根据境内生产相同或者类似货物的成本、利润和一般费用（包括直接费用和间接费用）、境内发生的运输及其相关费用、保险费计算所得的价格；按照合理方法估定的价格。

五、应纳税额的计算

（一）从价税应纳税额的计算

从价税是一种最常用的关税计税标准。它是以货物的价格或者价值为征税标准，以应征税额占货物价格或者价值的百分比为税率，价格越高，税额越高。货物进口时，以此税率和海关审定的实际进口货物完税价格相乘计算应征税额。目前，我国海关计征关税标准主要是从价税。计算公式为：

关税税额＝应税进（出）口货物数量×单位完税价格×税率

（二）从量税应纳税额的计算

从量税是以货物的数量、重量、体积、容量等计量单位为计税标准，以每计量单位货物的应征税额为税率。我国目前对原油、啤酒和胶卷等进口商品征收从量税。计算公式为：

关税税额＝应税进（出）口货物数量×单位货物税额

（三）复合税应纳税额的计算

复合税又称混合税，即订立从价、从量两种税率，随着完税价格和进口数量的变化而变化，征收时两种税率合并计征。它是对某种进口货物混合使用从价税和从量税的一种关税计征标准。我国目前仅对录像机、放像机、摄像机、数字照相机和摄录一体机等进口商品征收复合税。计算公式为：

关税税额＝应税进（出）口货物数量×单位货物税额＋应税进（出）口货物数量×单位完税价格×税率

（四）滑准税应纳税额的计算

滑准税是根据货物的不同价格适用不同税率的一类特殊的从价关税。它是一种关税税率随进口货物价格由高至低而由低至高设置计征关税的方法。简单地讲，就是进口货物的价格越高，其进口关税税率越低；进口商品的价格越低，其进口关税税率越高。滑准税的特点是可保持实行滑准税商品的国内市场价格的相对稳定，而不受国际市场价格波动的影响。计算公式为：

关税税额＝应税进（出）口货物数量×单位完税价格×滑准税税率

【例题 7-3】某商场于 2023 年 2 月进口一批高档美容修饰类化妆品。该批货物在国外的买价为 120 万元，货物运抵我国入关前发生的运输费、保险费和其他费用分别为 10 万元、6 万元、4 万元。货物报关后，该商场按规定缴纳了进口环节的增值税和消费税并取得了海关开具的缴款书。将化妆品从海关运往商场所在地取得增值税专用发票，注明运输费用 5 万元、增值税进项税额 0.45 万元，该批化妆品当月在国内全部销售，取得不含税销售额 520 万元（假定化妆品进口关税税率为 20%，增值税税率为 13%，消费税税率为 15%）。

要求：计算该批化妆品进口环节应缴纳的关税、增值税、消费税和国内销售环节应缴纳的增值税。

【解析】关税完税价格 =120+10+6+4=140（万元）

应缴纳进口关税 =140×20%=28（万元）

进口环节的组成计税价格 =（140+28）÷（1－15%）=197.65（万元）

进口环节应缴纳增值税 =197.65×13%=25.69（万元）

进口环节应缴纳消费税 =197.65×15%=29.65（万元）

国内销售环节应缴纳增值税 =520×13%－0.45－25.69=41.46（万元）

六、税收优惠

关税减免是对某些纳税人和征税对象给予鼓励和照顾的一种特殊调节手段。正是有了这一手段，使关税政策工作兼顾了普遍性和特殊性、原则性和灵活性。因此，关税减免是贯彻国家关税政策的一项重要措施。关税减免分为法定减免税、特定减免税、暂时免税和临时减免税。根据《海关法》规定，除法定减免税外的其他减免税均由国务院决定。

（一）法定减免税

法定减免税是税法中明确列出的减税或免税。符合税法规定可予减免税的进出口货物，纳税义务人无须提出申请，海关可按规定直接予以减免税。海关对法定减免税货物一般不进行后续管理。

下列进出口货物、物品予以减免关税。

（1）关税税额在人民币 50 元以下的一票货物，可免征关税。

（2）无商业价值的广告品和货样，可免征关税。

（3）外国政府、国际组织无偿赠送的物资，可免征关税。

（4）进出境运输工具装载的途中必需的燃料、物料和饮食用品，可予免税。

（5）在海关放行前损失的货物，可免征关税。

（6）在海关放行前遭受损坏的货物，可以根据海关认定的受损程度减征关税。

（7）我国缔结或者参加的国际条约规定减征、免征关税的货物、物品，按照规定予以减免关税。

（8）法律规定减征、免征关税的其他货物、物品。

（二）特定减免税

特定减免税也称政策性减免税。在法定减免税之外，国家按照国际通行规则和我国实际情况，制定发布的有关进出口货物减免关税的政策，称为特定或政策性减免税。特定减免税货物一般有地区、企业和用途的限制，海关需要进行后续管理，也需要进行减免税统计。

1. 科教用品

为有利于我国科研、教育事业发展，推动科教兴国战略的实施，经国务院批准，财政部、海关总署、国家税务总局制定了《科学研究和教学用品免征进口税收规定》，对科学研究机构和学校，以科学研究和教学为目的，在合理数量范围内进口国内不能生产或者性能不能满足需要的科学研究和教学用品，免征进口关税和进口环节增值税、消费税。该规定对享受该优惠的科研机构和学校资格、类别以及可以免税的物品都作了明确规定。

2. 残疾人专用品

为支持残疾人的康复工作，经国务院批准，海关总署发布了《残疾人专用品免征进口税收暂行规定》，对规定的残疾人个人专用品，免征进口关税和进口环节增值税、消费税；对康复机构、福利机构、假肢厂和荣誉军人康复医院进口国内不能生产的、该规定明确的残疾人专用品，免征进口关税和进口环节增值税。该规定对可以免税的残疾人专用品种类和品名作了明确规定。

3. 慈善捐赠物资

为促进慈善事业的健康发展，支持慈善事业发挥扶贫济困积极作用，经国务院批准，财政部、国家税务总局、海关总署发布了《慈善捐赠物资免征进口税收暂行办法》。对境外自然人、法人或者其他组织等境外捐赠人，无偿向国务院有关部门和各省、自治区、直辖市人民政府，中国红十字会总会、中华全国妇女联合会、中国残疾人联合会、中华慈善总会、中国初级卫生保健基金会、中国宋庆龄基金会和中国癌症基金会，以及经民政部或省级民政部门登记注册且被评定为5A级的以人道救助和发展慈善事业为宗旨的社会团体或基金会等受赠人捐赠的直接用于慈善事业的物资，免征进口关税和进口环节增值税。该办法对可以免税的捐赠物资种类和品名作了明确规定。

（三）暂时免税

暂时进境或者暂时出境的下列货物，在进境或者出境时纳税义务人向海关缴纳相当于应纳税款的保证金或者提供其他担保的，可以暂不缴纳关税，并应当自进境或者出境之日起6个月内复运出境或者复运进境；需要延长复运出境或者复运进境期限的，纳税义务人应当根据海关总署的规定向海关办理延期手续。

（1）在展览会、交易会、会议及类似活动中展示或者使用的货物。

（2）文化、体育交流活动中使用的表演、比赛用品。

（3）进行新闻报道或者摄制电影、电视节目使用的仪器、设备及用品。

（4）开展科研、教学、医疗活动使用的仪器、设备及用品。

（5）在上述第1项至第4项所列活动中使用的交通工具及特种车辆。

（6）货样。

（7）供安装、调试、检测设备时使用的仪器、工具。

（8）盛装货物的容器。

（9）其他用于非商业目的的货物。

（四）临时减免税

临时减免税是指以上法定和特定减免税以外的其他减免税，即由国务院根据《海关法》对某个单位、某类商品、某个项目或某批进出口货物的特殊情况，给予特别照顾，一案一批，专文下达的减免税。一般有单位、品种、期限、金额或数量等限制，不能比照执行。

六、征收管理

（一）关税缴纳

进口货物的纳税义务人应当自运输工具申报进境之日起 14 日内，出口货物的纳税义务人除海关特准的以外，应当在货物运抵海关监管区后、装货的 24 小时以前，向货物的进出境地海关申报，海关根据税则归类和完税价格计算应缴纳的关税和进口环节代征税，并填发税款缴款书。纳税义务人应当自海关填发税款缴款书之日起 15 日内，向指定银行缴纳税款。

关税纳税义务人因不可抗力或者在国家税收政策调整的情形下，不能按期缴纳税款的，经依法提供税款担保后，可以延期缴纳税款，但最长不得超过 6 个月。

（二）关税的强制执行

纳税义务人未在关税缴纳期限内缴纳税款，即构成关税滞纳。为保证海关征收关税决定的有效执行和国家财政收入的及时入库，《海关法》赋予海关对滞纳关税的纳税义务人强制执行的权利。强制措施主要有两类。

1. 征收关税滞纳金

滞纳金自关税缴纳期限届满滞纳之日起，至纳税义务人缴纳关税之日止，按滞纳税款万分之五的比例按日征收，休息日或法定节假日不予扣除。

2. 强制征收

如纳税义务人自缴纳税款期限届满之日起 3 个月仍未缴纳税款，经直属海关关长或者其授权的隶属海关关长批准，海关可以采取强制扣缴、变价抵缴等强制措施。强制扣缴即海关书面通知纳税义务人开户银行或者其他金融机构从其存款中扣缴税款。变价抵缴即海关将纳税义务人的应税货物依法变卖，或者扣留并依法变卖其价值相当于应纳税款的货物或者其他财产，以变卖所得抵缴税款。

（三）关税退还

关税退还是关税纳税义务人按海关核定的税额缴纳关税后，因某种原因的出现，海关将实际征收多于应当征收的税额（称为溢征关税）退还给原纳税义务人的一种行政行为。根据《海关法》和《进出口关税条例》的规定，海关多征的税款，海关发现后应当立即退还；纳税义务人发现多缴税款的，自缴纳税款之日起 1 年内，可以以书面形式要求海关退还多缴的税款并加算银行同期活期存款利息；海关应当自受理退税申请之日起 30 日内查实并通知纳税义务人办理退还手续。

（四）关税补征和追征

补征和追征是海关在关税纳税义务人按海关核定的税额缴纳关税后，发现实际征收税额少于应当征收的税额（称为短征关税）时，责令纳税义务人补缴所差税款的一种行政行为。海关法根据短征关税的原因，将海关征收原短征关税的行为分为补征和追征两种。由于纳税人违反海关规定造成短征关税的，称为追征；非因纳税人违反海关规定造成短征关税的，称为补征。区分关税追征和补征的目的是区别不同情况适用不同的征收时效，超过时效规定的期限，海关就丧失了追补关税的权力。

根据《海关法》和《进出口关税条例》的规定，进出境货物和物品放行后，海关发现少征或者漏征税款，应当自缴纳税款或者货物、物品放行之日起 1 年内，向纳税义务人补征税款；因纳税义务人违反规定而造成的少征或者漏征的税款，海关可以自纳税义务人缴纳税款或者货物、物品放行之日起 3 年以内追征，并从缴纳税款或者货物、物品放行之日起按日加收少征或者漏征税款万分之五的滞纳金。

任务三　船舶吨税

一、征税范围与税率

（一）征税范围

自中华人民共和国境外港口进入境内港口的船舶（以下简称应税船舶），应当缴纳船舶吨税（以下简称吨税）。吨税的税目、税率依照吨税税目、税率表执行。

（二）税率

吨税设置优惠税率和普通税率。中华人民共和国国籍的应税船舶，船籍国（地区）与中华人民共和国签订含有相互给予船舶税费最惠国待遇条款的条约或者协定的应税船舶，适用优惠税率。其他应税船舶，适用普通税率。吨税税目、税率见表 7-2。

表 7-2　吨税税目、税率

税目（按船舶净吨位划分）	税率／（元／净吨）					
	普通税率（按执照期限划分）			优惠税率（按执照期限划分）		
	1 年	90 日	30 日	1 年	90 日	30 日
不超过 2000 净吨	12.6	4.2	2.1	9.0	3.0	1.5
超过 2000 净吨，但不超过 10000 净吨	24.0	8.0	4.0	17.4	5.8	2.9
超过 10000 净吨，但不超过 50000 净吨	27.6	9.2	4.6	19.8	6.6	3.3
超过 50000 净吨	31.8	10.6	5.3	22.8	7.6	3.8

注：1. 拖船按照发动机功率每千瓦折合净吨位 0.67 吨。

2. 无法提供净吨位证明文件的游艇，按照发动机功率每千瓦折合净吨位 0.05 吨。

3. 拖船和非机动驳船分别按相同净吨位船舶税率的 50% 计征税款。

二、应纳税额的计算

吨税按照船舶净吨位和吨税执照期限征收。净吨位，是指由船籍国（地区）政府签发或者授权签发的船舶吨位证明书上标明的净吨位；吨税执照期限，是指按照公历年、日计算的期间。应税船舶负责人在每次申报纳税时，可以按照吨税税目、税率表选择申领一种期限的吨税执照。吨税的应纳税额按照船舶净吨位乘以适用税率计算，计算公式为：

应纳税额＝船舶净吨位 × 定额税率

吨税由海关负责征收。海关征收吨税应当制发缴款凭证。应税船舶负责人缴纳吨税或者提供担保后，海关按照其申领的执照期限填发吨税执照。

应税船舶在进入港口办理入境手续时，应当向海关申报纳税领取吨税执照，或者交验吨税执照（或者申请核验吨税执照电子信息）。应税船舶在离开港口办理出境手续时，应当交验吨税执照（或者申请核验吨税执照电子信息）。

应税船舶负责人申领吨税执照时，应当向海关提供下列文件。

（1）船舶国籍证书或者海事部门签发的船舶国籍证书收存证明。

（2）船舶吨位证明。

应税船舶因不可抗力在未设立海关地点停泊的，船舶负责人应当立即向附近海关报告，并在不可抗力原因消除后，依照规定向海关申报纳税。

【例题7-4】B国某运输公司一艘货轮驶入我国某港口，该货轮净吨位为30000吨，货轮负责人已向我国海关领取了吨税执照，在港口停留期限为30天，B国已与我国签订有相互给予船舶税费最惠国待遇条款。

要求：计算该货轮负责人应向我国海关缴纳的吨税。

【解析】根据吨税的相关规定，该货轮应享受优惠税率，每净吨位为3.3元。

应缴纳的吨税＝30000×3.3＝99000（元）

三、税收优惠

（一）直接优惠

下列船舶免征吨税。

（1）应纳税额在人民币50元以下的船舶。

（2）自境外以购买、受赠、继承等方式取得船舶所有权的初次进口到港的空载船舶。

（3）吨税执照期满后24小时内不上下客货的船舶。

（4）非机动船舶（不包括非机动驳船）。非机动船舶，是指自身没有动力装置，依靠外力驱动的船舶。非机动驳船，是指在船舶登记机关登记为驳船的非机动船舶。

（5）捕捞、养殖渔船。

（6）避难、防疫隔离、修理、改造、终止运营或者拆解，并不上下客货的船舶。

（7）军队、武装警察部队专用或者征用的船舶。

（8）警用船舶。

（9）依照法律规定应当予以免税的外国驻华使领馆、国际组织驻华代表机构及其有关人员的船舶。

（10）国务院规定的其他船舶。本条免税规定，由国务院报全国人民代表大会常务委员会备案。

（二）延期优惠

在吨税执照期限内，应税船舶发生下列情形之一的，海关按照实际发生的天数批注延长吨税执照期限。

（1）避难、防疫隔离、修理、改造，并不上下客货。

（2）军队、武装警察部队征用。

符合直接优惠第5项至第9项以及延期优惠政策的船舶，应当提供海事部门、渔业船舶管理部门或者出入境检验检疫部门等部门、机构出具的具有法律效力的证明文件或者使用关系证明文件，申明免税或者延长吨税执照期限的依据和理由。

四、征收管理

吨税纳税义务发生时间为应税船舶进入港口的当日。应税船舶在吨税执照期满后尚未离开港口的，应当申领新的吨税执照，自上一次执照期满的次日起续缴吨税。

应税船舶负责人应当自海关填发吨税缴款凭证之日起15日内缴清税款。未按期缴清税款的，自滞纳税款之日起至缴清税款之日止，按日加收滞纳税款万分之五的税款滞纳金。

应税船舶到达港口前，经海关核准先行申报并办结出入境手续的，应税船舶负责人应当向海关提供与其依法履行吨税缴纳义务相适应的担保；应税船舶到达港口后，依照规定向海关申报纳税。

应税船舶在吨税执照期限内，因修理、改造导致净吨位变化的，吨税执照继续有效。应税船舶办理出入境手续时，应当提供船舶经过修理、改造的证明文件。

应税船舶在吨税执照期限内，因税目税率调整或者船籍改变而导致适用税率变化的，吨税执照继续有效。因船籍改变而导致适用税率变化的，应税船舶在办理出入境手续时，应当提供船籍改变的证明文件。

吨税执照在期满前毁损或者遗失的，应当向原发照海关书面申请核发吨税执照副本，不再补税。

海关发现少征或者漏征税款的，自应税船舶应当缴纳税款之日起1年内，补征税款。但因应税船舶违反规定造成少征或者漏征税款的，海关可以自应当缴纳税款之日起3年内追征税款，并自应当缴纳税款之日起按日加征少征或者漏征税款万分之五的税款滞纳金。

海关发现多征税款的，应当在24小时内通知应税船舶办理退还手续，并加算银行同期活期存款利息。应税船舶发现多缴税款的，可以自缴纳税款之日起3年内以书面形式要求海关退还多缴的税款并加算银行同期活期存款利息；海关应当自受理退税申请之日起30日内查实并通知应税船舶办理退还手续。应税船舶应当自收到退税通知之日起3个月内办理有关退还手续。

参考文献

[1] 财政部会计财务评价中心. 经济法基础[M]. 北京: 经济科学出版社, 2023.

[2] 高培勇. 现代财税体制理论大纲[M]. 北京: 商务印书馆, 2023.

[3] 平准. 企业纳税筹划技巧与案例分析[M]. 北京: 人民邮电出版社, 2021.

[4] 萨拉尼. 税收经济学[M]. 马先标, 刘兴坤, 等译. 北京: 中国人民大学出版社, 2018.

[5] 吴健, 王会, 吴冠桦. 新个人所得税实务与案例[M]. 北京: 中国市场出版社, 2020.

[6] 中国注册会计师协会. 税法[M]. 北京: 中国财政经济出版社, 2022.